初级会计师资格考试考点汇编

经济法基础

JINGJIFA JICHU

会计专业技术资格考试辅导教材研究院　编著

SPM 南方出版传媒　广东人民出版社
·广州·

图书在版编目（CIP）数据

经济法基础/会计专业技术资格考试辅导教材研究院 编著．—广州：广东人民出版社，2018.3
ISBN 978-7-218-12609-8

Ⅰ．①经… Ⅱ．①会… Ⅲ．①经济法—中国—资格考试—自学参考资料 Ⅳ．①D922.29

中国版本图书馆CIP数据核字（2018）第034397号

Jingjifa Jichu
经济法基础
会计专业技术资格考试辅导教材研究院　编著　　版权所有　翻印必究

出 版 人：肖风华

责任编辑：王湘庭
封面设计：钱国标
内文设计：奔流文化
责任技编：周　杰　易志华

出版发行：广东人民出版社
地　　址：广州市大沙头四马路10号（邮政编码：510102）
电　　话：（020）83798714（总编室）
传　　真：（020）83780199
网　　址：http://www.gdpph.com
印　　刷：珠海市鹏腾宇印务有限公司
开　　本：787毫米×1092毫米　1/16
印　　张：20　　字　　数：400千
版　　次：2018年3月第1版　2018年3月第1次印刷
定　　价：49.80元

如发现印装质量问题，影响阅读，请与出版社（020-83040176）联系调换。
售书热线：020-83780685

会计专业技术资格考试辅导教材研究院

主　　编：刘沙靖

编委会成员：柳　齐　李卫华　王　侨　毛　夏
　　　　　　常　蓉　朱　钰　林久时　齐　红

前　言

　　一年一度的初级会计资格考试临近，各位考生也进入紧张备考阶段，由于从业资格证考试取消，且初级报考取消会计证的限制，2018年初级考试报考人数超过400万，竞争激烈程度前所未有，备考压力巨大。为了帮助广大考生能顺利通过初级考试，本书编委会根据《2018年全国会计专业技术初级资格考试大纲》的要求，针对性地推出了本套考试辅导系列丛书。

　　该系列丛书包括"考点汇编""讲义汇编""考前速记手册"三个种类，共6本图书。对初级考试中的重难点内容进行了归纳总结，并结合练习题，便于考生记忆把握。而且，一方面，该系列丛书采用了双色印刷，突出了重点、难点、高频考点、新增考点等各项核心知识点，另一方面，在整体知识架构和具体知识编排上，书中还大量使用了总结、对比、分类等表格形式，对重要考点进行了科学的归整和总结，不仅在视觉效果上更适合考生阅读，也可以让考生在学习的过程中更精准地把握重点、考点和难点。

　　为了使考生更好地使用该系列丛书，我们建议考生将大部分复习精力和时间放在每章考试大纲中要求掌握和熟悉的考点上，弄清考试重点，了解考试过程中应注意的问题及解题技巧，以便结合教材上的讲解查漏补缺，以不变应万变。

　　参与该系列丛书编写的编委会成员，皆是深耕会计行业，从业多年的资深会计师以及高校导师，无论是对考点和试题的把握还是知识的实际运用，都有丰富经验。在本书的编写与出版过程中，尽管编者精益求精，但由于时间紧迫，加之工作量大，书中难免有错漏和不足之处，恳请广大读者批评指正。

　　有付出，定会有收获。最后，预祝所有考生顺利通过考试！

会计专业技术资格考试辅导教材研究院编委会

目 录
Contents

✦ 第一章　总　论　・001

第一节　法律基础　/001
第二节　经济纠纷的解决途径　/010
第三节　法律责任　/030

✦ 第二章　会计法律制度　・032

第一节　会计法律制度概述　/032
第二节　会计核算与监督　/034
第三节　会计机构和会计人员　/048
第四节　会计职业道德的概念　/052
第五节　违反会计法律制度的法律责任　/053

✦ 第三章　支付结算法律制度　・056

第一节　支付结算概述　/056
第二节　银行结算账户　/060
第三节　票据　/070
第四节　银行卡　/094
第五节　网上支付　/100
第六节　结算方式和其他支付工具　/103
第七节　结算纪律与法律责任　/110

第四章 增值税、消费税法律制度 · 113

第一节 税收法律制度概述 / 113
第二节 增值税法律制度 / 118
第三节 消费税法律制度 / 142

第五章 企业所得税、个人所得税法律制度 · 153

第一节 企业所得税法律制度 / 153
第二节 个人所得税法律制度 / 171

第六章 其他税收法律制度 · 200

第一节 房产税法律制度 / 201
第二节 契税法律制度 / 205
第三节 土地增值税法律制度 / 208
第四节 城镇土地使用税法律制度 / 214
第五节 车船税法律制度 / 218
第六节 印花税法律制度 / 222
第七节 资源税法律制度 / 227
第八节 其他相关税收法律制度 / 235

第七章 税收征收管理法律制度 · 248

第一节 税务管理 / 248
第二节 税款征收与税务检查 / 255
第三节 税务行政复议 / 260
第四节 税收法律责任 / 264

第八章 劳动合同与社会保险法律制度 · 266

第一节 劳动合同法律制度 / 266
第二节 社会保险法律制度 / 298

第一章 总 论

第一节 法律基础

考点一 法的本质与特征

一、法和法律的概念

（一）法的概念

法作为一种特殊的社会规范，是人类社会发展的产物。一般来说，法是由国家制定或认可，以权利义务为主要内容，由国家强制力保证实施的社会行为规范及其相应的规范性文件的总称。

（二）法律的概念

法律专指拥有立法权的国家机关，依照法定权限和程序制定颁布的规范性文件；广义的法律则指法的整体。

二、法的本质和特征

（一）法的本质：是统治阶级的国家意志的体现

1. 法只能是"统治阶级"意志的体现；
2. 法是由统治阶级的物质生活条件决定的，是社会客观需要的反映；
3. 法体现的是统治阶级的"整体意志和根本利益"，而不是统治阶级每个成员个人意志的简单相加；
4. 法体现的不是一般的统治阶级意志，而是统治阶级的"国家意志"。

（二）法的特征（2018年改）

表1-1　法的特征

特征	基本释义
国家意志性	法是经过国家制定或认可才得以形成的规范。 【提示】制定、认可，是国家创制法的两种方式。
国家强制性	法凭借国家强制力的保证而获得普遍遵行的效力。
规范性＋利益导向性	法是确定人们在社会关系中的权利和义务的行为规范，通过规定人们的权利和义务来分配利益，从而影响人们的动机和行为，进而影响社会关系，实现统治阶级的意志和要求，维持社会秩序。
明确公开性＋可预测性＋普遍适用性	（1）法是明确而普遍适用的规范； （2）可预测性：法具有明确的内容，能使人们预知自己或他人一定行为的法律后果； （3）普遍适用性：凡是在国家权力管辖和法律调整的范围、期限内，对所有社会成员（包括统治阶级和被统治阶级）及其活动都普遍适用。

考点二　法律关系三要素

法律关系是法律规范在调整人们的行为过程中所形成的社会关系，由法律关系的主体、内容和客体三个要素构成，缺少其中任何一个要素，都不能构成法律关系。法律事实是能够直接引起法律关系发生、变更或者消灭的原因。

> **注意**
> 受法律规范调整的，才属于法律关系；不受法律规范调整，仅受道德规范调整的，不属于法律关系。

一、法律关系的主体

（一）主体的种类

1. 自然人

包括：公民＋外国人＋无国籍人。

2. 组织（法人和非法人组织）（2018年改）

表1-2 组织（法人和非法人组织）

法人组织	营利法人	有限责任公司
		股份有限公司
		其他企业法人
	非营利法人	事业单位
		社会团体
		基金会
		社会服务机构
	特别法人	机关
		农村集体经济组织
		城镇农村合作经济组织
		基层群众性自治组织
非法人组织	个人独资企业	
	合伙企业	
	不具有法人资格的专业服务机构	

3. 国家：在国内，国家是国家财产所有权唯一和统一的主体；在国际法上，国家是国际法关系的主体。

提示

任何一个法律关系至少要有两个主体（一个巴掌拍不响，一个主体没办法发生关系）。

（二）主体资格：区分"权利"能力与"行为"能力

1. "权利"能力："法律赋予"公民、法人或者其他组织享有权利、承担义务的资格。（与生俱来）

分类：

（1）根据享有权利能力的主体范围不同，分为一般权利能力（所有公民）和特殊权利能力（特定条件下的公民）。

（2）按法律部门的不同，分为民事权利能力、政治权利能力、行政权利能力、劳动权利能力、诉讼权利能力等。

2. "行为"能力：法律关系主体能够通过自己的行为实际取得权利和履行义务的能力。（后天情况）

判断自然人民事行为能力的标准主要有两个方面，一是年龄，二是精神状态。

表1-3 民事行为能力标准

民事主体	界定标准
无民事行为能力人	(1) 不满8周岁（Y<8）； (2) "（完全）不能"辨认自己行为的精神病人。
限制民事行为能力人	(1) 8周岁以上不满18周岁（8≤Y<18）； (2) "不能完全"辨认自己行为的精神病人。
完全民事行为能力人	(1) 年满18周岁（Y≥18）； (2) 16周岁以上不满18周岁但以自己的劳动收入为主要生活来源（16≤Y<18）。

刑事责任能力分类：（2018年新增）

表1-4 刑事责任能力分类

刑事责任类型	界定标准
应当负刑事责任	(1) 已满16周岁（Y≥16）； (2) 精神病人在精神正常时犯罪（或尚未完全丧失辨认或控制行为）。
不负刑事责任	(1) 不满14周岁（Y<14）； (2) 经鉴定为不能控制自己行为的精神病人其造成危害的结果。
从轻或者减轻处罚	(1) 14周岁以上不满18周岁（14≤Y<18）（应当）； (2) 已满75周岁，故意犯罪（可以）、过失犯罪（应当）； (3) 尚未完全丧失辨认或者控制自己行为能力的精神病人犯罪的。

注意

（1）根据《中华人民共和国民法通则》（以下简称《民法通则》）规定："以上""以下"均包括本数，"超过""不满"均不包括本数。

（2）刑事行为能力的分界线为14周岁和16周岁，民事行为能力的分界线为8周岁和18周岁。

（3）已满14周岁未满16周岁，犯故意杀人、故意伤害致人重伤或死亡、强奸、抢劫、贩毒、放火、爆炸、投毒罪的应当负刑事责任。

提示

自然人民事行为能力的判定主要看两个因素：（1）年龄；（2）精神状态。与肢体是否残缺、智力高低情况等无关。

【举例1】"先天腿部残疾"并不影响当事人行为能力。

【举例2】 自己赚钱自己花的16~18岁的公民，具备民事行为能力。

二、法律关系的内容

法律关系的内容包括权利与义务。

法律关系的内容是指法律关系主体所享有的权利和承担的义务。

法律权利是指法律关系主体依法享有的权益，表现为权利享有者依照法律规定有权自主决定作出或者不作出某种行为（行为权）、要求他人作出或者不作出某种行为（请求权）和一旦被侵犯，有权请求国家予以法律保护（获得法律保护权）。权利可以放弃。

法律义务是指法律关系主体按照法律规定所担负的必须作出某种行为或者不得作出某种行为的负担或约束。包括积极义务（如纳税、服兵役等）和消极义务（如不得毁坏公共财物、不得侵害他人生命财产安全等）。

三、法律关系的客体

法律关系的客体是指法律关系主体的权利和义务所指向的对象，客体是确立权利和义务关系性质和具体内容的依据，也是确定权利行使与否和义务是否履行的客观标准。法律关系客体的特征：能为人类所控制并对人类有价值。

（一）物——普通物

1. 自然物：土地、矿藏等。
2. 人造物：建筑、机器等。
3. 一般等价物：货币和有价证券。
4. 物也可以是没有固定形态的，如天然气、电力等。

> **注意**
> 物可以有形态也可以没有形态。

（二）人身、人格（2018年新增）

1. 人身和人格代表人的物质形态和精神利益，是人之为人的两个不可或缺的要素。
2. 人的整体只能是法律关系的主体，不能作为法律关系的客体，人的部分可以作为客体的"物"。

（三）非物质财富

1. 知识产品（智力成果）：著作、发明等。
2. 道德产品：荣誉称号、嘉奖表彰等（荣誉权）。

（四）行为——行为的结果

为了达到一定目的，包括积极行为和消极行为。

1. 生产经营行为。
2. 经济管理行为。
3. 提供一定劳务的行为。
4. 完成一定工作的行为。

考点三 法律事实

法律事实是法律关系发生、变更和消灭的直接原因。按照是否以当事人的意志为转移可分为法律事件和法律行为。

一、法律事件（不以当事人的意志为转移）

（一）绝对事件（自然现象）

地震、洪水、台风、森林大火等自然灾害或生、老、病、死及意外事故。

（二）相对事件（社会现象）

战争、重大政策的改变等。

> **注意**
> 法律事件的出现不以当事人的意志为转移，具有不可抗力的特征。

二、法律行为（以当事人的意志为转移）

法律行为能够引起法律后果，即引起法律关系发生、变更和消灭的人们有意识的活动。根据不同的标准，可以对法律行为进行如下分类：

表1-5 法律行为的分类

分类标准	分类内容	代表行为
行为是否合法	合法行为与违法行为	
行为的表现形式	积极行为与消极行为	表现积极不积极
行为是否通过意思表示作出	意思表示行为	
	非表示行为	拾得遗失物、发现埋藏物
主体意思表示的形式	单方行为	遗嘱、行政命令
	多方行为	

（续上表）

分类标准		分类内容	代表行为
行为是否需要特定形式或实质要件		要式行为与非要式行为	
主体实际参与行为的状态		自主行为与代理行为	
补充	是否存在对待的给付	有偿行为和无偿行为	
	法律行为间的依存关系	主法律行为和从法律行为	买卖＋保证合同

> **注意**
> （1）人的行为并非都是法律行为。
> （2）重点掌握"法律事件"与"法律行为"的区分，并看清题目问法。
> （3）法律行为的反向问法，例：订立遗嘱是合法行为、积极行为、意思表示行为、单方行为、要式行为、自主行为。

考点四 法的形式和分类

一、法的形式

法的具体表现形态，即法是由何种国家机关，依照什么方式或程序创制出来的，并表现为何种形式，具有何种效力等级的规范性法律文件。

表1-6 法的形式

形式		制定机关	注意要点	名称规律
宪法		全国人大	国家根本大法，具有最高的法律效力。	
法律		全国人大：基本法律 全国人大常委会：非基本法律	全国人大及其常委会有权就有关问题作出规范性决议或者决定，与法律具有同等地位和效力。	××法
法规	行政法规	国务院	通常冠以条例、办法、规定等名称。	××条例
	地方性法规（自治条例和单行条例）	地方人大及其常委会	省；省会、特区、设区的市（1+3）	××地方××条例

（续上表）

形式		制定机关	注意要点	名称规律
特别行政区的法		全国人大	在特别行政区实施的全国性法律，要在基本法或其附件中明确列出，除此以外不在特别行政区实施。	××特别行政区基本法
规章	部门规章	国务院各部委		××办法 ××条例 实施细则
	地方政府规章	地方人民政府	政府规章除不得与宪法、法律和行政法规相抵触外，还不得与上级和同级地方性法规相抵触。	××地方××办法
国际条例属于国际法，而不属于国内法的范畴，但我国签订和加入的国际条约对我国的国家机关、社团企业、事业单位和公民也有约束力。				
效力排序		宪法＞法律＞行政法规＞地方性法规＞同级地方政府规章		

二、法律效力等级及其适用规则

（一）上位法优于下位法

宪法至上原则、法律高于法规原则、法规高于规章原则、行政法规高于地方性法规原则。

（二）特别法优于一般法

例如：《中华人民共和国合同法》（以下简称《合同法》）和《民法通则》的制定机关都是全国人民代表大会，《合同法》为特别法，《民法通则》为一般法，则《合同法》优先。

（三）新法优于旧法

（四）自治条例、单行条例、经济特区法规的变通规定优先

（五）新的一般规定与旧的特殊规定不一致——能自己解决自己解决，自己解决不了交上级领导机构解决

1. 法律：全国人大常委会裁决。

2. 行政法规：国务院裁决。

3. 法律与行政法规不一致：全国人大常委会裁决。

4. 地方性法规、规章：

（1）同一机关制定的：制定机关裁决。

（2）部门规章之间、部门规章与地方政府规章不一致：国务院裁决。

（3）地方性法规与部门规章之间对同一事项的规定不一致：

由国务院提出意见→认为应当适用地方性法规→适用地方性法规→认为应当适用部门规章→提请全国人大常委会裁决。

三、法的分类

表1-7 法的分类

划分标准	法的分类
根据法的创制方式和发布形式划分（"记忆口诀"：创法成不成）	成文法和不成文法
根据法的内容、效力和制定程序划分（"记忆口诀"：内三个小子根本太普通）	根本法和普通法
根据法的内容划分（"记忆口诀"：内容很诚实）	实体法和程序法
根据法的空间效力、时间效力或对人的效力划分（"记忆口诀"：小三长得特别一般）	一般法和特别法
根据法的主体、调整对象和形式划分（"记忆口诀"：祖国我爱你）	国际法和国内法
根据法律运用的目的划分（"记忆口诀"：目的是为了开公司）	公法和私法

考点五 法律部门与法律体系

法律部门又称部门法，是指根据一定标准和原则所划定的同类法律规范的总称。法律部门划分的标准首先是法律调整的对象，即法律调整的社会关系。如调整行政主体和相对人之间行政管理关系的行政法部门、调整民事关系的民商法部门等。

法律体系包括：宪法及宪法相关法、民商法、行政法、经济法、刑法、社会法、诉讼与非诉讼程序法。

第二节 经济纠纷的解决途径

考点一 经济纠纷的解决途径

经济纠纷，是指市场经济主体之间因经济权利和经济义务的矛盾而引起的权利争议。解决经济纠纷的途径如下图所示：

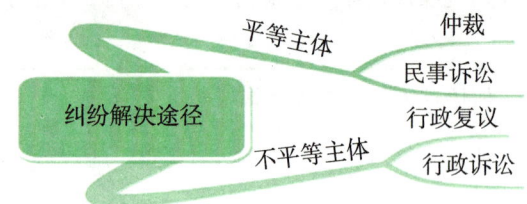

图1-1 经济纠纷的解决途径

> **注意**
>
> 民告民——或裁或诉；民告官——行政复议或诉讼。

考点二 仲裁

仲裁是指由经济纠纷的各方当事人共同选定仲裁机构，对纠纷依法定程序作出具有约束力的裁决的活动。

一、仲裁的特征

（一）双方自愿协商。

（二）双方自愿选择仲裁机构。

（三）仲裁裁决对双方都有约束力。

二、仲裁的适用范围

（一）适用

平等主体间的合同纠纷和其他财产权益纠纷。

（二）可以仲裁，但不适用《中华人民共和国仲裁法》（以下简称《仲裁法》）的劳动争议和农业集体经济组织内部的农业承包合同纠纷。

（三）不能提请仲裁的

1. 婚姻、收养、监护、扶养、继承纠纷。
2. 行政争议。

> **注意**
>
> 分清"适用《仲裁法》"和"可以申请仲裁"的区别。

三、仲裁的基本原则

（一）自愿原则——双方自愿，达成仲裁协议

没有仲裁协议，一方申请仲裁的，仲裁委员会不予受理。

【拓展】有效的仲裁协议可以排除法院的管辖权。

（二）依据事实和法律，公平合理地解决纠纷的原则

在法律没有规定或者规定不完备的情况下，仲裁庭可以按照公平合理的一般原则来解决纠纷。

（三）独立仲裁原则

仲裁机构不依附于任何机关而独立存在，仲裁依法独立进行，不受任何行政机关、社会团体和个人的干涉。

【记忆提示】仲裁机构间也没有隶属关系。

（四）一裁终局原则（终局裁决的区别）

仲裁裁决作出后，当事人就同一纠纷再申请仲裁或向人民法院起诉的，仲裁委员会或者人民法院不予受理。

四、仲裁机构——仲裁委员会

（一）仲裁委员会不按行政区划层层设立。

（二）仲裁委员会独立于行政机关，与行政机关没有隶属关系。

（三）仲裁委员会之间相互独立，没有隶属关系。

> **注意**
>
> 仲裁委员会是"民间组织"，属于"商务服务业"范畴，既不是行政机关也不是司法机关。

五、仲裁协议

（一）仲裁协议的形式

仲裁协议应以书面形式订立。口头达成仲裁的意思表示无效。（要式行为）

（二）仲裁协议的内容

1. 请求仲裁的意思表示。
2. 仲裁事项。
3. 选定的仲裁委员会。

仲裁协议完整内容节选：因履行本合同（或协议）发生的一切争议，由当事人协商解决，协商不成，提交 深圳仲裁委员会仲裁，或 深圳法院诉讼。

甲方：李三　　　　　　　　　　　　　　乙方：李四

> **注意**
> 仲裁协议对仲裁事项或者仲裁委员会没有约定或者约定不明确的，当事人可以补充协议；达不成补充协议的，仲裁协议无效。

（三）仲裁协议的效力

1. 仲裁协议独立存在，合同的变更、解除、终止或者无效不影响仲裁协议的效力。
2. 当事人对仲裁协议的效力有异议的，可以请求仲裁委员会作出决定或者请求法院作出裁定。一方请求仲裁委员会作出决定，另一方请求法院作出裁定的，由法院裁定。当事人对仲裁协议的效力有异议，应当在"仲裁庭首次开庭前"提出。

> **注意**
> 案例中的文字游戏"仲裁庭首次开庭时"。

3. 当事人达成仲裁协议，一方向法院起诉未声明有仲裁协议，法院受理后，另一方在"首次开庭前"提交仲裁协议的，法院应当驳回起诉，但仲裁协议无效的除外；

另一方在"首次开庭前"未对法院受理该案提出异议的，视为放弃仲裁协议，法院应当继续审理。

> **提示**
> 有效的仲裁协议可以排除法院的管辖权。

六、仲裁裁决

（一）仲裁管辖权

仲裁不实行级别管辖和地域管辖，由当事人协议选定仲裁委员会。（自愿原则、独立仲裁原则）

（二）仲裁庭的组成

1. 当事人约定由3名仲裁员组成仲裁庭的，应当各自选定或者各自委托仲裁委员会主任指定1名仲裁员，第3名仲裁员由当事人共同选定或者共同委托仲裁委员会主任指定；第3名仲裁员是首席仲裁员。

2. 当事人约定由1名仲裁员成立仲裁庭的，应当由当事人共同选定或者共同委托仲裁委员会主任指定。

> **注意**
> 民事诉讼中的合议庭由3名以上的审判人员组成。

（三）回避制度（公平合理原则）

仲裁员有下列情形之一的，必须回避，当事人有权提出回避申请：

1. 是本案当事人，或者当事人、代理人的近亲属；
2. 与本案有利害关系；
3. 与本案当事人、代理人有其他关系，"可能影响公正仲裁"的；
4. 私自会见当事人、代理人，或者接受当事人、代理人的请客送礼的。

（四）仲裁应开庭但不公开（自愿原则）

仲裁应当开庭进行；当事人协议不开庭的，仲裁庭可以根据仲裁申请书、答辩书及其他材料作出裁决。仲裁不公开进行；当事人协议公开的，可以公开进行；但涉及国家秘密的除外。

（五）仲裁的和解与调解（自愿原则、一裁终局原则）

1. 当事人申请仲裁后，可以自行和解。达成和解协议的，可以请求仲裁庭根据和解协议作出裁决书，也可以撤回仲裁申请。当事人达成和解协议，撤回仲裁申请后又反悔的，可以根据仲裁协议申请仲裁。

2. 仲裁庭在作出裁决前，可以先行调解。当事人自愿调解的，仲裁庭应当调解。调解不成的，仲裁庭应当及时作出裁决。调解达成协议的，仲裁庭应当制作调解书或者根据协议的结果制作裁决书，调解书与裁决书具有同等的法律效力。

3. 调解书经双方当事人签收后，即发生法律效力；在调解书签收前当事人反悔的，仲裁庭应当及时作出裁决。

（六）作出裁决

1. 仲裁裁决应当按照多数仲裁员的意见作出；仲裁庭不能形成多数意见时，裁决应当按照首席仲裁员的意见作出。（先多数决，后首席决）

2. 裁决书自作出（而非签收或送达）之日起发生法律效力。

> **注意**
> （1）看清案例的表述方式。
> （2）裁决书自"作出之日"起发生法律效力，重点记忆。

（七）履行裁决及强制执行

仲裁裁决作出后，当事人应当履行裁决。

一方当事人不履行的，另一方当事人可以按照《中华人民共和国民事诉讼法》（以下简称《民事诉讼法》）的有关规定向"人民法院"申请执行。

> **注意**
> 与"一裁终局原则"进行区分。

考点三 民事诉讼

一、民事诉讼的适用范围

"平等主体"之间因"财产关系"和"人身关系"发生纠纷，可以提起民事诉讼。适用于《民事诉讼法》的案件具体有5类（多选题考点）：

1. 因民法、婚姻法、收养法、继承法等调整的平等主体之间的财产关系和人身关系发生的民事案件，如合同纠纷、房产纠纷、侵害名誉权纠纷等案件。
2. 因经济法、劳动法调整的社会关系发生的争议，法律规定适用民事诉讼程序审理的案件，如劳动合同纠纷案件等。
3. 适用特别程序审理的选民资格案件和宣告公民失踪、死亡等非诉案件。
4. 按照督促程序解决的债务案件。
5. 按照公示催告程序解决的宣告票据和有关事项无效的案件。

> **注意**
> 劳动争议不适用《仲裁法》，但因劳动争议提起的诉讼（劳动诉讼）属于民事诉讼。

二、审判制度

（一）合议制度——由3名以上审判人员组成审判组织

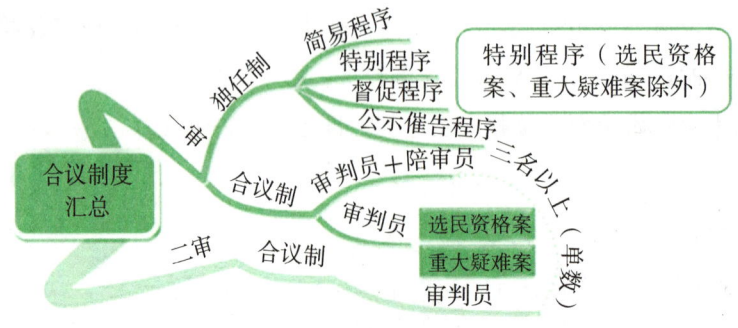

图1-2 合议制度

（二）回避制度——可能影响对案件公正审理

1. 回避对象：审判人员、书记员、翻译人员、鉴定人、勘验人。
2. 回避对象出现下列情形，当事人有权用口头或者书面方式申请他们回避：

（1）回避对象是案件的当事人或者当事人、诉讼代理人的近亲属。

（2）回避对象与案件有利害关系。

（3）回避对象与案件当事人、诉讼代理人有其他关系，可能影响对案件公正审理。

（4）审判人员接受当事人、诉讼代理人请客送礼或者违反规定会见当事人、诉讼代理人。

> **注意**
> （1）证人不适用回避制度。
> （2）当事人请求上述人员回避可以书面提出也可以口头提出。

（三）公开审判制度

1. 法院审理民事或行政案件，除"涉及国家机密""个人隐私"或者"法律另有规定"的以外，应当公开进行。
2. "离婚案件""涉及商业秘密"的案件当事人申请不公开审理的，可以不公开审理。

> **提示**
> （1）依法不公开。（2）依当事人意愿不公开。

3. 公开审判包括审判过程公开和审判结果公开两项内容，不论案件是否公开审理，一律公开宣告判决。
4. 公开审理案件，应当在开庭前公告当事人姓名、案由和开庭的时间、地点，以便群众旁听。

（四）两审终审制度——一个诉讼案件经过两级法院审判后即终结

1. 一般情况：当事人不服地方人民法院第一审民事判决的，有权在判决书送达之日起15日内向上一级法院提起上诉。超过上诉期没有上诉的，该第一审民事判决发生法律效力。在上诉期内向上一级法院提起上诉的，进行第二审；二审法院的判决、裁定是终审判决、裁定。

对终审判决、裁定，当事人不得上诉，如果发现终审判决确有错误，可以通过审判监督程序予以纠正。

2. 特殊情况——一审终审：

（1）适用特别程序、督促程序、公示催告程序和简易程序中的小额诉讼程序审理的案件。

（2）最高人民法院所作的一审判决、裁定。

> **注意**
>
> （1）对一般诉讼案件适用两审终审制度，而简易程序和非诉讼民事案件适用一审终审制度。
>
> （2）非诉案件一般是指不需要经过法庭宣判，但需要依照专门法律程序来进行的案件。
>
> （3）仲裁实行一裁终局制度，仲裁庭作出的仲裁裁决为终局裁决，仲裁裁决作出后，当事人就同一纠纷再申请仲裁或向人民法院起诉的，仲裁委员会或者人民法院不予受理。
>
> （4）我国的法院层级划分为：最高人民法院＞高级人民法院＞中级人民法院＞基层人民法院。

三、诉讼管辖（级别、地域管辖）

（一）级别管辖

级别管辖是根据案件性质、案情繁简、影响范围，来确定上、下级法院受理第一审案件的分工和权限。大多数民事案件均归基层法院管辖。

（二）地域管辖

1. 一般地域管辖（普通管辖）"原告就被告"。

除另有规定外，民事诉讼实行"原告就被告"原则，即由被告住所地法院管辖；被告住所地与经常居住地不一致的，由经常居住地人民法院管辖。

2. 一般地域管辖（普通管辖）"被告就原告"。

下列民事诉讼案件由原告住所地人民法院管辖；原告住所地与经常居住地不一致的，由原告经常居住地人民法院管辖：

（1）对不在中华人民共和国领域内居住的人提起的有关身份关系的民事诉讼。

（2）对下落不明或者宣告失踪的人提起的有关身份关系的民事诉讼。

（3）对被采取强制性教育措施或者被监禁的人提起的民事诉讼。

> **注意**
>
> （1）住所地与经常居住地不一致的，由经常居住地人民法院管辖。
>
> （2）被告住国外、找不到人（身份诉讼）、被关押的，由原告住所地人民法院管辖。

3. 特殊地域管辖（特别管辖）

以"诉讼标的所在地、法律事实所在地"为标准确定管辖法院。

表1-8 特殊地域管辖

纠纷	管辖法院		
合同纠纷	合同履行地		被告住所地
保险合同纠纷	保险标的物所在地		
票据纠纷	票据支付地		
运输合同纠纷	运输始发地、目的地		
侵权行为	侵权行为地	侵权行为实施地	
		侵权结果发生地	
交通事故请求损害赔偿	事故发生地或者车辆、船舶最先到达地、航空器最先降落地		
公司设立、确认股东资格、分配利润、解散等纠纷	公司住所地		
海事、海商案件	略		

> **注意**
> 特别管辖不排除一般管辖。

（三）专属管辖

指法律强制规定某类案件必须由特定的法院管辖，其他法院无权管辖，当事人也不得协议变更的管辖。主要有以下三类：

表1-9 专属管辖

纠纷类型	专属管辖法院
因不动产纠纷提起的诉讼	不动产所在地法院
因港口作业中发生纠纷提起的诉讼	港口所在地法院
因继承遗产纠纷提起的诉讼	（1）被继承人死亡时住所地法院 （2）主要遗产所在地法院

> 注意
>
> （1）《最高人民法院关于适用〈中华人民共和国民事诉讼法〉的解释》规定，农村土地承包经营合同纠纷、房屋租赁合同纠纷、建设工程施工合同纠纷、政策性房屋买卖合同纠纷，按照不动产纠纷确定管辖。
> （2）政策性房屋买卖纠纷之外的商品房买卖纠纷，不按照不动产纠纷确定管辖。

（四）协议管辖

合同或者其他财产权益纠纷的当事人可以书面协议选择被告住所地、合同履行地、合同签订地、原告住所地、标的物所在地等与争议有实际联系的地点的法院管辖，但不得违反《民事诉讼法》对级别管辖和专属管辖的规定。

> 注意
>
> 协议管辖排除普通管辖和特别管辖，以协议约定为准。

（五）共同管辖（选择管辖）——"立案在先"原则

两个以上人民法院都有管辖权的诉讼，原告可以向其中一个人民法院起诉；原告向两个以上有管辖权的人民法院起诉的，由"最先立案"的人民法院管辖。

> 注意
>
> "起诉"与"受理"为此点命题陷阱。

【小结】

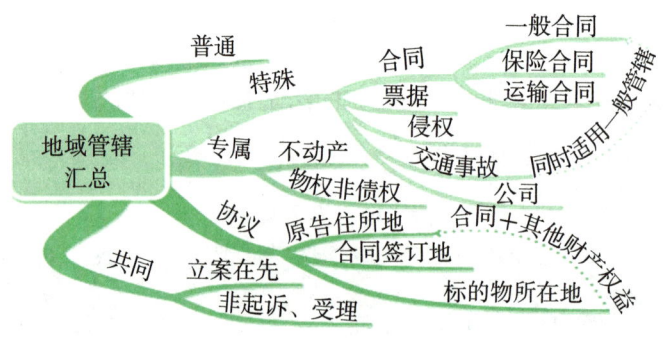

图1-3　地域管辖

四、诉讼时效

（一）概念

诉讼时效，是指权利人在法定期间内不行使权利而失去诉讼保护的制度。

> **注意**
> （1）诉讼时效期间届满，权利人丧失的是"胜诉权"，即丧失依诉讼程序强制义务人履行义务的权利；权利人的实体权利并不消灭，债务人自愿履行的，不受诉讼时效限制。
> （2）诉讼时效期间、计算方法以及中止、中断的事由由法律规定，当事人约定无效。人民法院不得主动适用诉讼时效的规定。（2018年新增）

（二）诉讼时效期间的具体规定

1. 普通诉讼时效期间：除法律另有规定外，一般诉讼时效为3年。（2018年改）
2. 最长诉讼时效期间（绝对时效期间）：20年。

> **注意**
> 诉讼时效期间的起算点见下表：

表1-10　诉讼时效期间的起算点

诉讼时效期间	起算点
普通诉讼时效期间	"知道或者应当知道"权利被侵害时
最长诉讼时效期间	权利被侵害之日

（三）诉讼时效期间的中止

是指在诉讼时效期间的最后6个月内，因下列障碍，致使权利人不能行使请求权的，诉讼时效中止。自中止时效的原因消除之日起满6个月，诉讼时效期间届满。（2018年改）：

1. 不可抗力。
2. 无民事行为能力人、限制民事行为能力人没有法定代理人，或者法定代理人死亡、丧失民事行为能力、丧失代理权。
3. 继承开始后未确定继承人或者遗产管理人。
4. 权利人被义务人或者其他人控制。
5. 其他。

（四）诉讼时效期间的中断

有下列情形之一的，诉讼时效中断，从中断、有关程序终结时起，诉讼时效期间重新计算：

1. 权利人向义务人提出履行请求的。
2. 义务人同意履行义务的。

3. 权利人提起诉讼或者仲裁的。

4. 与第3点有同等效力的其他情形。

注意

（1）中断期间持续中断，重新计算的起算点为中断事由完结之日起。

（2）客观原因导致中止——暂停键；主观原因导致中断——重启键。

（五）不适用诉讼时效的情形（2018年新增）

1. 请求停止侵害、排除妨碍、消除危险。

2. 不动产物权和登记的动产物权的权利人请求返还财产。

3. 请求支付抚养费、赡养费或者扶养费。

4. 依法不适用诉讼时效的其他请求权。

五、调解、判决和执行

（一）调解

1. 法院审理民事案件，根据当事人自愿的原则，在事实清楚的基础上，分清是非，进行调解。当事人一方或者双方坚持不愿调解的，应当及时裁判。

提示

一般情况下，民事案件可以调解，行政案件不可调解。

2. 法院审理离婚案件，应当进行调解，但不应久调不决。

3. 适用特别程序、督促程序、公示催告程序的案件，婚姻等身份关系确认案件以及其他根据案件性质不能调解的案件，不得调解。

除上述特殊情况外，调解达成协议，人民法院应当制作调解书。调解书应当写明诉讼请求案件的事实和调解结果，调解书由审判人员、书记员署名，加盖人民法院印章，送达双方当事人。调解书经双方当事人签收后，即具有法律效力。（2018年新增）

注意

离婚案件与婚姻身份关系确认案件的区别。

（二）判决——公开进行没有例外

1. 当事人不服地方人民法院第一审判决的，有权在判决书送达之日起15日内向上一级人民法院提起上诉。

2. 最高法院的判决，以及依法不准上诉或者超过上诉期没有上诉的判决是发生法律效力的判决。

3. 第二审人民法院的判决，是终审判决，作出生效。

（三）执行

发生法律效力的民事判决、裁定、调解书和其他应当由人民法院执行的法律文书，当事人必须履行。

（四）强制执行

表1-11　强制执行

法律文件	申请人	执行机构
判决、裁定	（1）对方当事人向法院申请； （2）由审判员移送执行员执行。	第一审法院；被执行的财产所在地法院。
调解书和其他应当由人民法院执行的法律文书	对方当事人向法院申请。	被执行人住所地法院；被执行的财产所在地法院。

【小结】仲裁与民事诉讼

表1-12　仲裁与民事诉讼的异同

异同＼类型	仲裁	民事诉讼
适用	合同关系、财产关系	财产关系、人身关系
审判制度	一裁终局	两审终审
合议（仲裁）庭组成	1名或3名	3名以上单数
回避制度	√	√
开庭	√	√
公开	×	√
级别管辖	×	√
地域管辖	×	√
法律文件生效	裁决：作出；调解书：签收。	一审：送达15日不上诉；二审为终审判决。
向法院申请强制执行	被执行人住所地法院或被执行财产所在地法院。	判决、裁定：一审法院或被执行财产所在地法院； 其他：被执行人住所地法院或被执行财产所在地法院。

考点四 行政复议——保护公民权、限制行政权

一、行政复议范围

（一）可以申请行政复议的事项

当事人认为行政机关的具体行政行为侵犯其合法权益，符合《中华人民共和国行政复议法》规定范围的，可以申请行政复议。在对具体行政行为申请行政复议时，可以一并向行政复议机关提出对该规定的审查申请：1. 国务院部门的规定；2. 县级以上地方，各级人民政府及其工作部门的规定；3. 乡镇人民政府的规定。

> **注意**
>
> （1）对行政机关的抽象行政行为不能申请行政复议，但当事人认为行政机关的具体行政行为所依据的规定不合法，在对具体行政行为申请行政复议时，可以一并向行政复议机关提出对该规定的审查申请。
>
> （2）可以一并申请附带审查的仅限于各种规定，不包括国务院部委和地方人民政府规章。

（二）行政复议的排除事项：

1. 不服行政机关作出的行政处分或者其他人事处理决定。

> **注意**
>
> 外部行为可议，内部行为不可议，但可以依据《公务员法》申诉。

2. 不服行政机关对民事纠纷作出的调解或者其他处理。

> **注意**
>
> （1）具体行政行为：可以单独申请行政复议。
>
> （2）抽象行政行为：规定可以申请附带审查，法律、法规、规章不得申请附带审查。
>
> （3）内部行政行为、行政主体作出的并非行使行政管理职权的行为：不得申请行政复议。

二、行政复议程序

（一）行政复议申请

1. **申请时间**：自知道该具体行政行为之日起60日内提出行政复议申请。但是法

律规定的申请期限超过60日的除外。因不可抗力或者其他正当理由耽误法定申请期限的，申请期限自障碍消除之日起继续计算。

2. 申请方式：申请人申请行政复议可以书面申请，也可以口头申请。

> **注意**
>
> 与仲裁区分，当事人申请仲裁必须有仲裁协议，仲裁协议应当以书面形式订立，口头达成仲裁的意思表示无效。

3. 公民、法人或者其他组织向人民法院提起行政诉讼，人民法院已经依法受理的，不得申请行政复议。

（二）行政复议受理

1. 行政复议机关受理行政复议申请，不得向申请人收取任何费用。

2. 行政复议期间具体行政行为不停止执行。但有下列情形之一的，可以停止执行：

（1）被申请人认为需要停止执行的；（2）行政复议机关认为需要停止执行的；（3）申请人申请停止执行，行政复议机关认为其要求合理，决定停止执行的；（4）法律规定停止执行的。

（三）行政复议参加人和行政复议机关

1. 行政复议参加人包括申请人、被申请人和第三人。

> **注意**
>
> 行政复议参加人不包括行政复议机关。

2. 行政复议机关重点掌握：对海关、金融、国税、外汇管理等垂直领导的行政机关和国家安全机关的具体行政行为不服的，向上一级主管部门申请行政复议；对地方税务、地方各行政部门的行政行为不服的，可以选择找上一级行政部门或同一级人民政府。

> **提示**
>
> （1）对省、自治区人民政府依法设立的派出机关所属的县级地方人民政府的具体行政行为不服的，向该派出机关申请行政复议。
>
> （2）（没上级的情况下）对行政复议决定不服的，可以向人民法院提起行政诉讼；也可以向国务院申请裁决。
>
> （3）政府的派出机关就相当于一级政府。

（四）行政复议决定

1. 方式：行政复议原则上采取书面审查方法。

> **提示**
> 与仲裁和诉讼不同，其既不开庭也不公开进行。

2. 举证责任：行政复议的举证责任，由被申请人承担。
3. 答复时间：行政复议机关应当自受理申请之日起60日内作出行政复议决定；但是法律规定的行政复议期限少于60日的除外。

> **提示**
> 情况复杂，不能在规定期限内作出行政复议决定的，经行政复议机关的负责人批准，可以适当延长，但延长期限最多不得超过30日。

【理解】公民、法人或者其他组织认为具体行政行为侵犯其合法权益的，可以自知道该具体行政行为之日起60日内提出行政复议申请；但是法律规定的申请期限超过60日的除外。

4. 决定种类：

（1）具体行政行为认定事实清楚，证据确凿，适用依据正确，程序合法，内容适当的，决定维持。

（2）被申请人不履行法定职责的，决定其在一定期限内履行。

（3）具体行政行为有下列情形之一的，决定撤销、变更或者确认该具体行政行为违法；决定撤销或者确认违法的，可以责令被申请人在一定期限内重新作出具体行政行为（5点）：

①主要事实不清、证据不足的；
②适用依据错误的；
③违反法定程序的；
④超越或者滥用职权的；
⑤具体行政行为明显不当的。

> **注意**
> （1）被申请人不按照法律规定提出书面答复，提交当初作出具体行政行为的证据等，视为无证据。
> （2）责令重新作出具体行政行为的，不得以同一事实和理由，作出相同或基本相同的具体行政行为。

5. 生效——复议决定书一经送达即发生法律效力

> 注意
>
> 仲裁调解书签收后，发生法律效力；仲裁裁决书作出之日起发生法律效力；民事诉讼判决书一审送达之日起15日内不上诉生效。

6. 执行

被申请人应当履行行政复议决定。被申请人不履行或者无正当理由拖延履行行政复议决定的，行政复议机关或者有关上级行政机关应当责令其限期履行。

【小结】民事诉讼、仲裁与行政复议

表1-13　民事诉讼、仲裁与行政复议的异同

异同＼类型	仲裁	民事诉讼	行政复议
适用	合同关系、财产关系	财产关系、人身关系	不平等主体（外部、具体）
收费	√	√	×
审判制度	一裁终局	两审终审	
合议（仲裁）庭组成	1名或3名	3名以上单数	
回避制度	√	√	√
开庭	√	√	×
公开	×	√	
级别管辖	×	√	找上级
地域管辖	×	√	
法律文件生效时间	裁决：作出 调解书：签收	一审：送达15日不上诉	送达
向法院申请强制执行	√	√	

考点五 行政诉讼

一、行政诉讼的适用范围

(一)法院受理公民、法人和其他组织对下列具体行政行为不服提起的行政诉讼(12条):

1. 对行政拘留、暂扣或者吊销许可证和执照、责令停产停业、没收违法所得、没收非法财物、罚款、警告等行政处罚不服的;
2. 对限制人身自由或者对财产的查封、扣押、冻结等行政强制措施和行政强制执行不服的;
3. 申请行政许可,行政机关拒绝或者在法定期限内不予答复,或者对行政机关作出的有关行政许可的其他决定不服的;
4. 对行政机关作出的关于确认土地、矿藏、水流、森林、山岭、草原、荒地、滩涂、海域等自然资源的所有权或者使用权的决定不服的;
5. 对征收、征用决定及其补偿决定不服的;
6. 申请行政机关履行保护人身权、财产权等合法权益的法定职责,行政机关拒绝履行或者不予答复的;
7. 认为行政机关侵犯其经营自主权或者农村土地承包经营权、农村土地经营权的;
8. 认为行政机关滥用行政权力排除或者限制竞争的;
9. 认为行政机关违法集资、摊派费用或者违法要求履行其他义务的;
10. 认为行政机关没有依法支付抚恤金、最低生活保障待遇或者社会保险待遇的;
11. 认为行政机关不依法履行、未按照约定履行或者违法变更、解除政府特许经营协议、土地房屋征收补偿协议等协议的;
12. 认为行政机关侵犯其他人身权、财产权等合法权益的。

提示

只要行政行为侵害公民、法人或者其他组织的合法权益,又不在明确列举的不受理案件范围内的,即可诉。因此,考生应当把记忆的重心放在"不受理"的案件上。

(二)法院不受理的诉讼:

1. 国防、外交等国家行为;
2. 行政法规、规章或者行政机关制定、发布的具有普遍约束力的决定、命令;

3. 行政机关对行政机关工作人员的奖惩、任免等决定；

4. 法律规定由行政机关最终裁决的具体行政行为。

二、诉讼管辖

包括级别管辖和地域管辖。

（一）级别管辖

基层人民法院管辖第一审行政案件（一般情况下）。

中级人民法院管辖下列第一审行政案件：

1. 对国务院各部门或者县级以上地方人民政府所作的具体行政行为提起诉讼的案件；

2. 海关处理的案件；

3. 本辖区内重大、复杂的案件；

4. 其他。

> **注意**
> 原一审由中级人民法院管辖的确认发明专利权案件，改由知识产权法院管辖。

（二）地域管辖

1. 普通管辖

（1）行政案件由最初作出具体行政行为的行政机关所在地人民法院管辖。

（2）经行政复议的案件，也可以由复议机关所在地人民法院管辖。

（3）对限制人身自由的行政强制措施不服提起的诉讼，由被告所在地或者原告所在地人民法院管辖。

> **注意**
> （1）遵循原告就被告原则。
> （2）经最高人民法院批准，高级人民法院可以根据审判工作的实际情况，确定若干人民法院跨行政区域管辖行政案件。

2. 专属管辖 因不动产提起的行政诉讼，由不动产所在地人民法院管辖。

三、起诉和受理

（一）在法定复议期限内，不得向人民法院提起行政诉讼。

（二）起诉期限：

1. 议后再诉：自收到行政复议决定书或复议期满（60日）之日起15日内起诉；法

律另有规定的除外。

2. 直接起诉——作为的行政行为

（1）作为的行政行为：自知道或者应当知道作出行政行为之日起6个月内提出；法律另有规定的除外。

（2）保护时限：因不动产提起诉讼的案件自行政行为作出之日起超过20年，其他案件自行政行为作出之日起超过5年提起诉讼的，人民法院不予受理。

3. 直接起诉——不作为的行政行为

（1）公民、法人或者其他组织申请行政机关履行保护其人身权、财产权等合法权益的法定职责，行政机关在接到申请之日起2个月内不履行的，公民、法人或者其他组织可以向人民法院提起诉讼；法律、法规对行政机关履行职责的期限另有规定的，从其规定。

（2）公民、法人或者其他组织在紧急情况下请求行政机关履行保护其人身权、财产权等合法权益的法定职责，行政机关不履行的，提起诉讼不受前述期限（2个月）的限制。

（3）公民、法人或者其他组织，因不可抗力或者其他不属于其自身的原因耽误起诉期限的，在障碍消除后10日内，可以申请延长期限，是否准许由人民法院决定。（2018年新增）

（三）起诉形式

起诉应当向人民法院递交起诉状，书写起诉状有困难的，可以口头起诉。

提示

经济仲裁应当以书面形式申请，民事诉讼、行政复议、劳动仲裁均可口头起诉或申请。

起诉应当向人民法院递交起诉状，并按照被告人数提出副本。人民法院在接到起诉状时对符合法律规定起诉条件的，应当登记立案。对当场不能判定是否符合法律规定的起诉条件的，应当接受起诉状，出具注明收到日期的书面凭证，并在7日内决定是否立案。不符合起诉条件的，作出不予立案的裁定。裁定书应当载明不予立案的理由，原告对裁定不服的，可以提起上诉。

（四）审理和判决

1. 公开，但涉及国家秘密、个人隐私和法律另有规定的除外。

注意

涉及商业秘密的案件，当事人申请不公开审理的，可以不公开审理。

2. 合议庭，由3名以上审判人员组成审判组织，代表法院行使审判权，对案件进行审理并作出裁判的制度。

3. 回避制度，当事人认为审判人员、书记员、翻译员、鉴定人、勘验人可能影响公正判决的，有权申请上述人员回避。上述人员认为自己与本案有利害关系或其他关系，应当申请回避。

4. 审理依据：法律和行政法规、当地的地方性法规。

5. 生效时间

一审判决——判决书送达之日起15日内不上诉。

一审裁定——裁定书送达之日起10日内不上诉。

注意

审理行政案件，不适用调解。但行政赔偿、补偿以及行政机关行使法律、法规规定的自由裁量权的案件可以调解。

第三节 法律责任

考点一 法律责任

一、民事责任

返还财产、恢复原状、赔偿损失、支付违约金、停止侵害等11类。

二、行政责任

（一）行政处罚

声誉罚：警告。
财产罚：罚款；没收违法所得、没收非法财物。
行为罚：责令停产停业；暂扣或吊销许可证、暂扣或吊销执照。
人身罚：行政拘留。

（二）行政处分

警告、记过、记大过、降级、撤职、开除。

三、刑事责任

（一）主刑

1. 管制：3个月以上2年以下，最高不超过3年；
2. 拘役：1个月以上6个月以下，最高不超过1年；
3. 有期徒刑：6个月以上15年以下；
4. 无期徒刑；
5. 死刑：是剥夺犯罪分子生命的刑罚方法。死刑只适用于罪行极其严重的犯罪分子，对于应当判处死刑的犯罪分子，如果不是必须立即执行的，可以判处死刑，同时宣告缓期2年执行。

> 注意
>
> 有期徒刑总和刑期不满35年的，最高不能超过20年，总和刑期在35年以上的，最高不能超过25年。

（二）附加刑

罚金、剥夺政治权利、没收财产、驱逐出境。

注意

（1）附加刑可以附加于主刑之后作为主刑的补充，同主刑一起适用，也可以单独适用。

（2）政治权利包括：选举权和被选举权；言论、出版、集会、结社、游行、示威自由的权利；担任国家机关职务的权利；担任国有公司、企业、事业单位和人民团体领导职务的权利。

（3）"罚款；没收违法所得、没收非法财物"属于行政责任；"罚金；没收财产"属于刑事责任。

第二章 会计法律制度

第一节 会计法律制度概述

一、会计法律制度

（一）概念

是指国家权力机关和行政机关制定的关于会计工作的法律、法规、规章和规范性文件的总称，简称会计法规。

（二）实质

是调整会计关系的法律规范。

（三）适用范围

国家机关、社会团体、公司、企业、事业单位和其他组织（以下统称单位）办理会计事务。

二、会计关系

（一）概念

指会计机构和会计人员在办理会计事务过程中，以及国家在管理会计工作过程中发生的经济关系。

（二）主体

会计机构和会计人员。

（三）客体

与会计工作相关的具体事务。

三、会计工作管理体制

（一）行政管理

国务院财政部门主管全国的会计工作。县级以上地方各级人民部门管理本行政区域内的会计工作。

（二）单位内部管理

单位负责人对本单位的会计工作和会计资料的真实性、完整性负责。

第二节 会计核算与监督

考点一 会计核算

一、会计核算

（一）概念

是以货币为主要计量单位，运用专门的会计方法，对生产经营活动或预算执行过程及其结果进行连续、系统、全面的记录、计算、分析，定期编制并提供财务会计报告和其他一系列内部管理所需的会计资料，为经营决策和宏观经济管理提供依据的一项会计活动。

会计核算是会计工作的基本职能之一，是会计工作的重要环节。

（二）基本要求

1. 依法建账。
2. 根据实际发生的经济业务进行会计核算。
3. 保证会计资料的真实和完整。
4. 正确采用会计处理方法。
5. 正确使用会计记录文字。
6. 使用电子计算机进行会计核算必须符合法律规定。

（三）内容（经济业务）

1. 款项和有价证券的收付。
2. 财物的收发、增减和使用。
3. 债权债务的发生和结算。
4. 资本、基金的增减。
5. 收入、支出、费用、成本的计算。
6. 财务成果的计算和处理。
7. 应该进行会计核算的其他经济业务事项。

二、会计资料

（一）概念

主要是指会计凭证、会计账簿、财务会计报告等会计核算专业资料；

是会计核算的重要成果；

是投资者作出投资决策，经营者进行经营管理，国家进行宏观调控的重要依据。

（二）质量要求

1. 真实性

会计资料所反映的内容和结果应当同单位实际发生的经济业务的内容及结果一致。

2. 完整性

构成会计资料的各项要素都必须齐全，如实、全面地记录和反映经济业务发生情况，便于会计资料使用者全面、准确地了解经济活动情况。

真实和完整是会计资料最基本的质量要求，是会计工作的生命。

三、会计年度

是指以年度为单位进行会计核算的时间区间，是反映单位财务状况、核算经营成果的时间界限。我国会计年度为公历1月1日至12月31日。

四、记账本位币

是指日常登记账簿和编制财务会计报告用以计量的货币，也就是单位进行会计核算业务时所使用的货币。会计核算：人民币为记账本位币；业务收支：人民币/外币为记账本位币；财务报告：人民币为记账本位币。

五、会计凭证和会计账簿

（一）会计凭证

1. 概念

是指具有一定格式、用以记录经济业务事项发生和完成情况，明确经济责任，并作为记账凭证的书面证明，是会计核算的重要会计资料。

2. 分类

（1）原始凭证

又称单据，是指在经济业务发生时，由业务经办人员直接取得或者填制，用以表明某项经济业务已经发生或完成情况并明确有关经济责任的一种原始凭据，如发票。

原始凭证是会计核算的原始依据，来源于实际发生的经济业务事项。原始凭证记载的各项内容均不得涂改；原始凭证有错误的，应当由出具单位重开或者更正，更正处应当加盖出具单位印章。

（2）记账凭证

亦称传票，是指对经济业务事项按其性质加以归类，确定会计分录，并据以登记会计账簿的凭证。

具有分类归纳原始凭证和满足登记会计账簿需要的作用。

（二）会计账簿

1. 概念

是指全面记录和反映一个单位经济业务事项，把大量分散的数据或者资料进行归纳整理，逐步加工成有用会计信息的簿籍，它是编制财务会计报告的重要依据。

2. 种类

（1）总账

也称总分类账，是根据会计科目开设的账簿，用于分类登记单位的全部经济业务事项。一般分为订本账和活页账。

（2）明细账

也称明细分类账，是根据总账科目所属的明细科目设置的，用于分类登记某一类经济业务事项，提供有关明细核算资料。一般采用活页账形式。

（3）日记账

是一种特殊的序时明细账，它是按照经济业务事项发生的时间先后顺序日逐笔地进行登记的账簿。一般分为现金日记账和银行存款日记账。

（4）其他辅助账簿

也称备查账簿，是为备忘备查而设置的。

3. 基本要求

（1）必须依据经过审核的会计凭证登记会计账簿；

（2）登记会计账簿必须按照记账规则进行；

（3）任何单位都不得在法定会计账簿之外私设会计账簿。

六、财务会计报告

财务会计报告，也称财务报告，是指单位对外提供的、反映单位某一特定日期财务状况和某一会计期间经营成果、现金流量等会计信息的文件。

编制财务会计报告，是对单位会计核算工作的全面总结，也是及时提供真实、完整会计资料的重要环节。

（一）企业财务会计报告的构成

表2-1 企业财务会计报告的构成

企业财务会计报告	内容	会计报表	资产负债表
			利润表
			现金流量表
			相关附表
		会计报表附注	
		财务情况说明书	
	分类	年度	会计报表+附注
		半年度	会计报表+附注
		季度	会计报表
		月度	会计报表

（二）企业财务会计报告的对外提供

企业对外提供的财务会计报告反映的会计信息应当真实、完整。

依照规定，应及时提供财务会计报告。

企业对外提供的财务会计报告应当由企业负责人和主管会计工作的负责人、会计机构负责人（会计主管人员）签名并盖章。设总会计师的，由总会计师签名并盖章。

国有企业、国有控股或者占主导地位的企业，应当至少每年一次向本企业的职工代表大会公布财务会计报告，重点说明下列事项：（1）反映与职工利益密切相关的信息；包括管理费用构成，管理人员和职工工资及福利发放、使用和结余情况，公积金的提取及使用情况，利润分配的情况以及其他；（2）内部审计发现的问题及纠正情况；（3）注册会计师审计的情况；（4）国家审计机关发现的问题及纠正情况；（5）重大的投资、融资和资产处置决策及其原因的说明等；（6）其他。

财务会计报告须经注册会计师审计的，企业应当将注册会计师及其会计师事务所出具的审计报告随同财务会计报告一并对外提供。

接受企业财务会计报告的组织或者个人，在企业财务会计报告未正式对外披露前，应当对其内容保密。

七、账务核对及财产清查

（一）账务核对

账务核对，又称账账核对、账表核对、账证核对或对账，是保证会计账簿记录质量的重要程序。

（二）财产清查

财产清查制度是通过定期或不定期、全面或部分地对各项财产物资进行如实盘点和对库存现金、银行存款、债权债务进行清查核实的一种制度。

通过清查，可以发现财产管理工作中存在的问题，以便查清原因，改善经营管理，保护财产的完整和安全；可以确定各项财产的实存数，以便查明实存数与账面数是否相符，并查明不符的原因和责任，制定相应措施，做到账实相符，保证会计资料的真实性。

考点二 会计档案管理

会计档案是记录和反映经济业务事项的重要史料和证据。

单位应当保证会计档案的真实、完整、可用、安全。

一、会计档案的概念

是指单位在进行会计核算等过程中接收或形成的，记录和反映单位经济业务事项的，具有保存价值的文字、图表等各种形式的会计资料。

包括电子会计档案。

各单位的预算、计划、制度等不属于会计档案。

二、会计档案的归档

表2-2 会计档案的归档

归档	范围	会计凭证	原始凭证
			记账凭证
		会计账簿	总账
			明细账
			日记账
			固定资产卡片
			其他
		账务报告	月度
			季度
			半年度
			年度

（续上表）

归档	要求	其他	银行存款余额调节表
			银行对账单
			纳税申报表
			会计档案移交清册
			会计档案管理清册
			会计档案销毁清册
			会计档案鉴定意见书
			其他
		可仅电子保存的会计档案要求（除此之外，纸质保存）	（1）来源真实有效，由计算机等电子设备形成和传输； （2）会计核算系统能够准确、完整、有效接收和读取电子会计资料，能够输出符合国家标准归档格式的会计凭证、会计账簿、财务会计报表等会计资料，设定了经办、审核、审批等必要的审签程序； （3）能够有效接收、管理、利用电子会计档案，符合电子档案的长期保管要求，并建立了电子会计档案与相关联的其他纸质会计档案的检索关系； （4）采取有效措施，防止电子会计档案被篡改； （5）建立电子会计档案备份制度； （6）不属于具有永久保存价值或者其他重要保存价值的会计档案。
			按照归档范围和归档要求，负责定期将应当归档的会计资料整理立卷，编制会计档案保管清册； 当年形成的会计档案，在会计年度终了后，可由单位会计管理机构临时保管一年，再移交单位档案管理机构保管。

三、会计档案的移交和利用

（一）会计档案的移交

单位会计管理机构在办理会计档案移交时，应当编制会计档案移交清册，并按照国家档案管理的有关规定办理移交手续。

单位档案管理机构接收电子会计档案时，应当对电子会计档案的准确性、完整性、可用性、安全性进行检测，符合要求的才能接收。

（二）会计档案的利用

单位应当严格按照相关制度利用会计档案，在进行会计档案查阅、复制、借出时履行登记手续，严禁篡改和损坏。

四、会计档案的保管期限

会计档案保管期限分为永久、定期两类。会计档案的保管期限是从会计年度终了后的第一天算起。永久，即是指会计档案须永久保存；定期，是指会计档案保存应达到法定的时间，一般分为10年和30年。

表2-3 企业和其他组织会计档案保管期限表

档案名称		保管期限	备注
会计凭证	原始凭证	30年	
	记账凭证	30年	
会计账簿	总账	30年	
	明细账	30年	
	日记账	30年	
	固定资产卡片		固定资产清理后保管5年
	其他	30年	
财务报告	月度	10年	
	季度	10年	
	半年度	10年	
	年度	永久	
其他	银行存款余额调节表	10年	
	银行对账单	10年	
	纳税申报表	10年	
	会计档案移交清册	30年	
	会计档案管理清册	永久	
	会计档案销毁清册	永久	
	会计档案鉴定意见书	永久	
	其他		

表2-4 财政总预算、行政单位、事业单位和税收会计档案保管期限表

档案名称		保管期限			备注
		财政总预算	行政事业单位	税收会计	
会计凭证	国家金库编送的各种报表及缴库退库凭证	10年		10年	
	各收入机关编送的报表	10年			
	行政单位和事业单位的各种会计凭证		30年		包括:原始凭证、记账凭证、传票汇总表
	财政总预算拨款凭证和其他会计凭证	30年			包括:拨款凭证、其他会计凭证
会计账簿	日记账		30年	30年	
	总账	30年	30年	30年	
	税收日记账（总账）			30年	
	明细分类、分户账或登记簿	30年	30年	30年	
	行政单位和事业单位固定资产卡片				固定资产报废清理后保管5年
财务会计报告	政府综合财务报告	永久			下级财政、本级部门和单位报送的保管2年
	部门财务报告		永久		所属单位报送的保管2年
	财政总决算	永久			下级财政、本级部门和单位报送的保管2年
	部门决算		永久		所属单位报送的保管2年
	税收年报（决算）			永久	
	国家金库年报（决算）	10年			
	基本建设拨款、贷款年报（决算）	10年			
	行政单位和事业单位会计月、季度报表		10年		所属单位报送的保管2年
	税收会计报表			10年	所属税务机关报送的保管2年

（续上表）

档案名称		保管期限			备注
		财政总预算	行政事业单位	税收会计	
其他会计资料	银行存款余额调节表	10年	10年		
	银行对账单	10年	10年	10年	
	会计档案移交清册	30年	30年	30年	
	会计档案保管清册	永久	永久	永久	
	会计档案销毁清册	永久	永久	永久	
	会计档案鉴定意见书	永久	永久	永久	

注：税务机关的税务经费会计档案保管期限，按行政单位会计档案保管期限规定办理。

五、会计档案的鉴定和销毁

（一）会计档案的鉴定

单位应当定期对已到保管期限的会计档案进行鉴定，并形成会计档案鉴定意见书。

经鉴定，仍需继续保存的会计档案，应当重新划定保管期限；对保管期满，确无保存价值的会计档案，可以销毁。会计档案鉴定工作应当由单位档案管理机构牵头，组织单位会计、审计、纪检监察等机构或人员共同进行。

（二）会计档案的销毁

经鉴定可以销毁的会计档案，销毁的基本程序和要求是：

1. 单位档案管理机构编制会计档案销毁清册。

2. 单位负责人、档案管理机构负责人、会计管理机构负责人、档案管理机构经办人、会计管理机构经办人在会计档案销毁清册上签署意见。

3. 单位档案管理机构负责组织会计档案销毁工作，并与会计管理机构共同派员监销。监销人在会计档案销毁前应当按照会计档案销毁清册所列内容进行清点核对；在会计档案销毁后，应当在会计档案销毁清册上签名或盖章。

电子会计档案的销毁由单位档案管理机构＋会计管理机构＋信息系统管理机构共同派员监销。

（三）不得销毁的会计档案

保管期满但未结清的债权债务原始凭证和涉及其他未了事项的会计凭证不得销毁。

特殊情况下的会计档案处置单位分立/合并情况下的会计档案处置：

表2-5　会计档案处置

分立续存	续存方	统一保管
	其他方	查阅＋复制
分立解散	协商后一方	统一保管
	其他方	查阅＋复制
业务移交	原单位	保管
	承接方	查阅＋复制
未结清事项	业务相关方	保管
合并后解散	合并后单位	统一保管
合并后续存	原单位	保管

（四）建设单位项目建设会计档案的交接

建设单位在项目建设期间形成的会计档案，需要移交给建设项目接受单位的，应当在办理竣工财务决算后及时移交，并按照规定办理交接手续。

（五）单位之间会计档案的交接

单位之间交接会计档案时，交接双方应当办理会计档案交接手续。

交接会计档案时，交接双方应当按照会计档案移交清册所列内容逐项交接，并由交接双方的单位有关负责人负责监督。

交接完毕后，交接双方经办人和监督人应当在会计档案移交清册上签名或盖章。

电子会计档案应当与其元数据一并移交，特殊格式的电子会计档案应当与其读取平台一并移交。档案接受单位应当对保存电子会计档案的载体及其技术环境进行检验，确保所接收电子会计档案的准确、完整、可用和安全。

考点三　会计监督

会计监督是会计的基本职能之一，是对经济活动的本身进行检查监督，借以控制经济活动，使经济活动能够根据一定的方向、目标、计划，遵循一定的原则正常进行。

会计监督可分为单位内部监督、政府监督和社会监督。

一、单位内部会计监督

是指为了保护其资产的安全、完整，保证其经营活动符合国家法律、法规和内部有关管理制度，提高经营管理水平和效率，而在单位内部采取的一系列相互制约、相互监督的制度与方法。

（一）单位内部会计监督的概念和要求

1．概念

单位内部会计监督是指各单位的会计机构、会计人员依据法律法规制度规定，通过会计手段对本单位经济活动的合法性、合理性和有效性进行监督。

2．主体

各单位的会计机构、会计人员。

3．对象

单位经济活动。

4．要求

各单位应当根据实际情况建立、健全本单位内部会计监督制度。

（二）单位内部控制制度

1．概念

单位内部控制制度是指单位为实现控制目标，通过制定制度、实施措施和执行程序，对经济活动的风险进行防范和管控。

2．原则

（1）单位：

①全面性；

②重要性；

③制衡性；

④适应性；

⑤成本效益。

（2）小企业：

①风险导向；

②适应性；

③实质重于形式；

④成本效益。

3．措施

（1）不相容职务分离控制；

（2）授权审批控制；

（3）会计系统控制；

（4）财产保护控制；

（5）预算控制；

（6）运营分析控制；

（7）绩效考评控制。

4．方法（行政事业单位）

（1）不相容岗位相互分离；

（2）内部授权审批控制；

（3）归口管理；

（4）预算控制；

（5）财产保护控制；

（6）会计控制；

（7）单据控制；

（8）信息内部公开。

二、会计工作的政府监督

会计工作政府监督的概念和主要内容：

（一）概念

是指财政部门代表国家对各单位和单位中相关人员的会计行为实施的监督检查，以及对发现的违法会计行为实施行政处罚。

（二）财政部门

国务院财政部门、国务院财政部门派出机构、县级以上人民政府财政部门。

（三）监督内容

1．是否依法设置会计账簿；

2．会计资料是否真实、完整；

3．会计核算是否合法合规；

4．会计人员是否具备专业能力和职业道德。

依法对有关单位的会计资料实施监督检查的部门及其工作人员对在监督检查中知悉的国家秘密和商业秘密负有保密的义务。

三、会计工作的社会监督

（一）会计工作社会监督的概念

会计工作的社会监督，主要是指由注册会计师及其所在的会计师事务所等中介机构接受委托，依法对单位的经济活动进行审计，出具审计报告，发表审计意见的一种监督制度。

任何单位和个人检举违法会计行为，也属于会计工作社会监督的范畴。

（二）注册会计师审计报告

1．概念

是指注册会计师根据《审计准则》的规定，在执行审计工作的基础上，对被审计单位财务报表发表审计意见的书面文件。

注册会计师应当就财务报表是否在所有重大方面按照适用的财务报告编制基础编制并实现公允反映形成审计意见。

2．要素

（1）标题；

（2）收件人；

（3）引言段；

（4）管理层责任；

（5）注册会计师责任；

（6）审计意见；

（7）注册会计师签名＋盖章；

（8）会计师事务所名称＋地址＋盖章；

（9）报告日期。

3．种类

（1）标准审计报告

无保留意见审计报告：

一是不含说明段、强调事项段、其他事项段、其他任何修饰性用语的；

二是包含其他报告责任段，不含强调事项段或其他事项段的。

（2）非标准审计报告

无保留意见审计报告：带强调事项段或其他事项段的。

非无保留意见审计报告。

4．审计意见

（1）无保留意见

是指当注册会计师认为财务报表在所有重大方面按照适用的财务报告编制基础编制并实现公允反映时发表的审计意见。

（2）非无保留意见

①保留意见，分为两种情况：

一是在获取充分、适当的审计证据后，注册会计师认为错报单独或汇总起来对财务报表影响重大，但不具有广泛性；

二是注册会计师无法获取充分、适当的审计证据以作为形成审计意见的基础，但认为未发现的错报（如存在）对财务报表可能产生的影响重大，但不具有广泛性。

②否定意见：

在获取充分、适当的审计证据以作为形成审计意见的基础，但认为未发现的错报（如存在）对财务报表可能产生的影响重大且具有广泛性。

③无法表示意见：

如果无法获取充分、适当的审计证据以作为形成审计意见的基础，但认为未发现的错报（如存在）对财务报表可能产生的影响重大且具有广泛性。

第三节　会计机构和会计人员

考点一　会计机构

是指各单位办理会计事务的职能部门。不具备设置条件的，应当委托经批准从事会计代理记账业务的中介机构代理记账。

考点二　代理记账

代理记账，是指代理记账机构接受委托办理会计业务。

代理记账机构是指依法取得代理记账资格，从事代理记账业务的机构。

一、代理记账机构的审批

除会计师事务所以外的机构代理记账，应经县级以上人民政府财政部门批准，领取由财政部统一规定样式的代理记账许可证书。

会计师事务所及其分所可以依法从事代理记账业务。

二、代理记账的业务范围

（一）根据委托人提供的原始凭证和其他资料，按照国家统一的会计制度的规定进行会计核算，包括审核原始凭证、填制记账凭证、登记会计账簿、编制财务会计报告等；

（二）对外提供财务会计报告；

（三）向税务机关提供税务资料；

（四）其他。

三、委托人、代理记账机构及其从业人员各自的义务

（一）订立书面委托合同

合同内容包括：

1. 双方对会计资料真实性、完整性各自应当承担的责任；
2. 会计资料传递程序和签收手续；
3. 编制和提供财务会计报告的要求；

4. 会计档案的保管要求及相应的责任；

5. 终止委托合同应当办理的会计交接事宜。

（二）委托人义务

1. 对本单位发生的经济业务事项，应当填制或者取得合规的原始凭证；

2. 应当配备专人负责日常货币收支和保管；

3. 及时向代理记账机构提供真实、完整的原始凭证和其他相关资料；

4. 对于代理记账机构退回的，要求按规定需进行更正、补充的原始凭证应当及时予以更正、补充。

（三）代理记账义务

1. 遵法合规地按照委托合同办理代理记账业务；

2. 保密；

3. 对委托人要求的不合法不合规的行为或事宜，予以拒绝；

4. 对委托人提出的有关会计处理相关问题予以解释。

代理记账机构为委托人编制的财务会计报告，经代理记账机构负责人、委托人负责人签名、盖章后，按照有关法律、法规和国家统一的会计制度的规定对外提供。

考点三 会计岗位的设置

一、会计工作岗位设置要求

（一）会计工作岗位，可以一人一岗、一人多岗或者一岗多人。但出纳人员不得兼任稽核、会计档案保管和收入、支出、费用、债权债务账目的登记工作。

（二）会计人员的工作岗位应当有计划地进行轮换。

（三）会计人员应当具备从事会计工作所需要的专业能力，遵守职业道德。

（四）会计机构负责人或会计主管人员，是在一个单位内具体负责会计工作的中层领导人员。担任单位会计机构负责人（会计主管人员）的，应当具备会计师以上专业技术职务资格或者从事会计工作3年以上经历。

（五）因有与会计职务有关的违法行为被依法追究刑事责任的人员，不得再从事会计工作。

二、会计人员回避制度

（一）国家机关、国有企业、事业单位任用会计人员应当实行回避制度。

（二）单位领导人的直系亲属不得担任本单位的会计机构负责人、会计主管人员。

（三）会计机构负责人、会计主管人员的直系亲属不得在本单位会计机构中担任出纳工作。

> **注意**
> 直系亲属为：夫妻关系、直系血亲关系、三代以内旁系血亲以及配偶亲关系。

三、会计工作交接

会计工作交接，是指会计人员工作调动或因故离职时与接管人员办理交接手续的一种工作程序。

一般会计人员办理交接手续，由会计机构负责人（会计主管人员）监交。

会计机构负责人（会计主管人员）办理交接手续，由单位负责人负责监交，必要时主管单位可以派人会同监交。

移交人员在办理移交时，要按移交清册逐项移交；接替人员要逐项核对点收。

交接完毕后，交接双方和监交人要在移交清册上签名或者盖章，并应在移交清册上注明单位名称，交接日期，交接双方和监交人的职务、姓名，移交清册页数以及需要说明的问题和意见等。

移交清册一般应当填制一式三份，交接双方各执一份，存档一份。

接替人员应当继续使用移交的会计账簿，不得自行另立新账，以保持会计记录的连续性。

移交人员对所移交的会计凭证、会计账簿、会计报表和其他有关资料的合法性、真实性承担法律责任。

四、会计专业职务与会计专业技术资格

（一）会计专业职务

初级职称、中级职称、高级职称。

（二）会计专业技术资格

会计专业技术资格，是指担任会计专业职务的任职资格。会计专业技术资格分为初级资格、中级资格和高级资格三个级别。目前，初级、中级会计资格实行全国统一考试制度，高级会计师资格实行考试与评审相结合制度。

表2-6　取得会计专业技术资格的条件

职务	条件
会计师	取得中级会计资格＋符合规定
	取得初级会计资格＋大专毕业＋会计员2年＋符合规定

（续上表）

职务	条件
会计师	取得初级会计资格＋中专毕业＋会计员4年＋符合规定
	取得初级会计资格＋会计员5年＋符合规定
会计员	不符合以上条件的。

五、会计专业技术人员继续教育

继续教育工作实行统筹规划、分级负责、分类指导的管理体制。

继续教育内容包括公需科目和专业科目。

公需科目包括专业技术人员应当普遍掌握的法律法规、理论政策、职业道德、技术信息等基本知识。

专业科目包括专业技术人员从事专业工作应当掌握的新理论、新知识、新技术、新方法等专业知识。

专业技术人员参加继续教育的时间，每年累计不少于90学时，其中专业科目一般不少于总学时的2／3。

六、总会计师

总会计师是主管本单位会计工作的行政领导，会计工作主要负责人。

国有的和国有资产占控股地位或者主导地位的大、中型企业必须设置总会计师。

第四节 会计职业道德的概念

一、会计职业道德的概念

（一）会计职业道德的概念

是指在会计职业活动中应当遵循的、体现会计职业特征、调整会计职业关系的职业行为准则和规范。

（二）会计法律与会计职业道德的联系与区别

1. 会计法律制度与会计职业道德的联系

在内容上相互渗透、相互吸收；在作用上相互补充、相互协调。道德是对法律的重要补充，法律是对道德的最低要求。

2. 会计法律制度与会计职业道德的区别

表2-7 会计法律制度与会计职业道德的区别

区别	法律	职业道德
性质	强制执行，具有很强的他律性。	依靠自觉性，具有很强的自律性。
作用范围	侧重于调整会计人员的外在行为和结果的合法化，具有较强的客观性。	不仅调整会计人员的外在行为，还调整会计人员内在的精神世界。
表现形式	是通过一定的程序由国家立法部门或行政管理部门制定、颁布的，其表现形式是具体的、明确的、正式形成文字的成文规定。	出自于会计人员的职业生活和职业实践，其表现形式既有成文的规范，也有不成文的规范。
实施保障机制	依靠国家强制力保证其贯彻执行。	主要依靠道德教育、社会舆论、传统习俗和道德评价来实现。
评价标准	以法律规定为评价标准。	以道德为评价标准。

二、会计职业道德的主要内容

会计职业道德主要包括爱岗敬业、诚实守信、廉洁自律、客观公正、坚持准则、提高技能、参与管理、强化服务八个方面的内容。

第五节 违反会计法律制度的法律责任

一、违反国家统一的会计制度行为的法律责任

表2-8 违反国家统一的会计制度行为的法律责任

违法行为	单位	主管＋责任人	国家工作人员	会计人员
不依法设置会计账簿	责令限期改正＋罚款（3000以上5万以下）	罚款（2000以上2万以下）	罚款＋行政处分	情节严重的，五年内不得从事会计工作
私设会计账簿				
填制、取得的原始凭证不合规				
登记的会计账簿不合规				
随意变更会计处理方法				
向不同的会计资料使用者提供的财务会计报告编制依据不一致				
未按照规定使用会计记录文字/记账本位币				
未按照规定保管会计资料，致使会计资料毁损、灭失				
未按照规定建立并实施单位内部会计监督制度/拒绝依法实施的监督/不如实提供有关会计资料及有关情况的				
其他				
责令限期改正：县级以上人民政府财政部门				

构成犯罪的，依法追究刑事责任。

二、有关会计凭证、会计账簿、财务会计报告的法律责任

表2-9 有关会计凭证、会计账簿、财务会计报告的法律责任

违法行为	单位	主管＋责任人	国家工作人员	会计人员	构成犯罪
伪造、变造会计凭证、会计账簿，编制虚假财务会计报告	通报＋罚款（5000元以上10万元以下）	罚款（3000元以上5万元以下）	罚款＋撤职/开除的行政处分	五年内不得从事会计工作	依法追究刑事责任
隐匿或者故意销毁依法应当保存的会计凭证、会计账簿、财务会计报告					情节严重的：有期徒刑/拘役（5年以下），并处/单处罚金（2万元以上20万元以下）
授意、指使、强令会计机构/人员进行1、2项违法行为的		罚款（5000元以上5万元以下）	罚款＋降级/撤职/开除的行政处分		依法追究刑事责任
予以通报：县级以上人民政府财政部门					

三、单位负责人对依法履行职责、抵制违反《中华人民共和国会计法》（以下简称《会计法》）规定行为的会计人员实行打击报复的法律责任

单位负责人对依法履行职责、抵制违反《会计法》规定行为的会计人员以降级、撤职、调离工作岗位、解聘或者开除等方式实行打击报复，构成犯罪的，依法追究刑事责任。尚不构成犯罪的，由其所在单位或者有关单位依法给予行政处分。对受打击报复的会计人员，应当恢复其名誉和原有职务、级别。

根据《刑法》第二百五十五条规定，公司、企业、事业单位、机关、团体的领导人，对依法履行职责、抵制违反《会计法》行为的会计人员实行打击报复，情节恶劣的，处三年以下有期徒刑或者拘役。

四、财政部门及有关行政部门工作人员职务违法行为的法律责任

财政部门及有关行政部门的工作人员在实施监督管理中滥用职权、玩忽职守、徇

私舞弊或者泄露国家秘密、商业秘密，构成犯罪的，依法追究刑事责任。尚不构成犯罪的，依法给予行政处分。

收到对违反《会计法》和国家统一的会计制度行为检举的部门及负责处理检举的部门，将检举人姓名和检举材料转给被检举单位和被检举人个人的，由所在单位或有关单位依法给予行政处分。

第三章 支付结算法律制度

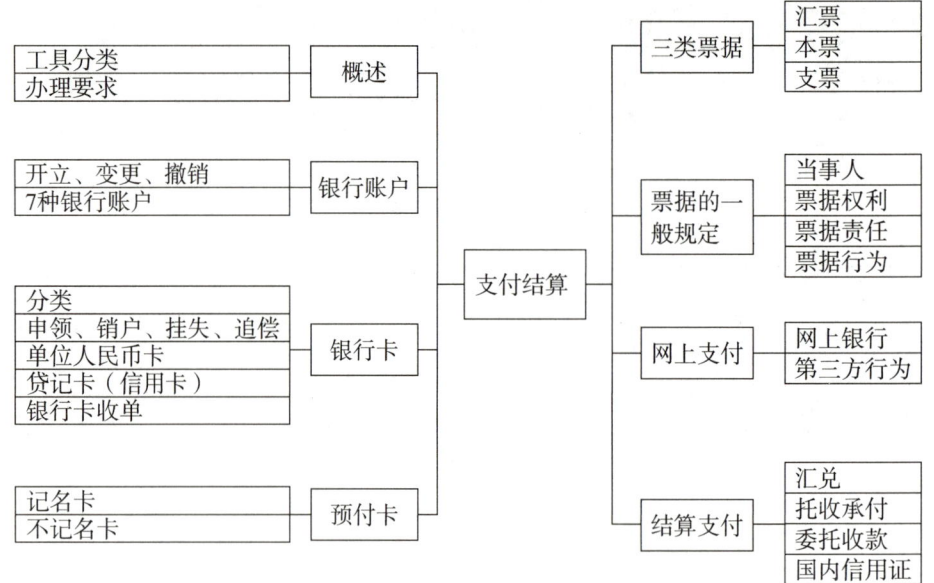

图3-1 支付结算

第一节 支付结算概述

考点一 支付结算概念、支付工具、原则

一、概念

支付结算是指单位、个人在社会经济活动中使用票据、银行卡和汇兑、托收承付、委托收款等结算方式进行货币给付及资金清算的行为。

二、支付结算工具的分类

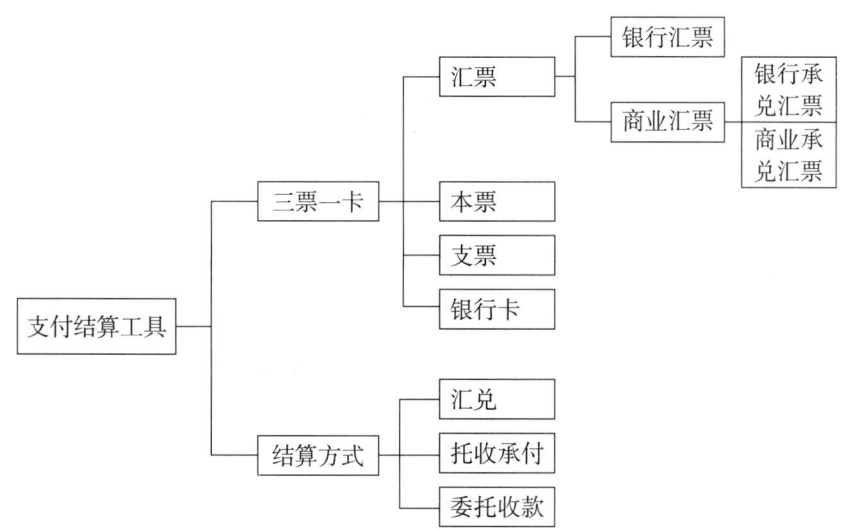

图3-2　支付结算工具的分类

我国目前使用的人民币非现金支付工具主要包括"三票一卡"和结算方式。"三票一卡"是指三种票据（汇票、本票和支票）和银行卡。结算方式包括汇兑、托收承付和委托收款。

我国目前已形成了以票据和银行卡为主体，以电子支付为发展方向的非现金支付工具体系。

三、原则

（一）恪守信用，履约付款

（二）谁的钱进谁的账，由谁支配

（三）银行不垫款

考点二　办理支付结算的基本要求

一、使用合规凭证

单位、个人和银行办理支付结算，必须使用按中国人民银行统一规定印制的票据凭证和结算凭证；否则，票据无效，结算凭证银行不予受理。

二、开立账户

单位、个人和银行按照规定开立、使用账户，账户内须有足额的资金保证支付。

银行依法为存款保密，维护存款人账户内资金的自主支配权。

除国家法律、行政法规另有规定外，银行不得为任何单位或者个人查询账户情况，不得为任何单位或者个人冻结、扣划款项，不得停止单位、个人存款的正常支付。

三、票据和结算凭证的伪造、变造、更改

（一）伪造，是指无权限人假冒他人或虚构他人名义签章的行为

注意

伪造人不承担票据责任，而应追究其民事、行政或刑事责任。

（二）变造，是指无权更改票据内容的人，对票据上签章以外的记载事项加以改变的行为

（三）更改

1. 出票金额、出票日期、收款人名称不得更改，更改的票据无效；更改的结算凭证，银行不予受理。

2. 对票据和结算凭证上的其他记载事项，原记载人可以更改，更改时应当由原记载人在更改处签章证明。

（四）签章要求

1. 单位、银行在票据和结算凭证上的签章，为该单位、银行的盖章，加其法定代表人或其授权的代理人的签名或者盖章。

2. 个人在票据和结算凭证上的签章，为该个人本人的签名或者盖章。

四、填写规范

（一）关于收款人名称

单位和银行的名称应当记载全称或规范化简称。

（二）关于出票日期

1. 出票日期必须使用中文大写。

2. 规范写法：在填写月、日时，月为壹、贰和壹拾的，日为壹至玖和壹拾、贰拾和叁拾的，应当在其前加零；日为拾壹至拾玖的，应当在其前加壹。

注意

日期写法应满足三大要求：汉语语言的规律、数字金额的构成、防止涂改的要求。

【举例】：1月15日，应写成零壹月壹拾伍日；10月20日，应写成零壹拾月零贰拾日。

思考：3月前是否应当加零？

（三）关于金额

票据和结算凭证金额以中文大写和阿拉伯数码同时记载，二者必须一致。

> **注意**
>
> 二者不一致的票据无效；二者不一致的结算凭证，银行不予受理。

【小结】

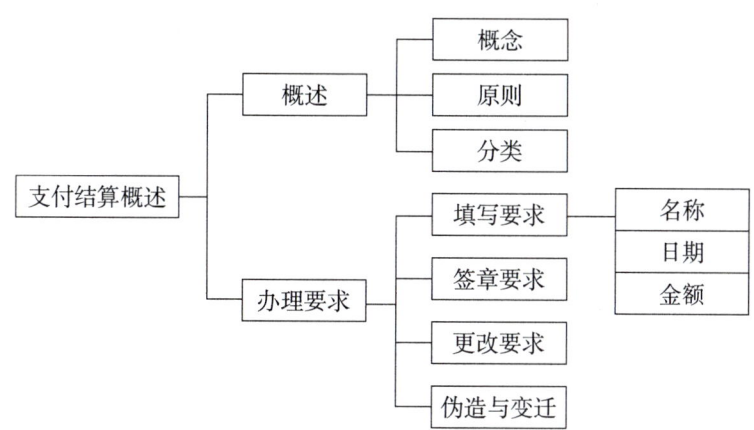

图3-3 支付结算概述

第二节 银行结算账户

考点一 银行结算账户的概念和类型

一、概念

银行结算账户是指银行为存款人开立的办理资金收付结算的活期存款账户。

二、类型

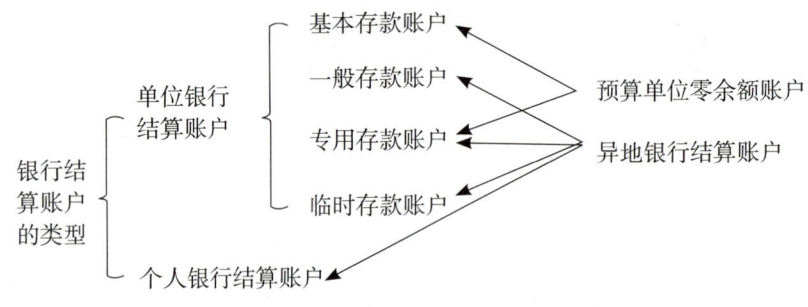

图3-4 银行结算账户的类型

考点二 银行结算账户的开立、变更和撤销

一、开立

（一）核准类账户

1. 需要中国人民银行核准的账户包括：

（1）基本存款账户；

（2）临时存款账户（因注册验资和增资验资开立的除外）；

（3）预算单位专用存款账户；

（4）QFII（合格的境外投资者）专用存款账户。

2. 对核准类账户，银行应将存款人的开户申请书、相关的证明文件和银行审核意见等开户资料报送中国人民银行当地分支行，经其核准并核发开户许可证后办理开户手续。

3. 中国人民银行当地分支行应于2个工作日内对开户银行报送的核准类账户的开户资料的合规性予以审核，符合开户条件的，予以核准，颁发基本（或临时、或专用）存款账户开户许可证。

（二）备案类账户

申请开立除核准类账户外的其他银行结算账户的，开户银行应于开户之日起5个工作日内向中国人民银行当地分支行备案。

（三）单位银行结算账户开始办理付款业务的时间

1. 存款人开立单位银行结算账户，自正式开立之日起3个工作日后，方可使用该账户办理付款业务；但是，注册验资的临时存款账户转为基本存款账户、因借款转存开立的一般存款账户除外。

2. "正式开立之日"的确定

（1）对于核准类银行结算账户，"正式开立之日"为中国人民银行当地分支行的核准日期。

（2）对于备案类银行结算账户，"正式开立之日"为开户银行为存款人办理开户手续的日期。

（四）对存在法定代表人／负责人对单位经营规模及业务背景等情况不清楚、注册地和经营地均在异地等情况的单位，银行应当与其法定代表人／负责人面签银行结算账户管理协议，并留存视频、音频资料等。（2018年新增）

（五）银行为存款人开通非柜面转账业务时，双方应签订协议，约定日累计限额、笔数和年累计限额等，超出限额，应到柜面办理。（2018年新增）

二、变更

（一）存款人变更账户名称、单位的法定代表人或主要负责人、地址等其他开户资料后，应及时（5个工作日内）向开户银行办理变更手续。

> **提示**
> 如果存款人拟改变开户银行及账号，不属于银行结算账户的变更。

（二）变更开户许可证记载事项的，存款人办理变更手续时交回开户许可证，由中国人民银行当地分支行换发新的开户许可证。

（三）备案类结算账户的变更和撤销应于2个工作日内通过账户管理系统向中国人民银行当地分支行报备。

三、撤销

（一）法定情形

1. 被撤并、解散、宣告破产或关闭的；

2. 注销、被吊销营业执照的；

3. 因迁址需要变更开户银行的；

4. 其他原因需要撤销银行结算账户的。

（二）撤销顺序

撤销银行结算账户时，应当先撤销一般存款账户、专用存款账户、临时存款账户，将账户资金转入基本存款账户后，方可办理基本存款账户的撤销。

（三）强制撤销

对按规定应撤销而未办理销户手续的单位银行结算账户，银行应通知存款人，自发出通知之日起30日内到开户银行办理销户手续，逾期视同自愿销户。

考点三 各类银行结算账户的开立和使用

一、基本存款账户

（一）可以申请开立基本存款账户的存款人

1. 企业法人；

2. 非法人企业；

3. 机关、事业单位；

4. 团级（含）以上军队、武警部队及分散执勤的支（分）队；

5. 社会团体；

6. 民办非企业组织；

7. 异地常设机构；

8. 外国驻华机构；

9. 个体工商户；

10. 居民委员会、村民委员会、社区委员会；

11. 单位设立的独立核算的附属机构，包括食堂、招待所、幼儿园；

12. 其他组织（如业主委员会、村民小组等）。

（二）证明文件

营业执照正本、法定代表人身份证、法定代表人授权书、代办人员身份证。

（三）使用规定

基本存款账户是存款人的主办账户，一个单位只能开立一个基本存款账户。

存款人日常经营活动的资金收付，以及存款人的工资、奖金和现金的支取应通过该账户办理。

二、一般存款账户

（一）概念

一般存款账户是指存款人因借款或其他结算需要，在基本存款账户开户银行以外的银行营业机构开立的银行结算账户。

（二）开户要求——开户证明文件

1. 开立基本存款账户规定的证明文件；
2. 基本存款账户开户许可证；
3. 存款人因向银行借款需要，应出具借款合同；
4. 存款人因其他结算需要，应出具有关证明。

（三）使用范围

一般存款账户用于办理存款人借款转存、借款归还和其他结算的资金收付。

该账户可以办理现金缴存，但不得办理现金支取。

> **提示**
> 开立一般存款账户没有数量限制。

三、专用存款账户

（一）使用规定

表3-1 专用存款账户使用规定

	适用范围	使用要求
1.	基本建设资金 更新改造资金 政策性房地产开发资金	对应专用存款账户需要支取现金的，应在开户时报中国人民银行当地分支行批准。
2.	证券交易结算资金 期货交易保证金 信托基金	对应专用存款账户不得支取现金。
3.	粮、棉、油收购资金 住房基金 社会保障基金 党、团、工会设在单位的组织机构经费	对应专用存款账户支取现金应按照国家现金管理的规定办理。

（续上表）

	适用范围	使用要求
4.	单位银行卡备用金	该账户不得办理现金收付业务。
5.	收入汇缴资金	收入汇缴账户除向其基本存款账户或者预算外资金财政专用存款账户划缴款项外，只收不付，不得支取现金。
6.	业务支出资金	业务支出账户除从其基本存款账户拨入款项外，只付不收，其现金支取必须按照国家现金管理的规定办理。

（二）开户证明文件

出具其开立基本存款账户规定的证明文件、基本存款账户开户许可证和各项专用资金的有关证明文件（如主管部门的批文）。

四、预算单位零余额账户

（一）预算单位使用财政性资金，应当按照规定的程序和要求，向财政部门提出设立零余额账户的申请，财政部门同意预算单位开设零余额账户后通知代理银行。

（二）开户要求

一个基层预算单位开设一个零余额账户。

> **注意**
> 预算单位零余额账户按基本存款账户或专用存款账户管理。

（三）使用规定

1. 预算单位零余额账户用于财政授权支付；
2. 可以办理转账、提取现金等结算业务；
3. 可以向本单位按账户管理规定保留的相应账户划拨工会经费、住房公积金及提租补贴，以及财政部门批准的特殊款项；
4. 不得违反规定向本单位其他账户和上级主管单位、所属下级单位账户划拨资金。

五、临时存款账户

（一）使用范围

1. 设立临时机构：如设立工程指挥部、摄制组、筹备领导小组等。
2. 异地临时经营活动：如建筑施工及安装单位等在异地的临时经营活动。

3. 注册验资、增资。

4. 军队、武警单位承担基本建设或者异地执行作战、演习、抢险救灾、应对突发事件等临时任务。

> **注意**
> （1）设立异地常设机构可以申请开立基本存款账户；异地临时经营活动可以申请开立临时存款账户。
> （2）因注册验资和增资验资开立的临时存款账户属于备案类账户；因设立临时机构、异地临时经营活动开立的临时存款账户属于核准类账户。

（二）开户证明文件

1. 设立临时机构，应出具其驻在地主管部门同意设立临时机构的批文。

2. 异地建筑施工及安装单位，应出具其营业执照正本或其隶属单位的营业执照正本，以及施工及安装地建设主管部门核发的许可证或建筑施工及安装合同。

3. 异地从事临时经营活动的单位，应出具其营业执照正本以及临时经营地工商行政管理部门的批文。

4. 境内单位在异地从事临时活动的，应出具政府有关部门批准其从事该项活动的证明文件。

5. 境外（含港、澳、台地区）机构在境内从事经营活动的，应出具政府有关部门批准其从事该项活动的证明文件。

6. 军队、武警单位因执行作战、演习、抢险救灾、应对突发事件等任务需要开立银行账户时，开户银行应当凭军队、武警团级以上单位后勤（联勤）部门出具的批文或证明，先予开户并同时启用，后补办相关手续。

7. 注册验资资金，应出具工商行政管理部门核发的企业名称预先核准通知书或有关部门的批文。

8. 增资验资资金，应出具股东会或董事会决议等证明文件。

> **注意**
> 其中第2、3、4、8项还应当出具其基本存款账户开户登记证。

【理解】1、5、6、7四项根本就没有基本存款账户。

（三）使用规定

1. 临时存款账户的有效期最长不得超过2年。

2. 临时存款账户支取现金，应按照国家现金管理的规定办理。

3. 注册验资的临时存款账户在验资期间只收不付。

六、个人银行结算账户（2018年调整）

（一）结算账户vs储蓄账户

个人银行结算账户：办理个人转账收付和现金支取。

个人储蓄账户：可以办理现金存取业务，不得办理转账结算。

表3-2　银行可提供的主要服务种类

	Ⅰ类户	Ⅱ类户（可以配发实体卡）	Ⅲ类户
银行可提供的主要服务种类	（1）存款； （2）购买投资理财产品等金融产品； （3）转账； （4）消费和缴费支付； （5）支取现金。	（1）存款； （2）购买投资理财产品等金融产品； （3）限额消费和缴费； 2018年新增： （4）限额向非绑定账户转出资金； （5）存取现金（现场面对面确认身份才可）； （6）非绑定账户资金转入（现场面对面确认身份才可）。	（1）限额消费和缴费； 2018年新增： （2）限额向非绑定账户转出资金； （3）非绑定账户资金转入（现场面对面确认身份才可）。
		2018年新增： 限额：日累计限额1万；年累计限额20万； 发放贷款＋银行资金归还不受限额规定。	2018年新增： 限额：日累计限额5000元；年累计限额10万元。账户余额不得超过1000元。

（二）开户程序

表3-3　各类账户的开户程序

方式		可开立账户
柜面开户		Ⅰ、Ⅱ、Ⅲ
自助机具开户	工作人员现场核验	Ⅰ、Ⅱ、Ⅲ
	工作人员未现场核验	Ⅱ、Ⅲ
电子渠道开户		Ⅱ、Ⅲ

（三）代理开户

1. 由他人代理开户

（1）开户申请人开立个人银行账户或者办理其他个人银行账户业务，原则上应当由开户申请人本人亲自办理；符合条件的，可以由他人代理办理。

（2）他人代理开立个人银行账户的，银行应要求代理人出具代理人、被代理人的有效身份证件以及合法的委托书等。银行认为有必要的，应要求代理人出具证明代理关系的公证书。

2. 所在单位代理开户

（1）存款人开立代发工资、教育、社会保障（如社保、医保、军保）、公共管理(如公共事业、拆迁、捐助、助农扶农)等特殊用途个人银行账户时，可由所在单位代理办理。

（2）单位代理个人开立银行账户的，应提供单位证明材料、被代理人有效身份证件的复印件或影印件。

（3）单位代理开立的个人银行账户，在被代理人持本人有效身份证件到开户银行办理身份确认、密码设（重）置等激活手续前，该银行账户只收不付。

3. 无民事行为能力或限制民事行为能力的开户申请人，由法定代理人或者人民法院、有关部门依法指定的人员代理办理。

4. 因身患重病、行动不便、无自理能力等无法自行前往银行的存款人办理挂失、密码重置、销户等业务时，银行可采取上门服务方式办理，也可由配偶、父母或成年子女凭合法的委托书、代理人与被代理人的关系证明文件、被代理人所在社区居委会（村民委员会）及以上组织或县级以上医院出具的特殊情况证明代理办理。

（四）开户证明文件

根据个人银行账户实名制的要求，存款人申请开立个人银行结算账户时，应向银行出具本人有效身份证件，银行通过有效身份证件仍无法准确判断开户申请人身份的，应要求其出具辅助身份证明材料。

（五）个人银行结算账户的使用

1. 下列款项（个人的合法收入）可以转入个人银行结算账户：

（1）工资、奖金收入；

（2）稿费、演出费等劳务收入；

（3）债券、期货、信托等投资的本金和收益；

（4）个人债权或产权转让收益；

（5）个人贷款转存；

（6）证券交易结算资金和期货交易保证金；

（7）继承、赠与款项；

（8）保险理赔、保费退还等款项；

（9）纳税退还；

（10）农、副、矿产品销售收入。

2. 单位向个人银行结算账户付款的特殊要求

（1）从单位银行结算账户支付给个人银行结算账户的款项应纳税的，税收代扣单位付款时应向其开户银行提供完税证明。

（2）单位从其银行结算账户支付给个人银行结算账户的款项，每笔超过5万元（不包含5万元）的，应向其开户银行提供相应的付款依据。但付款单位若在付款用途栏或备注栏注明事由，可不再另行出具付款依据，但付款单位应对支付款项事由的真实性、合法性负责。

（3）个人持出票人为单位的支票向开户银行委托收款，将款项转入其个人银行结算账户的，或者个人持申请人为单位的银行汇票和银行本票向开户银行提示付款，将款项转入其个人银行结算账户的，个人应当出具有关收款依据。存款人应对其提供的收款依据或付款依据的正确性、合法性负责。

七、异地银行结算账户

（一）存款人应在注册地或者住所地开立银行结算账户，符合异地开户条件的，也可以在异地开立银行结算账户。

（二）适用范围

1. 营业执照注册地与经营地不在同一行政区域（跨省、市、县）需要开立基本存款账户的；

2. 办理异地借款和其他结算需要开立一般存款账户的；

3. 存款人因附属的非独立核算单位或派出机构发生的收入汇缴或业务支出需要开立专用存款账户的；

4. 异地临时经营活动需要开立临时存款账户的；

5. 自然人根据需要在异地开立个人银行结算账户的。

【总结】各类账户的现金收付规定

表3-4 各类账户的现金收付规定

账户名称		存现	取现
基本存款账户		√	√
一般存款账户		√	×
专用存款账户	单位银行卡账户	×	×
	证券交易结算资金	√	×
	期货交易保证金	√	×
	信托基金	√	×

（续上表）

账户名称		存现	取现
专用存款账户	收入汇缴	√	×
	业务支出	×	√
临时存款账户	验资	√	×
	其他	√	√
预算单位零余额账户		×	√
个人银行结算账户	Ⅰ	√	√
	Ⅱ（现场面对面确认身份后）	√	√
	Ⅲ	×	×

【小结】

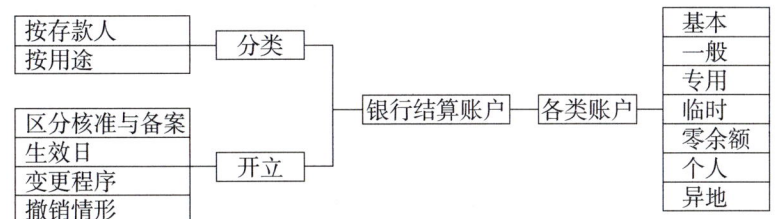

图3-5　银行结算账户相关内容汇总

第三节 票据

考点一 票据的概念与特征

一、含义和种类

票据是指出票人依法签发的，约定自己或者委托付款人在见票时或指定的日期向收款人或持票人无条件支付一定金额的有价证券。

《中华人民共和国票据法》（以下简称《票据法》）规定的票据包括汇票、本票和支票。

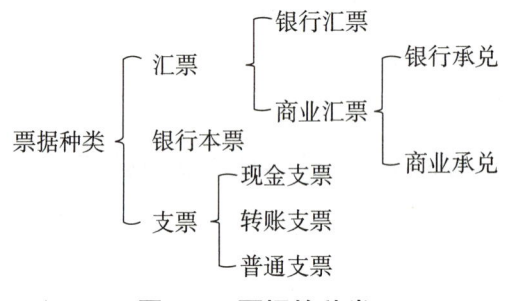

图3-6 票据的种类

二、票据的当事人

（一）基本当事人

在票据作成和交付时就已经存在的当事人。包括出票人、付款人和收款人。

注意

（1）基本当事人是构成票据法律关系的必要主体。

（2）本票的基本当事人无付款人。

（二）非基本当事人

在票据作成并交付后，通过一定的票据行为加入票据关系而享有一定权利、承担一定义务的当事人。包括承兑人、背书人、被背书人、保证人。

注意

承兑人，是指接受汇票出票人的付款委托，同意承担支付票款义务的人。（只在商业汇票中才有）

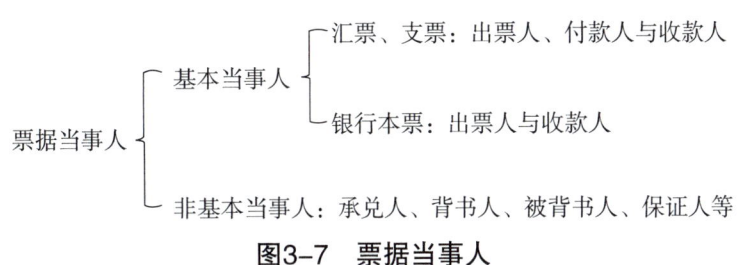

图3-7 票据当事人

三、票据的特征和功能

（一）票据是完全有价证券——票据所表示的权利与票据不可分离。

（二）票据为文义证券——票据上的权利义务必须依票据上所记载的文义而定，不得以文义之外的任何事项来主张票据权利。

（三）票据为无因证券——行使权利不看取得证券的原因。

（四）票据为金钱债权证券——区别于物权证券和社员权证券。

（五）票据是要式证券。

（六）票据为流通证券——可以背书转让。

四、票据的功能

（一）汇兑功能。

（二）支付功能。

（三）结算功能（债务抵销功能）。

（四）信用功能。

（五）融资功能（贴现）。

注意

区别支付功能与结算功能，双方当事人互付到期债务，交换票据抵销债务才是结算功能的体现。

考点二 票据权利

一、票据权利的概念

持票人向票据债务人请求支付票据金额的权利，包括付款请求权和追索权。

付款请求权，是指持票人向汇票的承兑人、本票的出票人、支票的付款人出示票据要求付款的权利，是第一顺序权利。

行使付款请求权的持票人可以是票据记载的收款人或最后的被背书人。

票据追索权,是指票据当事人行使付款请求权遭到拒绝或其他法定原因存在时,向其前手请求偿还票据金额及其他法定费用的权利,是第二顺序权利。

行使追索权的当事人除票载收款人和最后被背书人外,还可能是代为清偿票据债务的保证人、背书人。

【理解】票据的权利与其本身不可分割。

二、票据权利的取得

(一)签发、取得和转让票据,应当遵守诚实信用的原则,具有真实的交易关系和债权债务关系。

(二)票据的取得,应当给付票据双方当事人认可的相对应的代价;但如果是因税收、继承、赠与可以依法无偿取得票据的,则不受给付对价的限制,但是所享有的票据权利不得优于其前手的权利。

(三)取得票据但不享有票据权利的情形

1. 以欺诈、偷盗或者胁迫等手段取得票据的,或者明知有上列情形,出于恶意取得票据的;

2. 持票人因重大过失取得不符合《票据法》规定的票据的。

三、票据权利的行使与保全

(一)按期提示。

(二)依法证明,持票人不能出示拒绝证明、退票理由书或者未按照规定期限提供其他合法证明的,丧失对其前手的追索权。

(三)持票人对票据债务人行使票据权利,或者保全票据权利,应当在票据当事人的营业场所和营业时间内进行,票据当事人无营业场所的,应当在其住所进行。

四、票据权利丧失补救

票据丧失后可以采取挂失止付、公示催告、普通诉讼三种形式进行补救。

(一)挂失止付

挂失止付是指失票人将丧失票据的情况通知付款人或代理付款人,由接受通知的付款人或代理付款人审查后暂停支付的一种方式。

1. 可以挂失止付的票据种类

只有确定付款人或代理付款人的票据丧失时才可进行挂失止付,包括:

(1)已承兑的商业汇票;

（2）支票；

（3）填明"现金"字样和代理付款人的银行汇票；

（4）填明"现金"字样的银行本票。

2. 申请：挂失止付通知书

失票人需要挂失止付的，应填写挂失止付通知书并签章。挂失止付通知书应当记载下列事项：

（1）票据丧失的时间、地点、原因；

（2）票据的种类、号码、金额、出票日期、付款日期、收款人名称、付款人名称；

（3）挂失止付人的姓名、营业场所或者住所以及联系方法。

3. 受理：止付期

付款人或者代理付款人自收到挂失止付通知书之日起12日内没有收到人民法院的止付通知书的，自第13日起，不再承担止付责任，持票人提示付款即依法向持票人付款。

注意

挂失止付不是丧失票据后采取的必经措施，而是一种暂时的预防措施。

（二）公示催告

1. 概念：公示催告是指在票据丧失后由失票人向人民法院提出申请，请求人民法院以公告方式通知不确定的利害关系人限期申报权利，逾期未申报者，则由法院通过除权判决宣告所丧失的票据无效的一种制度或程序。

2. 申请公示催告

失票人应当在通知挂失止付后的3日内，也可以在票据丧失后，依法向票据支付地人民法院申请公示催告。

注意

（1）挂失止付非公示催告的必经前置程序。

（2）此处不包括被告住所地，因为利害关系人不明确。

（3）申请公示催告的主体必须是可以背书转让的票据的最后持票人。

3. 程序

（1）申请书内容

票面金额；出票人、持票人、背书人；申请的理由、事实；通知挂失止付的时间；付款人或代理付款人的名称、地址、电话。

（2）付款人与代理付款人止付期责任

收到止付通知即行止付直至公示催告程序终结，非经法院许可，擅自解付的，不免除票据责任。

（3）公告刊登媒介

"全国性"的报刊。

（4）公示催告的期间

国内票据自公告发布之日起60日，涉外票据根据具体情况适当延长，但最长不得超过90日。

（5）公示催告期间的票据行为

公示催告期间，转让票据权利的行为无效，以公示催告的票据质押、贴现而接受该票据的持票人主张票据权利的，人民法院不予支持，但公示催告期间届满以后，人民法院作出除权判决以前取得该票据的除外。

4．人民法院的止付通知

人民法院决定受理公示催告申请，应当同时通知付款人及代理付款人停止支付，并自立案之日起3日内发出公告，催促利害关系人申报权利。付款人或者代理付款人收到人民法院的止付通知后，应当立即停止支付，直至公示催告程序终结。非经发出止付通知的人民法院许可，擅自解付的，不得免除票据责任。

5．申报债权与除权判决

（1）利害关系人应当在公示催告期间向人民法院申报。

（2）人民法院收到利害关系人的申报后，应当裁定终结公示催告程序，并通知申请人和支付人。

（3）公示催告期间届满，没有人申报权利的，人民法院应当根据申请人的申请，作出除权判决，宣告票据无效。判决应当公告，并通知支付人。自判决公告之日起，申请人有权向支付人请求支付。

（4）利害关系人因正当理由不能在判决前向人民法院申报的，自知道或者应当知道判决公告之日起1年内，可以向作出判决的人民法院起诉。

（三）普通诉讼

普通诉讼，是指丧失票据的人为原告，以承兑人或出票人为被告，请求法院判决其向失票人付款的诉讼活动。如果与票据上的权利有利害关系的人是明确的，无需公示催告，可按一般的票据纠纷向法院提起诉讼。

五、票据权利的时效

票据权利在下列期限内不行使而消灭：

1．持票人对票据的出票人和承兑人的权利，自票据到期日起2年；

2．见票即付的汇票、本票，自出票日起2年；

3. 持票人对支票出票人的权利，自出票日起6个月；

4. 持票人对前手的追索权，自被拒绝承兑或者被拒绝付款之日起6个月；

5. 持票人对前手的再追索权，自清偿或者被提起诉讼之日起3个月。

注意

（1）票据权利丧失但仍然享有民事权利。

（2）第4、5种情况所指的追索权，不包括对出票人、承兑人的追索权。

考点三 票据责任

票据责任是指票据债务人向持票人支付票据金额的义务。

一、责任人

（一）汇票承兑人因承兑而承担付款义务；

（二）本票的出票人因出票而承担自己付款的义务；

（三）支票的付款人在与出票人有资金关系时承担付款义务；

（四）汇票、本票、支票的背书人，汇票、支票的出票人、保证人，在票据不获承兑或不获付款时承担清偿义务。

二、提示付款

表3-5 提示付款票据的权利时效

票据类型	起算点	长度
见票即付的汇票	出票日起	1个月
远期商业汇票	到期日起	10日
银行本票	出票日起	2个月
支票	出票日起	10日

逾期提示付款的，将丧失对前手的追索权，但不丧失对出票人、承兑人（如果有）的追索权。

三、付款人付款

（一）付款人及其代理付款人付款时，应当审查票据背书的连续性，并审查提示付款人合法身份证明或者有效证件；对符合条件的持票人，付款人必须当日足额付款。

（二）付款人及其代理付款人以恶意或者重大过失付款的，应当自行承担责任。例如，对定日付款、出票后定期付款或者见票后定期付款的票据，付款人在到期日前付款的，由付款人自行承担所产生的责任。

四、拒绝付款——票据的抗辩

（一）对物的抗辩

如果存在背书不连续等合理事由，票据债务人可以对票据权利人拒绝履行义务。

（二）对人的抗辩

1. 票据债务人可以对不履行约定义务的与自己有直接债权债务关系的持票人进行抗辩。

2. 票据债务人不得以自己与出票人或者与持票人的前手之间的抗辩事由对抗持票人。但是，持票人明知存在抗辩事由而取得票据的除外。

考点四 票据行为

票据行为是指以在票据上签名或盖章为权利义务成立要件的法律行为。包括出票、背书、承兑、保证。

> **注意**
> 不包括提示付款和付款，且请与失票救济措施进行区分。

一、出票：出票人签发票据并将其交付给收款人的票据行为

（一）票据的记载事项

表3-6 票据记载事项的类型和特点

类型	特点
必须记载事项	不记载票据无效
相对记载事项	不记载按法律规定执行
任意记载事项	不记载不产生法律效力，记载则产生法律效力
记载不产生票据法上的效力的事项	该记载事项不具有票据上的效力，银行不负审查责任

（二）必须记载事项

表3-7　票据必须记载事项

记载事项 \ 票据类型	银行汇票	商业汇票	本票	支票
表明"××票"字样	√	√	√	√
无条件支付的委托	承诺	√	承诺	√
出票金额	√	√	√	√（可补记）
付款人名称	√	√	×	√
收款人名称	√	√	√	×（可补记）
出票人签章	√	√	√	√
出票日期	√	√	√	√

（三）出票人的责任

出票人签发票据后，即承担该票据承兑或付款的责任。在票据得不到承兑或者付款时，应当向持票人清偿《票据法》规定的金额和费用。

二、背书

（一）背书的种类

表3-8　背书的种类

种类		目的
转让背书		转让票据权利
非转让背书	委托收款背书	被背书人有权代背书人行使被委托的票据权利，但被背书人不得再背书转让票据权利
	质押背书	为担保债务而在票据上设定质权，被背书人依法实现其质权时，可以行使票据权利

> **注意**
>
> 债务人履行债务，质权人只需返还票据，无需再次做成背书。

（二）背书记载事项

1. 必须记载事项（未记载背书行为无效）：背书人签章，委托收款背书和质押背书还应当记载"委托收款""质押"字样。

2. 相对记载事项（未记载适用法律推定）：背书日期；背书未记载日期的，视为在票据到期日前背书。

3. 可以补记事项：被背书人名称。

背书人未记载被背书人名称即将票据交付他人的，持票人在票据被背书人栏内记载自己的名称与背书人记载具有同等法律效力。

（三）粘单的使用

粘单上的第一记载人，应当在票据和粘单的粘接处签章。

（四）背书连续

1. 以背书转让的票据，背书应当连续。持票人以背书的连续，证明其票据权利。
2. 非经背书转让，而以其他合法方式取得票据的，依法举证，证明其票据权利。

> **注意**
> 非转让背书，不影响背书的连续性。

（五）不得进行的背书

1. 条件背书——条件无效

背书不得附有条件，背书附有条件的，所附条件不具票据上的效力。

2. 部分背书——背书无效

部分背书是指将票据金额的一部分转让或者将票据金额分别转让给两人以上的背书。

3. 限制背书

出票人记载"不得转让"字样，票据不得背书转让。（丧失流通性）

背书人在汇票上记载"不得转让"字样，其后手再背书转让的，原背书人对后手的被背书人不承担保证责任，其只对直接的被背书人承担责任。

> **注意**
> 背书人记载"不得转让"不属于背书附条件。

4. 期后背书

被拒绝承兑、被拒绝付款或者超过付款提示期限，不得背书转让；背书转让的，背书人应当承担汇票责任。

（六）背书效力

背书人以背书转让票据后，即承担保证其后手所持票据承兑和付款的责任。

三、承兑

（一）承兑仅适用于商业汇票

（二）承兑行为的记载事项

1. 必须记载事项："承兑"字样、签章；

2. 相对记载事项：承兑日期，汇票上未记载承兑日期的，应当以收到提示承兑的汇票之日起3日内的最后一日为承兑日期；

3. 见票后定期付款的汇票，应当在承兑时记载付款日期。

（三）提示承兑

1. 见票即付的票据，无需提示承兑；
2. 定日付款或者出票后定期付款：汇票到期日前提示承兑；
3. 见票后定期付款的汇票：自出票日起1个月内提示承兑。

> **注意**
> 汇票未按照规定期限提示承兑的，丧失对其前手的追索权，但不丧失对出票人的权利。

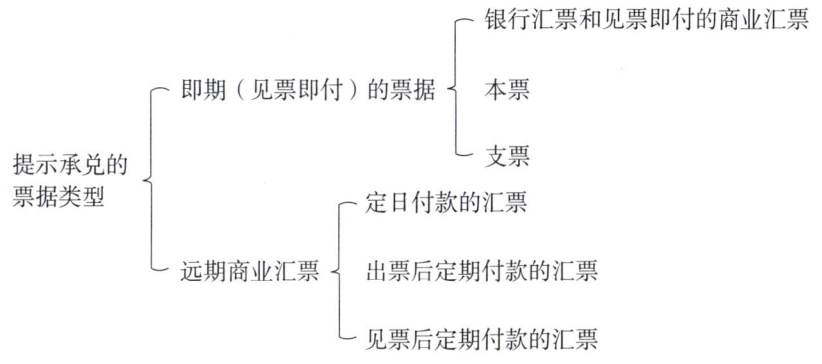

图3-8 提示承兑的票据类型

（四）受理

付款人应当在自收到提示承兑的汇票之日起3日内承兑或拒绝承兑。付款人承兑汇票后，应当承担到期付款的责任。

（五）附条件的承兑

承兑不得附有条件，承兑附有条件的，视为拒绝承兑。

> **注意**
> 与背书附有条件进行区分，背书附有条件的，所附条件不具票据上的效力。

（六）出票人责任

出票人应于汇票到期日前，将汇票款项存入承兑银行。

出票人于汇票到期日未能足额交存票款，承兑银行除凭票向持票人无条件付款外，对出票人尚未支付的汇票金额按照每天0.5‰计收利息。

四、保证

（一）保证人

1. 保证人是票据债务人以外的人。

2. 国家机关、以公益为目的的事业单位、社会团体、企业法人的分支机构和职能部门作为票据保证人的，票据保证无效。

> **注意**
> 经国务院批准，为使用外国政府或者国际经济组织贷款进行转贷，国家机关提供票据保证的，以及企业法人的分支机构在法人书面授权范围内提供票据保证的除外。

（二）记载事项

表3-9　保证的记载事项

必须记载事项	表明"保证"的字样；保证人签章。
相对记载事项	（1）保证人名称和住所：未记载的，以保证人的营业场所、住所或者经常居住地为保证人住所； （2）被保证人的名称：未记载的，已承兑的汇票（承兑人）；未承兑的汇票（出票人）； （3）保证日期：未记载的，出票日期为保证日期。

> **注意**
> （1）保证人必须在票据或粘单上记载上表所列事项。
> （2）保证人未在票据或者粘单上记载"保证"字样而另行签订保证合同或者保证条款的，不属于票据保证。

（三）保证责任

1. 保证人的责任

保证人对合法取得汇票的持票人所享有的汇票权利，承担保证责任。但是，被保证人的债务因汇票记载事项欠缺而无效的除外。

被保证的汇票，保证人应当与被保证人对持票人承担连带责任。

2. 共同保证人的责任

保证人为两人以上的，保证人之间承担连带责任。

（四）附条件的保证

保证不得附有条件，附有条件的，不影响对汇票的保证责任。

> **注意**
> 背书附有条件的，背书有效，条件无效；承兑附有条件的，视为拒绝承兑。

（五）保证效力

保证人清偿汇票债务后，可以行使持票人对被保证人及其前手的追索权。

考点五 票据的追索

一、适用情形

（一）到期后追索——到期后被拒绝付款。

（二）到期前追索——被拒绝承兑；承兑人或付款人死亡、逃匿；承兑人或付款人被依法宣告破产等。

【理解】在合法的付款请求权无法实现的情况下。

二、被追索人的确定

（一）票据的出票人、背书人、承兑人和保证人对持票人承担连带责任。

（二）持票人行使追索权，可以不按照票据债务人的先后顺序，对其中任何一人、数人或者全体行使追索权。

（三）持票人对票据债务人中的一人或者数人已经进行追索的，对其他票据债务人仍可以行使追索权。

三、追索内容

（一）持票人的追索内容

1. 被拒绝付款的汇票金额；（本金）
2. 汇票金额从到期日或者提示付款日起至清偿日止，按照中国人民银行规定的利率计算的利息；（利息）
3. 取得有关拒绝证明和发出通知书的费用。（费用）

> **注意**
> 追索金额不包括持票人的间接损失。

（二）被追索人的再追索内容

1. 已经清偿的全部金额；（新本金）
2. 再发生的利息；（新利息）

3．发出通知书的费用。（新费用）

四、行使追索权

（一）取得证明。持票人行使追索权时，应当提供相关证明（包括拒绝证明，承兑人或付款人的死亡、逃匿证明，司法文书等）；持票人不能出示相关证明的，将丧失对其前手的追索权，但是承兑人或者付款人仍应当对持票人承担责任。

（二）通知期限——得到证明之日起3日内。

（三）未通知责任——未按照规定期限通知，仍可以行使追索权，但应当赔偿因为迟延通知而给被追索人造成的损失，赔偿金额以汇票金额为限。

五、追索的效力

被追索人依照规定清偿债务后，其责任解除，与持票人享有同一权利。

【小结】

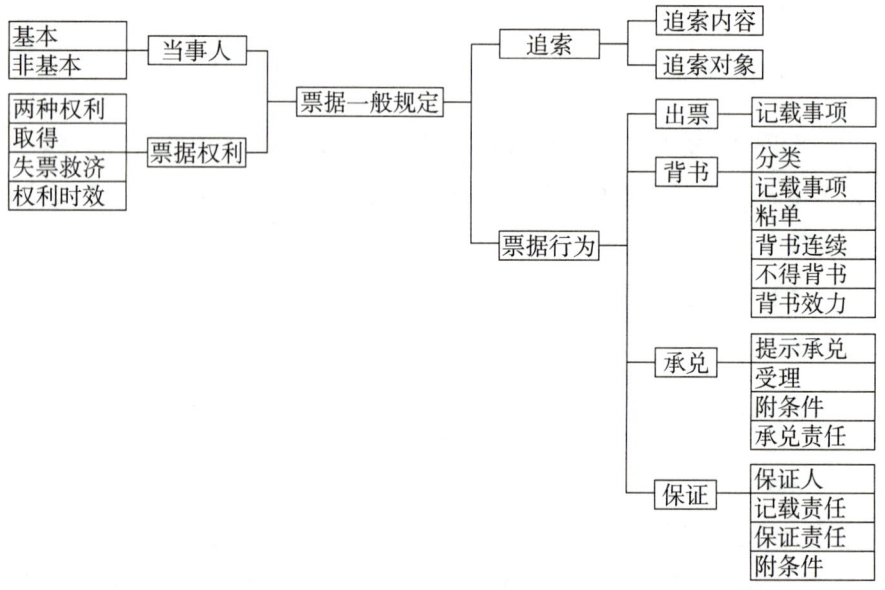

图3-9　票据一般规定

考点六　银行汇票

一、概念

银行汇票是出票银行签发的，由其在见票时按照实际结算金额无条件支付给收款人或者持票人的票据。如下图所示。

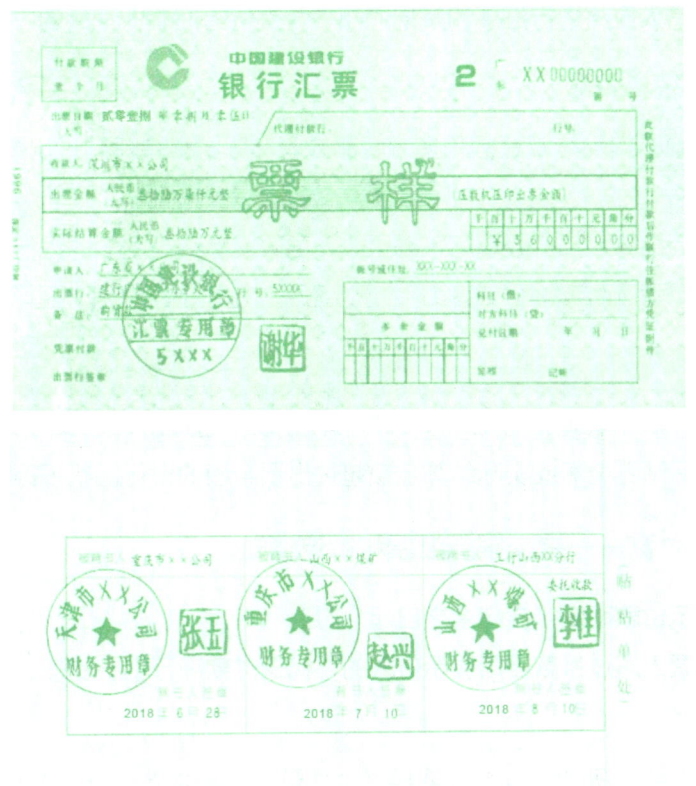

图3-10 银行汇票

二、适用范围

（一）银行汇票可用于转账，填明"现金"字样的银行汇票也可以支取现金；

（二）单位和个人各种款项结算，均可使用银行汇票。

三、出票

（一）申请人或者收款人有一方为单位的，不得申请现金银行汇票；现金银行汇票在"出票金额"栏先填写"现金"字样，后填写金额。

（二）必须记载事项：表明"银行汇票"的字样；无条件支付的承诺；出票金额；付款人名称；收款人名称；出票日期；出票人签章。欠缺上述记载事项之一的，银行汇票无效。

> 注意
> 共计七项内容，与本票和支票进行区分，本票的必须记载事项无"付款人名称"，支票的必须记载事项无"收款人名称"。

（三）申请人应将银行汇票和解讫通知一并交付给汇票上记明的收款人。

四、实际结算金额

（一）未填明实际结算金额和多余金额或者实际结算金额超过出票金额的，银行不予受理。

（二）实际结算金额一经填写不得更改，更改实际结算金额的银行汇票无效。

（三）未填写实际结算金额或者实际结算金额超过出票金额的银行汇票不得背书转让。

五、背书

银行汇票（限于转账银行汇票）的背书转让以不超过出票金额的实际结算金额为准，未填写实际结算金额或实际结算金额超过出票金额的银行汇票不得背书转让。

六、提示付款——提交银行汇票和解讫通知

（一）提示付款期限：自出票之日起1个月。

（二）持票人超过付款期限提示付款的，代理付款银行不予受理。

> **提示**
> 可在票据权利期内，向出票银行作出说明并提供证件，持汇票联和解讫通知联向出票行请求付款。

七、退款或丧失

（一）申请人因银行汇票超过付款提示期限或其他原因要求退款时，应将银行汇票和解讫通知同时提交到出票银行。

（二）出票银行对于转账银行汇票的退款，只能转入原申请人账户。

（三）申请人缺少解讫通知要求退款的，出票银行应于银行汇票提示付款期满1个月后办理。

（四）银行汇票丧失，失票人可以凭人民法院出具的其享有票据权利的证明，向出票银行请求付款或退款。

考点七 商业汇票

一、概念、种类和适用范围

（一）概念

商业汇票：是出票人签发的，委托付款人在指定日期无条件支付确定的金额给收

款人或者持票人的票据。

电子商业汇票：是出票人依托人民银行电子商业汇票系统，以数据电文形式制作的，委托付款人在指定日期无条件支付确定的金额给收款人或者持票人的票据。

（二）种类

商业汇票按承兑人的不同，可以分为商业承兑汇票和银行承兑汇票两种。

1. 商业承兑汇票，由银行以外的付款人承兑。
2. 银行承兑汇票，由银行承兑。

电子商业汇票分为电子商业承兑汇票、电子银行承兑汇票。

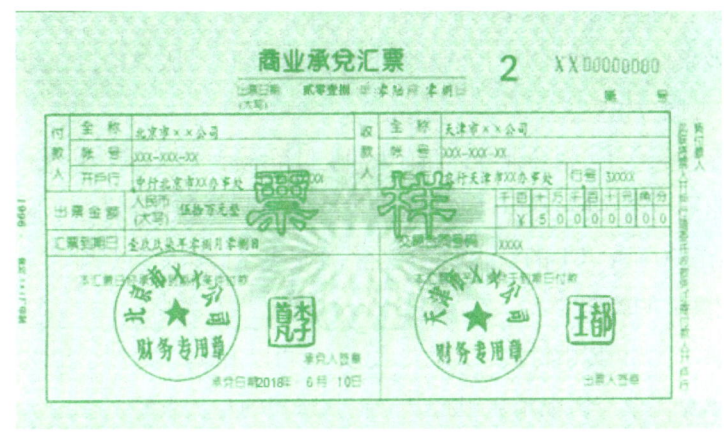

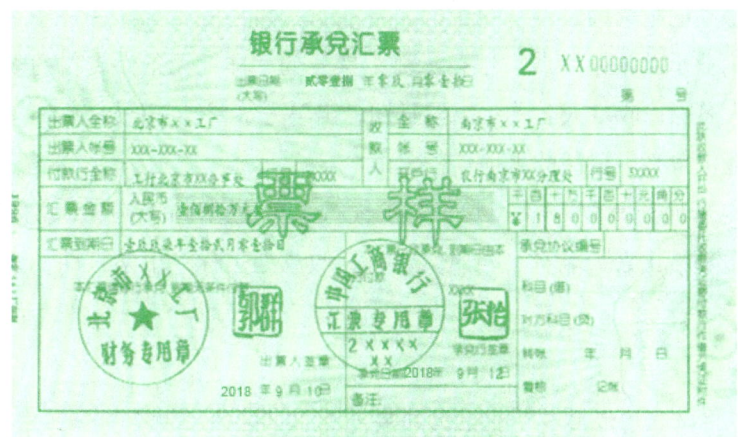

图3-11　商业汇票

> **注意**
>
> 商业汇票的付款人为承兑人。

（三）适用范围

在银行开立存款账户的法人以及其他组织之间，必须具有真实的交易关系或债权债务关系，才能使用商业汇票。

> **注意**
> 只有单位才能使用的支付结算方式包括：托收承付、国内信用证和商业汇票。

二、出票

（一）出票人的资格

1. 在（承兑）银行开立存款账户；
2. 与付款人（承兑银行）具有真实的委托付款关系；
3. 有支付汇票金额的可靠资金来源。

签发电子商业汇票还应具备的条件有：

（1）企业条件：签约开办对公业务的企业网银等电子服务渠道；与银行签订《电子商业汇票业务服务协议》。

（2）银行条件：开办对公业务；拥有大额支付系统行号；具有组织机构代码；其他。

4. 单张出票金额在100万元以上的商业汇票原则上应全部通过电子商业汇票办理；单张出票金额在300万元以上的商业汇票应全部通过电子商业汇票办理。（2018年新增）

（二）出票人的确定

1. 商业承兑汇票可以由付款人签发并承兑，也可以由收款人签发交由付款人承兑；
2. 银行承兑汇票应由在承兑银行开立存款账户的存款人签发。

（三）必须记载事项

表明"商业承兑汇票"或"银行承兑汇票"的字样；无条件支付的委托；确定的金额；付款人名称；收款人名称；出票日期；出票人签章。

电子商业汇票必须记载的事项：

表明"电子商业承兑汇票"或"电子银行承兑汇票"的字样；无条件支付的委托；确定的金额；出票人名称；付款人名称；收款人名称；出票日期；票据到期日；出票人签章。

> **注意**
> 电子汇票比纸质汇票多了"票据到期日""出票人名称"。

三、承兑

商业汇票可以在出票时向付款人提示承兑后使用，也可以在出票后先使用再向付款人提示承兑。

四、商业汇票的付款

（一）付款期限

纸质商业汇票的付款期限，（自出票日起）最长不得超过6个月。

电子商业汇票的付款期限，自出票日至到期日最长不得超过1年。

（二）提示付款期限

商业汇票的提示付款期限，自汇票到期日起10日。

> **注意**
> 持票人未按规定期限提示付款，持票人开户银行不予受理，但在作出说明后，承兑人或者付款人仍应当继续对持票人承担付款责任。

电子商业汇票的"提示付款日"，是指提示付款申请的指令进入人民银行电子商业汇票系统的日期。

（三）办理付款或拒绝付款

1. 商业承兑汇票：付款人接到通知日的次日起3日内未通知银行付款，视同承诺付款；
2. 承兑银行应在汇票到期日或到期日后的见票当日支付票款。

五、商业汇票的贴现

（一）概念

贴现：票据持票人在票据未到期前为获得现金向银行贴付一定利息而发生的票据转让行为。

> **注意**
> 即付票据无贴现问题，国内信用证的议付实际性质就是附追索权的贴现。

（二）分类

按交易方式，分为买断式、回购式。

买断式贴现：申请人将汇票的全部权利转让给贴现银行，不可在票据到期日前回购票据。银行对买断式商业承兑汇票贴现不可以对贴现申请人行使追索权，但可以向出票人、承兑人、背书人、保证人进行追索。

回购式贴现：已在商业银行办理贴现业务的客户，在票据到期之前可根据自身资金安排的需求，在约定的赎回期内将该票据进行回购，商业银行根据其实际用款天数，将已收取的剩余时间的贴现利息返还给客户的一种贴现业务。

（三）当事人

转让票据的：贴出人。

受让票据的：贴入人。

（四）贴现条件

1. 票据未到期；

2. 未记载"不得转让"字样；

3. 持票人是在银行开立存款账户的企业法人以及其他组织；

4. 持票人与出票人或者直接前手之间具有真实的商品交易关系；

5. 持票人应提供与其直接前手之间进行商品交易的增值税发票和商品发运单据复印件。

> **注意**
> （1）电子商业汇票贴现必须记载：贴出人名称；贴入人名称；贴现日期；贴现类型；贴现利率；实付金额；贴出人签章。
> （2）电子商业汇票回购式贴现赎回时应作成背书，并记载原贴出人名称、原贴入人名称、赎回日期、赎回利率、赎回金额、原贴入人签章。

（五）贴现利息的计算（必须掌握）

贴现利息＝票面金额×贴现率×贴现期÷360

贴限期：贴现日至汇票到期前1日。

> **注意**
> 承兑人在异地的，贴现的期限应另加3天的划款日期。

贴现期简易计算：

1. 不跨月：到期日—贴现日。

【举例】（贴现日4月6日，到期日为4月30日，则贴现期＝30－6＝24（日））。

2. 跨1个月：贴现当月天数—贴现日＋到期日。

【举例】（贴现日4月6日，到期日为5月10日，则贴现期＝30－6＋10＝34（日））。

3. 跨2个月：贴现当月天数—贴现日＋整月天数＋到期日。

【举例】（贴现日4月6日，到期日为6月1日，则贴现期＝30－6＋31＋1＝56（日））。

（六）收款

1. 贴现到期，贴现银行应向付款人收取票款；

2. 不获付款的，贴现银行应向其前手追索票款；

3. 贴现银行追索票款时可从申请人的存款账户直接收取票款。

> **注意**
> 办理电子商业汇票贴现及提示付款业务，可选择票款对付方式、同城票据交换、通存通兑、汇兑等方式清算票据资金。

票款对付：票据交割与款项支付同时完成，通过电子商业汇票系统与大额支付系统的连接，实现与电子商业汇票相关的线上资金给付，保证票据权利转移的同时，资金同时实现转移，即一手交钱一手交票。

同城票据交换：同一城市（或区域）范围内，各商业银行之间将相互代收、代付的票据，定时、定点集中相互交换并清算资金存欠的方法。

通存通兑：某一个银行在某一个范围内（全国、省或县市），一个服务网点（储蓄所）开出的存单，可以在任何一个服务网点上兑现现金。

> **注意**
> 电子商业汇票当事人在办理回购式贴现业务时应明确赎回开放日、赎回截止日。

考点八 银行本票

一、概念和适用范围

（一）概念

银行本票是出票人（银行）签发的，承诺自己在见票时无条件支付确定的金额给收款人或持票人的票据。如下图所示。

图3-12　银行本票

> **注意**
> 其基本当事人只有出票人和收款人。

（二）适用范围

单位和个人在同一票据交换区域支付各种款项时，均可以使用银行本票。

银行本票可以用于转账，注明"现金"字样的银行本票可以用于支取现金。

二、出票

申请人或收款人为单位的，不得申请签发现金银行本票。

必须记载事项：表明"银行本票"的字样、无条件支付的"承诺"、确定的金额、收款人名称、出票日期、出票人签章。

> **注意**
> 本票的必须记载事项为6项，无"付款人名称"。

三、付款

提示付款期限：自出票日起最长不得超过2个月。

> **注意**
> 持票人超过提示付款期限不获付款的，在票据权利时效内向出票银行作出说明，并提供本人身份证件或单位证明，可持银行本票向出票银行请求付款。

考点九 支票

一、概念、种类及适用范围

（一）概念

支票是出票人签发的、委托办理支票存款业务的银行在见票时无条件支付确定的金额给收款人或者持票人的票据。

（二）种类

1. 现金支票：只能用于支取现金。

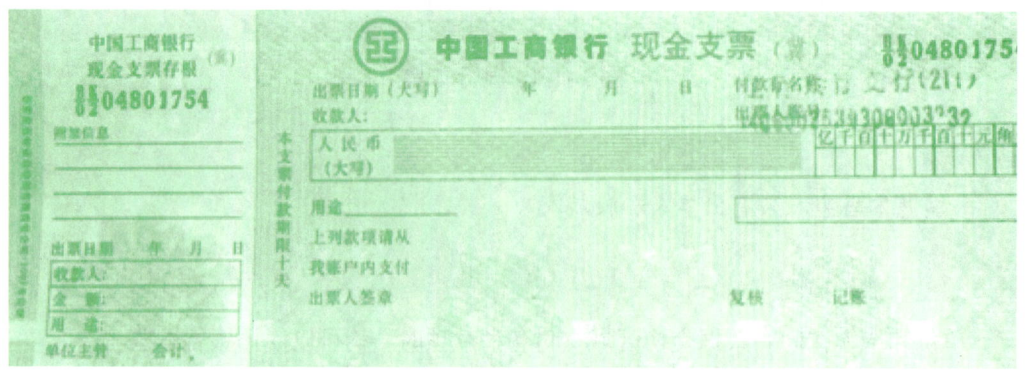

图3-13 现金支票

2. 转账支票：只能用于转账。

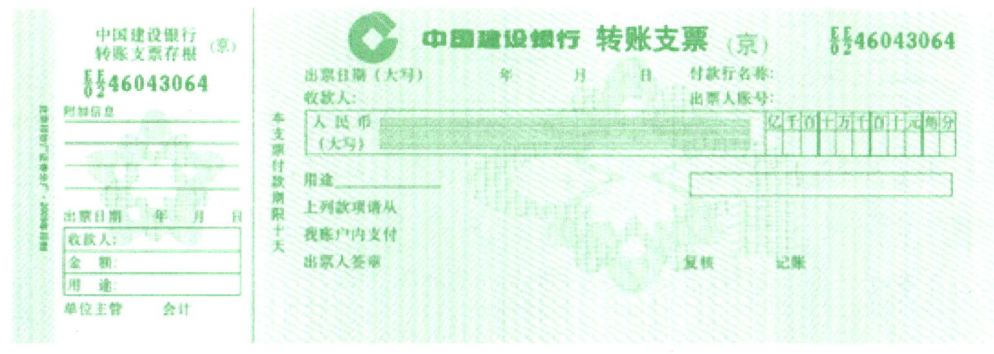

图3-14 转账支票

3. 普通支票：可以用于支取现金，也可用于转账。在普通支票左上角划两条平行线的，为划线支票，划线支票只能用于转账，不能支取现金。

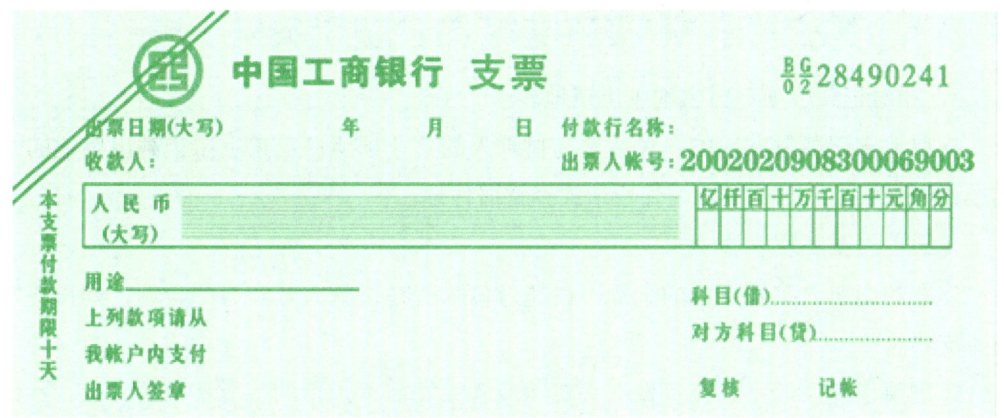

图3-15 划线支票

注意

划线支票仅为普通支票的特殊形式，不包括在支票的种类当中。

（三）适用范围

单位和个人的各种款项结算，均可以使用支票。

全国支票影像系统支持全国使用。

注意

银行汇票、银行本票、支票均允许个人使用。个人不得使用的支付结算方式有：（1）商业汇票；（2）托收承付；（3）国内信用证。

二、出票

（一）开立支票存款账户

（二）出票

1. 必须记载事项。

表明"支票"的字样、无条件支付的"委托"、确定的金额、付款人名称、出票日期、出票人签章，缺少任一事项，支票无效。

> 注意
> 支票的必须记载事项有6项，无"收款人名称"。

2. 授权补记事项（支票独有）：金额＋收款人名称。

> 注意
> （1）未补记前不得背书转让和提示付款。
> （2）出票人可以在支票上记载自己为收款人。

3. 相对记载事项：付款地＋出票地。

支票上未记载付款地的，付款地为付款人的营业场所；支票上未记载出票地的，出票地为出票人的营业场所、住所地或经常居住地。

（三）签发注意事项

支票的出票人签发支票的金额不得超过付款时在付款人处实有的金额。禁止签发空头支票。

【理解】支票的出票人签发空头支票或者签发与其预留的签章不符的支票，不以骗取财物为目的的，由中国人民银行处以票面金额5%但不低于1000元的罚款；持票人有权要求出票人赔偿支票金额2%的赔偿金；对屡次签发的，银行应停止其签发支票。

三、付款

（一）支票的持票人应当自出票日起10日内提示付款

出票人可以委托开户银行收款或直接向付款人提示付款，用于支取现金的支票仅限于收款人向付款人提示付款。

【补充1】支票的持票人超过提示付款期限提示付款的，出票人的开户银行不予受理，付款人不予付款。

【补充2】支票的持票人超过提示付款期限提示付款的，丧失对前手的追索权，但出票人仍应当承担付款责任。

（二）出票人必须按照签发的支票金额承担保证向该持票人付款的责任

空头支票：出票人签发的支票金额超过其付款时在付款人处实有的存款金额的，为空头支票；对空头支票，付款银行有权拒付。

【总结1】票据的时间

表3-10　票据的时间

票据种类			提示承兑期限	提示付款期限	票据权利时效
汇票	银行汇票	见票即付	无需	出票日起1个月	出票日起2年
	商业汇票	定日付款	到期日前提示承兑	到期日起10日	到期日起2年
		出票后定期付款			
		见票后定期付款	出票日起1个月		
本票			无需	出票日起2个月	出票日起2年
支票			无需	出票日起10日	出票日起6个月
追索权					6个月
再追索权					3个月
商业汇票的付款期限			一般		不超过6个月
			电子		不超过1年

【总结2】各类结算方式的适用范围

表3-11　各种结算方式的适用范围

结算方式	单位	个人	同城	异地
支票	√	√	√	√
商业汇票	√	×	√	√
银行汇票	√	√	√	√
本票	√	√	√	×
银行卡	√	√	√	√
汇兑	√	√	×	√
委托收款	√	√	√	√
托收承付	√	×	×	√
国内信用证	√	×	√	√
网上支付	√	√	√	√

【小结】

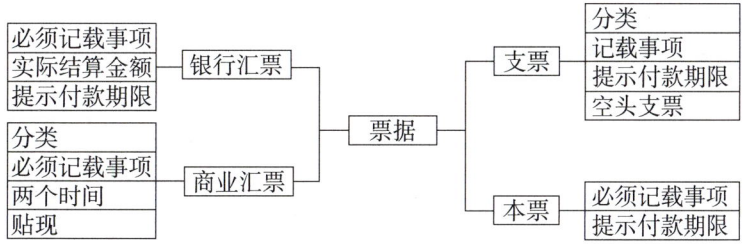

图3-16　票据相关内容汇总

第四节 银行卡

考点一 银行卡的概念和分类

一、银行卡是指经批准由商业银行（含邮政金融机构）向社会发行的具有消费信用、转账结算、存取现金等全部或部分功能的信用支付工具。

二、分类

（一）按是否具有透支功能分：信用卡和借记卡。

表3-12 银行卡的分类

卡片种类		能否透支	是否计息
信用卡	贷记卡	先透支，后还款	对信用卡溢缴款是否计付利息及其利率标准，由发卡机构自主确定
	准贷记卡	先存入备用金，备用金不足支付时可以透支	按中国人民银行规定的同期同档次存款利率及计息办法计付利息
借记卡	转账卡（含储蓄卡）	不得透支使用	
	专用卡	不得透支使用	
	储值卡	不得透支使用	不计息

（二）按币种不同分：人民币卡和外币卡。

（三）按发行对象不同分：单位卡（商务卡）和个人卡。

（四）按信息载体不同分：磁条卡、芯片（IC）卡。

考点二 银行卡申领、注销、挂失

一、银行卡申领、注销、挂失

（一）申领

单位卡申领条件：在中国境内金融机构开立基本存款账户。

个人卡——个人贷记卡申领条件：

1. 年满18周岁，有固定职业和稳定收入，工作单位和户口在常住地的城乡居民；
2. 填写申请表，并在持卡人处亲笔签字；
3. 向发卡银行提供本人及附属卡持卡人、担保人的身份证复印件；外地、境外人员及现役军官以个人名义领卡应出具当地公安部门签发的临时户口或有关部门开具的证明，并须提供具备担保条件的担保单位或有当地户口、在当地工作的担保人。

（二）注销：发卡行受理注销之日起45天后，被注销信用卡账户方能清户。

注意

销户时，单位人民币卡账户余额转入基本存款账户，单位外币卡账户转回相应的外汇账户，不得提取现金。

（三）挂失：向发卡银行或代办银行申请挂失。

二、银行卡交易的基本规定

（一）单位人民币卡

1. 单位人民币卡账户的资金一律从其基本存款账户转账存入，不得存取现金，不得将销货收入存入单位卡账户。
2. 销户时，单位人民币卡账户的资金应当转入其基本存款账户，不得提取现金。
3. 严禁将单位的款项转入个人卡账户存储。
4. 单位人民币卡可以办理商品交易和劳务供应款项的结算，但不得透支。
5. 单位外币卡账户的资金应当从其单位的外汇账户转账存入，不得在境内存取外币现钞。
6. 销户时，单位外币卡账户的资金应当转回其相应的外汇账户，不得提取现金。

（二）信用卡预借现金业务：现金提取、现金转账和现金充值

表3-13　信用卡预借现金业务

种类		限额	其他
现金提取	ATM	每卡每日累计不得超过人民币1万元	
	柜面	协议约定	
现金转账	各渠道	协议约定	
现金充值	各渠道	协议约定	发卡机构可以自主确定是否提供现金充值服务

发卡机构不得将持卡人信用卡预借现金额度内资金划转至其他信用卡，以及非持卡人的银行结算账户或支付账户。

发卡银行应当对借记卡持卡人在自动柜员机（ATM）取款设定交易上限，每卡每日累计提款不得超过2万元人民币。储值卡的面值或卡内币值不得超过1000元人民币。

（三）贷记卡非现金交易

可享受免息还款期（银行记账日至到期还款日）/最低还款额待遇。（二选一）

（四）追偿

发卡银行通过下列途径追偿透支款项和诈骗款项：

1. 扣减持卡人保证金；
2. 依法处理抵押物和质押物；
3. 向保证人追偿透支款项；
4. 通过司法机关的诉讼程序进行追偿。

考点三 银行卡计息与收费

（一）发卡银行对准贷记卡及借记卡账户内的存款计息。

（二）信用卡透支利率：上限＝日利率万分之五，下限＝上限×0.7。

（三）利率调整：发卡机构至少提前45日通知，持卡人有权在新利率生效前选择销户。

（四）信用卡协议中应同时注明日利率和年利率。

（五）不得收取的款项。

1. 滞纳金，对于持卡人违约逾期未还款的行为，发卡机构应与持卡人通过协议约定是否收取违约金，以及相关收取方式和标准。
2. 发卡机构向持卡人提供超过授信额度用卡的，不得收取超限费。
3. 发卡机构对向持卡人收取的违约金和年费、取现手续费、货币兑换费等服务费用不得计收利息。

> **注意**
> 由发卡机构自主决定的事项：(1) 免息还款期和最低还款额待遇的条件和标准。(2) 信用卡透支的计结息方式。(3) 信用卡溢缴款收费计付利息及利率标准。(4) 持卡人违约逾期未还款是否收取违约金。(5) 是否提供信用卡现金充值服务。

考点四 银行卡清算市场

自2015年6月1日起，我国放开银行卡清算市场，符合条件的内外资企业均可申请在中国境内设立银行卡清算机构。

申请成为银行卡清算机构的，注册资本不低于10亿元人民币。

目前中国银联股份有限公司是唯一的银行卡清算机构。

考点五 银行卡收单

一、银行卡收单业务，是持卡人在银行签约商户处刷卡消费，银行将持卡人刷卡消费的资金在规定周期内结算给商户，并从中扣取一定比例的手续费。

二、银行卡收单机构及特约商户

（一）银行卡收单机构

1. 从事银行卡收单业务的银行业金融机构；
2. 获得银行卡收单业务许可、为实体特约商户提供银行卡受理并完成资金结算服务的支付机构；
3. 获得网络支付业务许可、为网络特约商户提供银行卡受理并完成资金结算服务的支付机构。

（二）特约商户

1. 与收单机构签订协议的企事业单位、个体工商户或其他组织；
2. 符合规定开展网络商品交易等经营活动的自然人。

三、银行卡收单业务管理规定

（一）特约商户管理

1. "实名制"管理；
2. 与特约商户签订银行卡受理协议。

（1）协议内容：可受理银行卡种类、开通的交易类型、收单银行结算账户的设置和变更、资金结算周期、结算手续费标准、差错和纠纷处置。

（2）特约商户的收单银行结算账户：

单位：同名单位银行结算账户，或其指定的，与其存在合法资金管理关系的单位银行结算账户。

个体户或自然人：同名个人银行结算账户。

3. 收单机构应当对实体特约商户收单业务进行本地化经营和管理，不得跨省开展收单业务。

（二）业务与风险管理

1. 风险应对措施：

表3-14　银行卡收单业务风险时点及应对措施

时点	措施
认定为风险等级较高商户时	对开通的受理卡种和交易类型进行限制、强化交易监测、设置交易限额、延迟结算、增加检查频率、建立风险准备金。 【注意】并不停止其交易。
发生风险事件时	延迟资金结算、暂停银行卡交易、回收受理终端、关闭网络支付接口、涉嫌违法及时报案。 【注意】收单机构承担因未采取措施导致的风险损失。

2. 风险事件：套现、洗钱、欺诈、移机、留存或泄露持卡人账户信息。

3. 资金结算收单机构应及时与特约商户结算资金，资金结算时间最迟不得超过持卡人确认可直接向特约商户付款的支付指令生效日（刷卡日）后30个自然日，因涉嫌违法违规等风险交易需延迟结算的除外。

4. 差错及退货处理：收单机构应当根据交易发生时的原交易信息发起银行卡交易差错处理、退货交易，将资金退至持卡人原银行卡账户。

注意

若持卡人原银行卡账户已撤销的，退至持卡人指定的本人其他银行账户。

四、银行卡POS收单业务交易及结算收费

表3-15　银行卡POS收单业务交易及结算收费

收费项目	收费方式	费率及封顶标准
收单服务费	收单机构向商户收取	实行市场调节价
发卡行服务费	发卡机构向收单机构收取	借记卡：不高于0.35%（封顶13元） 贷记卡：不高于0.45%
网络服务费（补）	银行卡清算机构向发卡机构收取	不高于0.0325%（封顶3.25元）
	银行卡清算机构向收单机构收取	不高于0.0325%（封顶3.25元）

> **注意**
>
> （1）非营利性的医疗机构、教育机构、社会福利机构、养老机构、慈善机构刷卡交易，发卡行服务费、网络服务费全额减免。
>
> （2）超市、大型仓储式卖场、水电煤气缴费、加油、交通运输售票商户刷卡交易实行发卡行服务费、网络服务费优惠。

【小结】

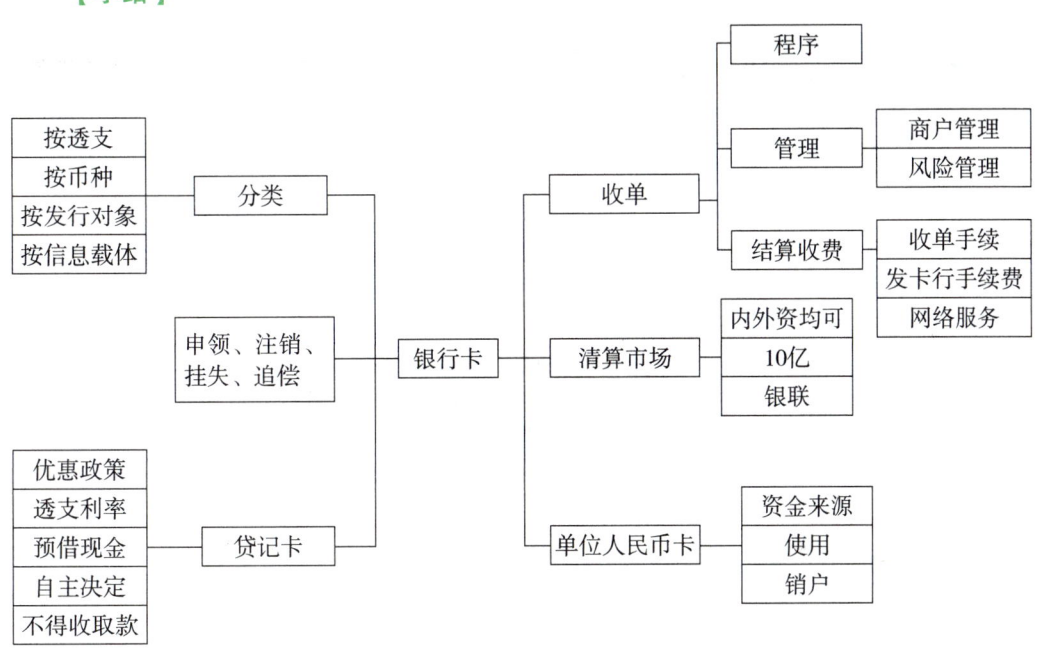

图3-17 银行卡相关内容汇总

第五节 网上支付

网上支付是指电子交易的当事人，使用电子支付手段通过网络进行的货币或资金流转。

当事人：消费者、厂商、金融机构。

方式：网上银行、第三方支付。

考点一 网上银行（网络银行/3A 银行）

一、特点：能够在任何时间、任何地点、以任何方式为客户提供金融服务。

二、分类

（一）按服务对象分：企业网上银行、个人网上银行。

（二）按经营组织分：分支型网上银行、纯网上银行。

（三）按业务种类：零售银行、批发银行。

三、功能

（一）企业网上银行子系统

1. 账户信息查询；

2. 支付指令；

3. B2B网上支付；

4. 批量支付。

（二）个人网上银行子系统

1. 账户信息查询；

2. 人民币转账业务；

3. 银证转账业务；

4. 外汇买卖业务；

5. 账户管理业务；

6. B2C网上支付。

四、业务流程

（一）开户流程

1. 银行柜台办理；
2. 先网上自助申请，后到柜台签约。

（二）交易流程

1. 使用浏览器，网络连接到网银中心，发出网上交易请求；
2. 网银中心接收，审核客户交易请求，将交易请求转成员行；
3. 成员行完成交易处理，处理结果转网银中心；
4. 网银中心反馈信息给客户。

考点二 第三方支付

一、第三方支付的特点

（一）独立于商户和银行。

（二）为客户提供支付结算服务。

（三）方便快捷。

（四）安全可靠。

（五）开放创新。

二、开户要求（2018年新增）

（一）个人：非银行支付机构为个人开立支付账户，同一个人在同一家支付机构只能开立一个Ⅲ类账户。

（二）单位：证明文件、面对面核实身份或非面对面至少3个外部渠道多重交叉验证。

（三）协定日累计转账限额、笔数，超限。

三、第三方支付方式种类

（一）线上支付方式：通过第三方支付平台实现互联网在线支付，包括网上支付和移动支付中的远程支付。

（二）线下支付方式：POS机刷卡支付、拉卡拉等自助终端支付、电话支付、手机近端支付、电视支付。

四、第三方支付行业分类及主流品牌

（一）行业分类

表3-16 第三方支付的行业分类

模式	典型代表	是否负有担保功能
金融型支付企业	银联商务、快钱、易宝支付、汇付天下、拉卡拉等	×
互联网支付企业	支付宝、财付通等	√

（二）主流品牌，交易规模前三位：支付宝、银联商务、财付通。

五、第三方支付交易流程

> **注意**
>
> 第三方平台结算支付模式的资金划拨是在平台内部进行的，此时划拨的是虚拟的资金，实体资金需要通过实际支付层完成。

【小结】

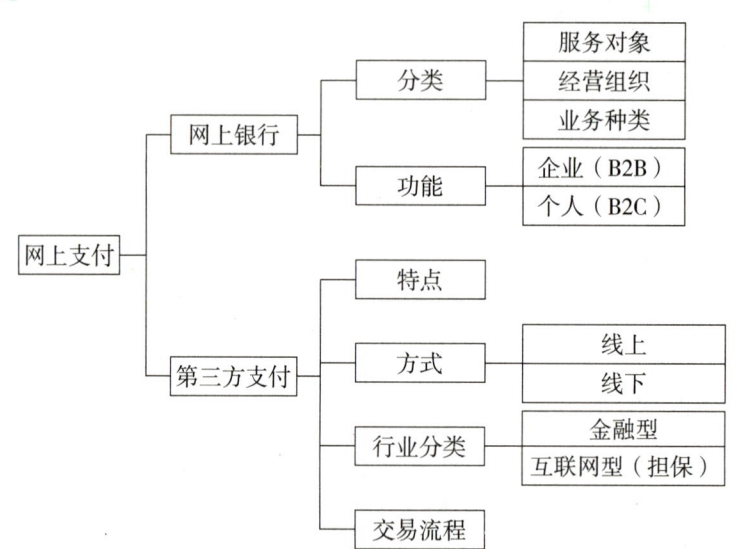

图3-18 网上支付相关内容汇总

第六节　结算方式和其他支付工具

考点一　汇兑

一、概念和分类

（一）概念

汇兑是汇款人委托银行将其款项支付给收款人的结算方式。

（二）分类

信汇、电汇。单位、个人的各种款项结算均可使用。

二、办理汇兑的程序

（一）签发

必须记载事项：表明"信汇"或"电汇"的字样；无条件支付的委托；金额；收款人；汇款人；汇入地点／汇入行；汇出地点／汇出行；委托日期；汇款人签章。（汇款人／收款人开立了账户的写账号）

（二）受理

汇款回单只能作为汇出银行受理汇款的依据，不能作为该笔汇款已转入收款人账户的证明。

（三）汇入

收款通知是银行将款项确已收入收款人账户的凭据。

三、汇兑的撤销

汇款人对汇出银行尚未汇出的款项可以申请撤销。

考点二　托收承付

托收承付是根据购销合同由收款人发货后委托银行向异地付款人收取款项，由付款人向银行承认付款的结算方式。

一、适用范围（5限）

表3-17 托收承付的适用范围

主体限制	必须国有企业、供销合作社以及经营管理较好，并经开户银行审查同意的城乡集体所有制工业企业。
内容限制	必须商品交易或因商品交易而产生的劳务供应款项。代销、寄销、赊销商品的款项，不得办理托收承付结算。
金额限制	每笔金额起点为1万元（新华书店为1000元）。
合同限制	双方在购销合同上订明使用托收承付结算方式。
凭证限制	收款人办理托收，必须具有商品确已发运的证件。

二、程序

（一）托收
（二）承付

付款人开户银行收到托收凭证及附件后，应当及时通知付款。

1．验单付款的承付期为3天（承付期内遇法定休假日顺延），从付款人开户银行发出承付通知的次日算起；

2．验货付款的承付期为10天，从运输部门向付款人发出提货通知的次日算起。

付款人在承付期内，未向银行表示拒绝付款，银行即视作承付，并在承付期满的次日（遇法定休假日顺延）将款项主动划给收款人。

（三）停办托收

1．收款人对同一付款人发货托收累计3次收不回货款的，收款人开户银行应暂停收款人向该付款人办理托收；

2．付款人累计3次提出无理拒付的，付款人开户银行应暂停其向外办理托收。

（四）拒绝付款的正当理由

1．没有签订购销合同或者购销合同未订明托收承付结算方式的款项；

2．未经双方事先达成协议，收款人提前交货，或因逾期交货，付款人不再需要该项货物的款项；

3．未按合同规定的到货地址发货的款项；

4．代销、寄销、赊销商品的款项；

5．验单付款，发现所列货物的品种、规格、数量、价格与合同规定不符，或者货物已到，经查验货物与合同规定或与发货清单不符的款项；

6. 验货付款，经查验货物与合同规定或与发货清单不符的款项；

7. 货款已经支付或计算有错误的款项。

考点三 委托收款

委托收款是收款人委托银行向付款人收取款项的结算方式。

一、适用范围

单位和个人凭已承兑商业汇票、债券、存单等付款人债务证明办理款项的结算，均可以使用委托收款结算方式。同城异地均可使用。

二、程序

（一）签发托收凭证

> **注意**
> 未在银行开立存款账户的个人为收款人，委托收款凭证必须记载被委托银行名称。

（二）委托

收款人办理委托收款应向银行提交委托收款凭证和有关债务证明。

（三）付款

1. 以银行为付款人的，银行应当在当日将款项主动支付给收款人。

2. 以单位为付款人的，银行应及时通知付款人，付款人应于接到通知的当日书面通知银行付款，如果付款人未在接到通知的次日起3日内通知银行付款的，视为同意付款。银行在办理划款时，付款人存款账户不足支付的，应通过被委托银行向收款人发出《未付款项通知书》。

3. 付款人（包括银行和单位）审查有关债务证明后，对收款人委托收取的款项需要拒绝付款的，可以办理拒绝付款，但应当按照规定出具拒绝证明（3日内）。

考点四 国内信用证（2018年变化）

一、概念及分类

（一）国内信用证，是指银行依照申请人的申请开立的、对相符交单予以付款的承诺。

（二）我国信用证为人民币计价、不可撤销的跟单信用证。

（三）适用：银行为国内企事业单位之间货物和服务贸易提供的结算服务。

（四）信用证只限于转账结算，不得支取现金。

（五）分类

表3-18 国内信用证的分类

分类	解释	表示方式
即期信用证	开证行在收到相符单据次日起5个营业日内付款	
远期信用证	开证行在收到相符单据次日起5个营业日内确认到期付款，并在到期日付款	单据日后定期付款、见单后定期付款、固定日付款等到期日确定的方式
备注	信用证付款期限最长不超过1年	

二、信用证业务当事人

（一）申请人：一般为货物购买方/服务接受方。

（二）受益人：一般为货物销售方/服务提供方。

（三）开证行：申请人申请开立信用证的银行。

（四）通知行：应开证行要求向受益人通知信用证的银行。

（五）交单行：向信用证有效地点提交信用证项下单据的银行。

（六）转让行：开证行指定的办理信用证转让的银行。

（七）保兑行：开证行授权/要求对信用证加具保兑的银行。

（八）议付行：开证行指定的为受益人办理议付的银行。（可以不止一家）

三、办理国内信用证的基本程序

（一）开证

1. 申请开立信用证：开证申请书、贸易合同。

2. 受理开证：

开证行可要求申请人交存一定数额的保证金，并可根据申请人资信情况要求其提供抵押、质押、保证等合法的担保。

3. 开证：

（1）信开信用证：开证行加盖业务章寄送通知行。

（2）电开信用证：开证行以数据电文发送通知行。

（二）保兑

保兑行根据开证行的授权或要求，在开证行之外作出的对相符交单付款、确认到期付款或协议的确定承诺。

（三）修改

开证申请人需对已开立的信用证内容修改的，应向开证行提出修改申请，明确修改内容。信用证受益人同意或拒绝接受修改的，应提供接受或拒绝修改的通知。

（四）通知

通知行可由开证申请人指定，开证申请人没有指定，则开证行有权指定通知行。

（五）转让，可转让信用证只能转让一次

（六）议付

1. 议付是指议付信用证项下单证相符或在开证行/保兑行已确认到期付款的情况下议付行在收到开证行/保兑行付款前购买单据、取得信用证项下索款权利，向受益人预付或同意预付资金的行为。

2. 信用证未明示可议付，任何银行不得办理议付。

3. 信用证明示可议付，未被指定银行不得办理议付，被指定银行可自行决定是否办理。

4. 受益人请求议付。

5. 议付行在受理议付申请的次日起5个营业日内，决定是否议付。

（七）索偿

1. 议付行将注明付款提示的交单面函（寄单通知书）及单据寄开证行/保兑行索偿资金。

2. 议付行议付时，必须与受益人约定是否有追索权。

（八）寄单索款

（九）付款（5个营业日内）

（十）注销

开证行对信用证未支用的金额解除付款责任的行为。

1. 开证行、保兑行、议付行未在信用证有效期内收到单据的，开证行可在信用证预期1个月后予以注销。

2. 其他情况，须经开证行、保兑行、议付行、转让行、受益人协商同意，或受益人、保兑行（议付行、转让行）声明同意注销，并与开证行达成一致，方可注销。

【小结】

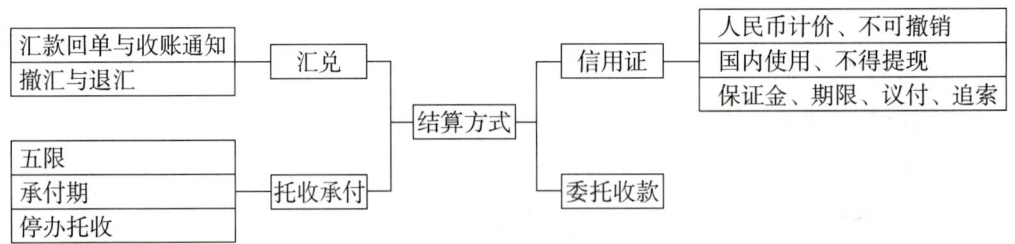

图3-19 结算方式相关内容汇总

考点五 预付卡

一、预付卡的概念与分类

预付卡是指发卡机构以特定载体和形式发行的、可在发卡机构之外购买商品或服务的预付价值。按发行途径的不同，可分为以下两类：

1. 专营发卡机构发行：可跨地区、跨行业、跨法人使用的多用途预付卡。

2. 商业企业发行：只在本企业/同意品牌连锁商业企业购买商品、服务的单用途预付卡。

（1）多用途预付卡由中国人民银行监管，单用途预付卡由商务部门负责监管。

（2）本章讲述的是多用途预付卡。

（3）预付卡发卡机构必须是经中国人民银行核准，取得《支付业务许可证》的支付机构。

二、记名预付卡与不记名预付卡的区别

表3-19 记名预付卡与不记名预付卡的区别

区别\类型	记名预付卡	不记名预付卡
区分标准	记载持卡人身份信息	不记载持卡人身份信息
单张限额	5000元	1000元
挂失	可挂失	不可挂失
赎回	购卡后3个月可赎回	不可赎回
有效期	无	不得低于3年；超期可延期、激活、换卡
提供身份证	需要	一次性购买1万元以上需要

（续上表）

区别 \ 类型	记名预付卡	不记名预付卡
使用信用卡购买及充值	×	×
转账购买	单位：一次性购买5000元以上	
	个人：一次性购买5万元以上	
转账充值	一次性充值5000元以上	
使用规定	特约商户中使用； 不得用于或变相用于提现； 不得用于购买非本机构发行的预付卡； 卡内资金不得向银行账户或非本发卡机构开立的网络支付账户转移。	
发卡机构的资金管理	发卡机构必须在商业银行开立备付金专用存款账户存放预付资金，不得挪用、挤占。	

第七节 结算纪律与法律责任

考点一 结算纪律

结算纪律是银行、单位和个人办理支付结算业务所应遵守的基本规定。

（一）单位和个人办理支付结算业务应遵守的结算纪律

1. 不准签发没有资金保证的票据或远期支票，套取银行信用；
2. 不准签发、取得和转让没有真实交易和债权债务的票据，套取银行和他人资金；
3. 不准无理拒绝付款，任意占用他人资金；
4. 不准违反规定开立和使用账户。

（二）银行办理支付结算应遵守的纪律

1. 不准以任何理由压票、任意退票、截留挪用客户和他行资金；
2. 不准无理拒绝支付应由银行支付的票据款项；
3. 不准受理无理拒付、不扣少扣滞纳金；
4. 不准违章签发、承兑、贴现票据，套取银行资金；
5. 不准签发空头银行汇票、银行本票和办理空头汇款；
6. 不准在支付结算制度之外规定附加条件，影响汇路畅通；
7. 不准违反规定为单位和个人开立账户；
8. 不准拒绝受理、代理他行正常结算业务。

考点二 违反支付结算法律制度的法律责任

一、单位或个人签发空头支票、签发与预留印鉴不符、使用支付密码错误，不以骗取财物为目的的，由中国人民银行处以票面金额5%但不低于1000元的罚款；持票人有权要求出票人赔偿支票金额2%的赔偿金。

二、无理拒付，占用他人资金行为

（一）商业承兑汇票付款人处以压票、拖延支付期间内每日票据金额万分之七的罚款。

（二）银行机构责任，由国务院银行业监督管理机构责令改正，没收违法所得，违法所得5万以上的，并处违法所得1倍以上5倍以下罚款；没有违法所得或者不足5万的，处5万以上50万以下罚款。

三、违反账户规定行为

（一）区分"非经营性存款人"和"经营性存款人"

> **注意**
> 非经营存款人不一定是个人，经营性存款人也不一定是企业。

1. 对非经营性的存款人的罚款金额都是1000元；
2. 对经营性的存款人的罚款金额有3种：
（1）1000元；（2）5千元以上3万元以下；（3）1万元以上3万元以下。

（二）具体处罚规定

表3-20　违反银行账户结算管理制度的具体处罚规定

违反银行账户结算管理制度事项	经营性存款人处罚金额	非经营性存款人处罚金额
1．法定代表人或主要负责人、存款人地址以及其他开户资料的变更事项未在规定期限内通知银行	1000元	1000元
1．违反规定开立银行结算账户	1万元以上3万元以下	
2．伪造、变造证明文件欺骗银行开立银行结算账户		
3．违反规定不及时撤销银行结算账户		
4．伪造、变造、私自印制开户许可证		
1．违反规定将单位款项转入个人银行结算账户	5000元以上3万元以下	
2．违反规定支取现金		
3．利用开立银行结算账户逃废银行债务		
4．出租、出借银行结算账户		
5．从基本存款账户之外的银行结算账户转账存入、将销货收入存入或现金存入单位信用卡账户		

> **提示**
> 变更违规罚1000元；伪造、变造登记证及开立、撤销违规罚1万～3万元；使用违规罚5000元～3万元。

考点三 票据欺诈等行为的法律责任

表3-21 票据欺诈等行为应负的法律责任

违法行为	一般违法（数额较大）	情节严重的（数额巨大）	情节特别严重的（数额特别巨大）
伪造/变造票据、托收凭证、汇款凭证、信用证	有期徒刑/拘役<5年；并处/单处2万<罚金<20万	5年<有期徒刑<10年+5万<罚金<50万	有期徒刑>10年/无期+5万<罚金<50万/没收财产
伪造信用卡			
信用卡诈骗			
妨害信用卡管理	有期徒刑/拘役<3年；并处/单处1万<罚金<10万	3年<有期徒刑<10年+2万<罚金<20万	

第四章 增值税、消费税法律制度

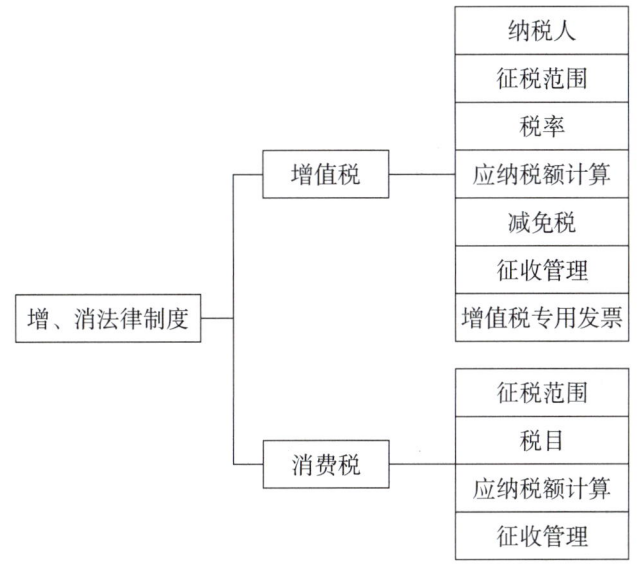

图4-1 增值税、消费税法律制度

第一节 税收法律制度概述

考点一 税收与税收法律关系

一、税收与税法

（一）税收

税收是指以国家为主体，为实现国家职能，凭借政治权力，按照法定标准，无偿取得财政收入的一种特定分配形式。

税收体现了国家与纳税人在征税、纳税的利益分配上的一种特定分配关系。税收是政府收入的最重要来源，是人类社会经济发展到一定历史阶段的产物。

基本前提：社会剩余产品、国家的存在。

作用：资源配置、收入再分配、稳定经济和维护国家政权。

特征：强制性、无偿性、固定性。

（二）税法

税法即税收法律制度，是调整税收关系的法律规范的总称，是国家法律的重要组成部分。

二、税收法律关系

税收法律关系体现为国家征税与纳税人纳税的利益分配关系。

（一）主体

国家税务机关：包括国家各级税务机关和海关；纳税义务人：包括法人、自然人和其他组织。（属地兼属人原则：即在华的外国企业、组织、外籍人、无国籍人等凡在中国境内有所得来源的，都是我国税收法律关系的主体。）

（二）客体

征税对象。

（三）内容

主体所享受的权利和所应承担的义务，是税收法律关系中最实质的东西，也是税法的灵魂。

考点二 税法要素

税法要素是指各单行税法共同具有的基本要素。

税法要素一般包括纳税义务人、征税对象、税目、税率、计税依据、纳税环节、纳税期限、纳税地点、税收优惠、法律责任等。

一、纳税义务人

简称"纳税人"，是指依法直接负有纳税义务的法人、自然人和其他组织。扣缴义务人是税法规定的，在其经营活动中负有代扣税款并向国库交纳义务的单位。

二、征税对象

又称课税对象，是纳税的客体。它是指税收法律关系中权利义务所指的对象，即对什么征税。不同的征税对象又是区别不同税种的重要标志。

三、税目

税目是税法中具体规定应当征税的项目，是征税对象的具体化。

目的：1. 为了明确征税的具体范围；2. 为了对不同的征税项目加以区分，从而制定高低不同的税率。

四、税率

税率是指应征税额与计税金额（或数量单位）之间的比例，是计算税额的尺度。税率的高低直接体现国家的政策要求，直接关系到国家财政收入和纳税人的负担程度，是税收法律制度中的核心要素。

我国现行税法规定的税率有：1. 比例税率；2. 累进税率：全额累进税率、超额累进税率；3. 定额税率：又称固定税额。

五、计税依据

1. 从价计征；2. 从量计征。

六、纳税环节

主要是指税法规定的征税对象在从生产到消费的流转过程中应当缴纳税款的环节。

七、纳税期限

包括纳税义务发生时间，纳税期限，缴库期限。

八、纳税地点

根据各税种的纳税环节和有利于对税源的源泉控制而规定的纳税人具体申报缴纳税收的地方。

九、税收优惠

税收优惠是指国家对某些纳税人和征税对象给予鼓励和照顾的一种特殊规定。

主要包括：

1. 减税和免税；2. 起征点，也称"征税起点"，是指对征税对象开始征税的数额界限；3. 免征额。

十、法律责任

违法行为（作为／不作为）＋法律责任（行政责任＋刑事责任）。

考点三 我国的税收管理体制与现行税种

征收管理机关：国家税务局、地方税务局和海关。

一、国税负责征收和管理

国税负责征收和管理的税种有：

1. 增值税；

2. 消费税；

3. 车辆购置税；

4. 所得税：银行、保险公司集中缴纳的；中央企业缴纳的；地方银行及非银行金融机构缴纳的；海洋石油企业缴纳的；中央与地方所属企业、事业单位组成的联营企业、股份制缴纳的；

5. 城建税：银行、保险公司集中缴纳的；

6. 资源税：海洋石油企业缴纳的；

7. 印花税：股票交易；

8. 出口退税。

二、地税负责征收和管理（不包括已明确由国税负责的）

地税负责征收和管理的税种有：

1. 所得税：部分企业；

2. 个人所得税；

3. 房产税；

4. 契税；

5. 土地增值税；

6. 城镇土地使用税；

7. 车船税；

8. 印花税（除股票交易）；

9. 资源税；

10. 烟叶税；

11. 耕地占用税；

12. 环境保护税；

13. 城建税＋教育费附加。

三、海关负责征收和管理

海关负责征收和管理的税种有：

1. 关税；

2. 船舶吨税；

3. 进口环节增值税、消费税（委托代征）。

表4-1 各类税种的征收范围及管理机构

税种	备注	征收管理
增值税	进口环节	海关
	其他	国税
消费税	进口环节	海关
	其他	国税
车辆购置税		国税
所得税	银行、保险公司集中缴纳的；中央企业缴纳的；地方银行及非银行金融机构缴纳的；海洋石油企业缴纳的；中央与地方所属企业、事业单位组成的联营企业、股份制企业缴纳的	国税
所得税	部分企业	地税
城建税	银行、保险公司集中缴纳的	国税
	其他	地税
资源税	海洋石油企业	国税
	其他	地税
印花税	股票交易	国税
	其他	地税
出口退税		国税
个人所得税		地税
房产税		地税
契税		地税
土地增值税		地税
城镇土地使用税		地税
车船税		地税
烟叶税		地税
耕地占用税		地税
环境保护税	2018年新增	地税
教育附加		地税
关税		海关
船舶吨税		海关

第二节 增值税法律制度

增值税是对销售货物、提供劳务或者发生应税行为过程中实现的增值额征收的一种税。

增值税是我国现阶段税收收入规模最大的税种。

考点一 纳税人和扣缴义务人

一、纳税人

（一）概念

在中国境内销售货物或者提供加工、修理修配劳务、进口货物以及销售服务、无形资产或者不动产的单位和个人，为增值税纳税人。

（二）分类

表4-2 增值税纳税人的分类

分类	标准（年应税销售额）	特殊情况	计税规定	2018年新增
小规模纳税人	货物生产＋提供应税劳务（为主）：50万元（含）以下 其他：80万元（含）以下 营改增应税行为：500万元（含）以下	（1）个人（非个体户）；（2）非企业性单位；（3）不经常发生应税行为的企业。【注意】（1）为必须，（2）（3）可选择。	简易征税；一般不使用增值税专用发票（可以到税务机关代开）。	住宿业、建筑业和鉴证咨询业等行业小规模纳税人自行开具专用发票（销售其取得的不动产除外），税局不再代开。
一般纳税人	超过小规模纳税人认定标准	小规模纳税人会计核算健全，可以申请登记为一般纳税人。	执行税款抵扣制；可以使用增值税专用发票。	

注意

除国家税务总局另有规定外，纳税人一经登记为一般纳税人后，不得转为小规模纳税人。

二、扣缴义务人

中国境外单位或个人在境内提供应税行为,在境内未设有经营机构的,以购买方为扣缴义务人。

考点二 征税范围

征税范围:在中国境内销售货物、提供加工、修理修配劳务、进口货物、销售应税服务、销售无形资产、销售不动产。

一、销售货物

(一)销售货物,是指在中国境内(起运地/所在地)有偿转让货物的所有权。

提示

(1)货物,是指有形动产,包括电力、热力、气体在内。

(2)有偿,是指从购买方取得货币、货物或者其他经济利益。

(二)视同销售行为

1. 将货物交付其他单位或者个人代销;
2. 销售代销货物;
3. 设有两个以上机构并实行统一核算的纳税人,将货物从一个机构移送至其他机构用于销售,但相关机构设在同一县(市)的除外;
4. 将自产、委托加工的货物用于非增值税应税项目;(2018年新增)
5. 将自产、委托加工的货物用于集体福利/个人消费;
6. 将自产、委托加工或者购进的货物作为投资,提供给其他单位或者个体工商户;
7. 将自产、委托加工或者购进的货物分配给股东或者投资者;
8. 将自产、委托加工或者购进的货物无偿赠送其他单位或者个人。

【理解】税收公平原则;纳税链条的完整;内外有别。

提示

(1)购进货物用于集体福利或者个人消费的,不视同销售货物,不需要计算增值税,对应的进项税额也不得抵扣。

(2)视同销售货物的行为一般不以资金形式反映出来,因而会出现无直接销售额的情况,主管税务机关有权核定其销售额。

二、提供应税劳务

（一）在中国境内（应税劳务发生地）提供加工、修理修配劳务。

（二）单位或个体工商户聘用的员工为本单位或雇主提供加工、修理修配劳务，不包括在内。

三、进口货物，指申报进入中国海关境内的货物。只要是报关进口的应税货物，均属于增值税的征税范围，除享受免税政策外，在进口环节缴纳增值税。

四、销售服务、无形资产或者不动产

营改增应税行为包括在我国境内销售应税服务、销售无形资产和销售不动产。

表4-3 营改增应税行为的分类及范围

税目	分类	范围	备注
销售服务	交通运输服务	陆路/水路/航空/管道运输，无运输工具	（1）出租车公司向使用本公司自有出租车的出租车司机收取的管理费用，属于"陆路运输服务"。 （2）远洋运输的"程租""期租"业务属于"水路运输服务"；航空运输的"湿租"业务属于"航空运输服务"。 （3）远洋运输的"光租"业务；航空运输的"干租"业务属现代服务——租赁服务税目。 （4）无运输工具承运业务，按"交通运输服务"缴纳增值税。
	邮政服务	邮政普遍/特殊/其他服务	"邮政储蓄业务"按"金融服务"征收增值税。
	电信服务	基础/增值电信服务	（1）基础：通话；出租带宽等。 （2）增值：短信；互联网接入；卫星电视信号落地转接。
	建筑服务	工程、安装、修缮、装饰、其他	（1）"固定电话、有线电视、宽带、水、电、燃气、暖气、扩容费"以及类似收费，按照"建筑服务——安装服务"缴纳增值税。 （2）"疏浚"属于"其他建筑服务"，但"航道疏浚"属于"物流辅助服务"。

（续上表）

税目	分类	范围	备注
销售服务	金融服务	贷款、直接收费、保险、金融商品转让	（1）"融资性售后回租"属于"金融服务——贷款服务"；"融资租赁"属于"现代服务——租赁服务"。同时"融资租赁"仍需进一步分为"动产融资租赁"和"不动产融资租赁"，前者适用17%的税率，后者适用11%的税率。（2）以"货币投资"收取"利润或保底利润"按照贷款服务缴纳增值税。
	现代服务	（1）研发和技术；（2）信息技术；（3）文化创意；（4）物流辅助；（5）租赁服务（融资/经营）（6）鉴证咨询；（7）广播影视；（8）商务辅助；（9）其他	（1）"货运客运站服务"中的"车辆停放服务"属于"不动产租赁服务"；（2）租赁："租赁服务"分为"动产租赁"和"不动产租赁"分别适用不同税率；"车辆停放服务""道路通行服务（过路费、过桥费、过闸费）"属于"不动产经营租赁服务"；将动产、不动产的广告位出租，属于"经营租赁服务"。
	生活服务	（1）文化体育；（2）教育医疗；（3）旅游娱乐；（4）餐饮住宿；（5）居民日常；（6）其他	
销售无形资产		技术、商标、著作权、商誉、自然资源使用权和其他权益性无形资产	"土地使用权""技术转让"属于此税目。
销售不动产		建筑物、构筑物	转让不动产时一并转让其所占土地的使用权的，按照"销售不动产"缴纳增值税。

五、非经营活动的界定

（一）销售服务/无形资产/不动产，是指有偿提供服务，有偿转让无形资产/不动产。以下非经营性活动除外：

1. 行政单位收取的政府性基金（国务院/财政部批准）/事业性收费（国务院/省级人民政府及其财政、价格主管部门批准），收取时开具财政票据（省级及以上财政部监制），全部上缴；

2. 员工为本单位／雇主提供取得工资的服务；

3. 单位／个体户为聘用的员工提供服务；

4. 其他。

（二）境内销售服务／无形资产／不动产

1. 服务（不包括不动产租赁）／无形资产（不包括自然资源使用权）的销售方／购买方在境内；

2. 所销售／租赁的不动产在境内；

3. 所销售自然资源使用权的自然资源在境内；

4. 其他。

（三）境外单位／个人向境内单位／个人销售（出租）完全在境外发生（使用）的服务／无形资产／有形动产，不属于在境内的情况。

（四）视同销售服务、无形资产或不动产

1. 单位或者个体工商户向其他单位或者个人无偿提供服务；

2. 单位或者个人向其他单位或者个人无偿转让无形资产或者不动产；

3. 其他。

但用于公益事业或者以社会公众为对象的除外。

六、混合销售与兼营

（一）混合销售与兼营

表4-4　混合销售与兼营

	行为特征	判定标准	税务处理	典型案例
混合销售	一项销售行为既涉及货物又涉及服务。	从事货物生产、批发或零售的。	按销售货物缴纳增值税。	超市销售货物同时提供送货服务。
		除以上，其他单位和个体工商户。	按提供服务缴纳增值税。	娱乐场所销售烟、酒、饮料。
兼营	纳税人经营中包括销售货物、加工修理修配劳务以及销售服务／无形资产／不动产的行为。	不同时发生在同一购买者身上，也不发生在同一项销售行为中。	分别核算分别缴纳；未分别核算、从高适用税率。	商场经营美食城。

> **注意**
> （1）判断混合销售的关键是"同时"；判断兼营的关键是"并"。
> （2）"混"从主业交税。

（二）纳税人销售活动板房、机器设备、钢结构件等自产货物的同时提供建筑、安装服务，不属于混合销售，应分别核算货物和建筑服务的销售额，分别适用不同的税率或征收率。（2018年新增）

七、征税范围的"特殊"规定

（一）货物期货（包括商品期货和贵金属期货），在期货的实物交割环节纳税（收）。

（二）银行销售金银的业务（收）。

（三）典当业的死当物品销售业务和寄售业代委托人销售寄售物品的业务（收）。

（四）缝纫业务（收）。

（五）基本建设单位和从事建筑安装业务的企业附设的工厂、车间生产的水泥预制构件、其他构件或建筑材料，用于本单位或本企业建筑工程的，在移送使用时纳税（收）。

（六）电力公司向发电企业收取的过网费（收）。

（七）旅店业和饮食业纳税人销售非现场消费的食品（收）。

（八）纳税人提供的矿产资源开采、挖掘、切割、破碎、分拣、洗选等劳务（收）。

（九）不征收增值税项目的：

1. 根据国家指令无偿提供的铁路运输服务、航空运输服务，属于《营业税改征增值税试点实施办法》规定的用于公益事业的服务；

2. 存款利息；

3. 被保险人获得的保险赔付；

4. 房地产主管部门或者其指定机构、公积金管理中心、开发企业以及物业管理单位代收的住宅专项维修资金；

5. 在资产重组过程中，通过合并、分立、出售、置换等方式，将全部或者部分实物资产以及与其相关联的债权、负债和劳动力一并转让给其他单位和个人，其中涉及的不动产、土地使用权转让行为；

6. 纳税人在资产重组过程中，通过合并、分立、出售、置换等方式，将全部或者部分实物资产以及与其相关联的债权、负债和劳动力一并转让给其他单位和个人，其中涉及的货物转让。

考点三 税率与征收率

一、税率

（一）基本税率为17%的适用范围

1. 一般纳税人销售/进口货物，除《中华人民共和国增值税暂行条例》列举的外；
2. 一般纳税人提供加工、修理修配劳务；
3. 一般纳税人提供有形动产租赁服务。

（二）低税率为11%和6%（2018年有变化）

适用于一般纳税人的以下应税行为：

表4-5　11%和6%税率的适用范围

税率	适用范围	
11%	农产品	种植业、养殖业、林业、牧业、水产业生产的各种植物、动物的初级产品。包括：挂面、干姜、玉米胚芽、动物骨料、合规生产的巴氏杀菌乳/灭菌乳
	食用植物油、自来水、暖气、冷气、热水、煤气、石油液化气、天然气、沼气、居民用煤炭制品、图书、报纸、杂志、化肥、农机、农膜	
	饲料	用于动物饲养的产品或其加工品
	音像制品	
	电子出版物	
	二甲醚	
	食用盐	
	交通运输、邮政、基础电信、建筑、不动产租赁服务、销售不动产、转让土地使用权	
6%	增值电信、金融、现代服务（租赁除外）、生活服务、销售无形资产（除转让土地使用权）	

（三）零税率

1. 纳税人出口货物，税率为零；但是，国务院另有规定的除外。
2. 境内的单位和个人销售下列服务和无形资产：
（1）国际运输服务；
（2）航天运输服务；
（3）向境外单位提供的完全在境外消费的下列服务：研发、合同能源管理、设计、广播影视节目的制作和发行、软件、电路设计及测试、信息系统、业务流程管理、离岸服务外包、转让；

（4）其他。

【说明】 零税率不等于免税，免税仅指不征收，零税率除了不征收，还对之前已收的进行退税。

表4-6　增值税的税率概表

税目（项目）		税率
销售、进口货物		17%
		11%
出口货物		零税率（另有规定除外）
提供加工、修理修配劳务		17%
其他	提供有形动产租赁服务	17%
	"交邮基建不租不销转土"	11%
	销售其他服务	6%（按照规定适用零税率的除外）

二、征收率

（一）一般规定

小规模纳税人采用简易办法征收增值税，征收率为3%。

表4-7　征收率的一般规定

纳税人类型	应税行为		征收率
一般纳税人	销售自己使用过的，不得抵扣且未抵扣进项税额的固定资产。		按3%征收率减为按2%征收
	销售自己使用的其他固定资产，2008年12月31日以前扩大增值税抵扣范围试点	未纳入的，销售自己使用过的在2008年12月31日之前购买/自制的固定资产；	
		已纳入的，销售自己使用过的在本地区纳入之前购进/自制的固定资产。	
	可选择简易征收的（36个月内不得变更），销售自产的货物	（1）县级及以下小型水力发电单位生产的电力；（2）建筑用和生产建筑材料所用的砂、石料；（3）以自己采掘的砂、土、石料或其他矿物连续生产的砖、瓦、石灰；（4）用微生物、人或动物的血液或组织等制成的生物制品；（5）自来水；（6）商品混凝土。	3%

（续上表）

纳税人类型	应税行为		征收率
一般纳税人	销售可暂简易征收的货物	（1）寄售商店代销寄售物品；（2）典当业销售死当物品。	3%
	建筑企业可选择简易征收的	提供建筑服务属于老项目的。	
小规模纳税人	销售自己使用过的固定资产；		减为按2%征收率征收
	其他应税行为（除上、下两种应税行为）。		3%
纳税人	销售旧货	旧货：是指进入二次流通的具有部分使用价值的货物，不包括自己使用过的物品。	按3%征收率减为按2%征收

（二）特殊规定

表4-8 征收率的特殊规定

纳税人类型	应税行为	备注	税率
小规模纳税人	转让/出租其取得的不动产	不含个人出租住房	5%
一般纳税人	转让/出租其2016年4月30日前取得的不动产	选择简易征收的	
房地产开发企业	销售自行开发的房地产项目	一般纳税人老项目	
		小规模所有项目	
纳税人	提供劳务派遣	选择差额纳税的	

考点四 应纳税额计算

一、应纳税额的计算

（一）一般计税方法

当期应纳税额＝当期销项税额－当期准予抵扣的进项税额

当期销项税额＝不含增值税销售额×适用税率＝含增值税销售额÷（1+适用税率）×适用税率

（二）简易计税方法

应纳税额＝不含税销售额×征收率＝含税销售额÷（1+征收率）×征收率

一般纳税人发生可选择应税行为，选择简易计税的，一经选择36个月内不得变更。

（三）进口环节增值税

1. 进口非应税消费品

应纳税额＝组成计税价格×税率＝（关税完税价格＋关税税额）×税率

2. 进口应税消费品

应纳税额＝组成计税价格×税率＝（关税完税价格＋关税税额＋消费税税额）×税率

（四）扣缴计税方法，境外单位或者个人在境内发生应税行为，在境内未设经营机构的，扣缴义务人应扣缴：

应扣缴税额＝购买方支付的价款÷（1＋税率）×税率

二、销售额

（一）销售额是指纳税人发生销售货物、提供应税劳务或发生应税行为向购买方收取的全部价款和价外费用，不包括收取的销项税额。

价外费用，包括价外向购买方收取的手续费、补贴、基金、集资费、返还利润、奖励费、违约金、滞纳金、延期付款利息、赔偿金、代收款项、代垫款项、包装费、包装物租金、储备费、优质费、运输装卸费以及其他各种性质的价外收费。

销售额不包括下列项目：

1. 受托加工应征消费税的消费品所代收代缴的消费税；
2. 代为收取的政府性基金（国务院／财政部批准）或者行政事业性收费（国务院／省级人民政府及其财政、价格主管部门批准），收取时开具财政票据（省级以上财政部门印制）；全额上缴；
3. 销售货物的同时代办保险等而向购买方收取的保险费，以及向购买方收取的代购买方缴纳的车辆购置税、车辆牌照费；
4. 以委托方名义开具发票代委托方收取的款项。

> **注意**
> 价外费用全部为价税合计金额，需进行价税分离。

（二）含税销售额的换算

不含增值税销售额＝含增值税销售额÷（1＋适用税率／征收率）

> **注意**
> 题目出现以下说法则给出的金额为含税销售额：（1）含税销售额；（2）零售价；（3）价外费用；（4）普通发票；（5）需要并入销售额一并缴纳增值税的包装物押金，属于含税收入。

（三）视同销售货物行为销售额的确定

纳税人销售价格明显偏低且无正当理由或者偏高且不具有合理商业目的的，或视同销售货物而无销售额的，按下列顺序确定销售额：

1. 按纳税人最近时期同类货物的平均销售价格确定；
2. 按其他纳税人最近时期同类货物的平均销售价格确定；
3. 按组成计税价格确定。

非应税消费品，其计算公式为：

组成计税价格＝成本×（1＋成本利润率）

应税消费品，其计算公式为：

组成计税价格＝成本×（1＋成本利润率）＋消费税税额

或：组成计税价格＝成本×（1＋成本利润率）÷（1－消费税税率）

成本利润率由国家税务总局确定。

（四）混合销售、兼营

1. 混合销售额＝货物销售额＋服务销售额
2. 兼营：不同税率分别核算销售额，未分别核算的，从高。

（五）特殊销售方式下销售额的确定

1. 折扣销售

（1）如果销售额和折扣额在同一张发票上的金额栏分别注明的，可按冲减折扣额后的销售额征收增值税；

（2）将折扣额另开发票（或者将折扣额在同一张发票的备注栏分别注明）的，不论财务上如何处理，在征收增值税时，折扣额均不得冲减销售额。

2. 以旧换新：销售额＝新货物的同期销售价格，不得扣减旧货物的收购价格（金银首饰例外）。

3. 还本销售：销售额＝货物销售价格（不得在销售额中减除还本支出）。

4. 以物易物：双方都应作购销处理，以各自发出的货物核算销售额并计算销项税额，以各自收到的货物按规定核算购货额并计算进项税额。

5. 直销：收取的全部价款＋价外费用。

（六）包装物押金

表4-9　包装物押金的处理

包装物押金	增值税		消费税	
	取得时	逾期时	取得时	逾期时
一般货物	×	√	×	√
除啤酒、黄酒外的其他酒	√	×	√	×
啤酒、黄酒	×	√	×	×

> **注意**
>
> （1）逾期时指按照合同约定逾期或者1年以上。（2）与包装物租金进行区分，租金属于价外费用。（3）包装物押金是含税收入。

（七）营改增行业销售额的规定

1. 贷款服务：以提供贷款服务取得的全部利息及利息性质的收入为销售额。

2. 直接收费金融服务：以提供直接收费金融服务收取的手续费、佣金、酬金、管理费、服务费、经手费、开户费、过户费、结算费、转托管费等各类费用为销售额。

3. 差额计税

表4-10 营改增行业的差额计税

项目	计算公式	备注
金融商品转让	销售额＝卖出价－买入价	（1）若相抵后出现负差，可结转下一纳税期相抵，但年末时，不得转入下一个会计年度。（2）买入价，可以选择加权平均法/移动加权平均法进行核算，36个月内不得变更。（3）不得开具增值税专用发票。
经纪代理服务	销售额＝全部价款＋价外费用－代收的政府性基金/行政事业性收费	向委托方收取的政府性基金或者行政事业性收费，不得开具增值税专用发票。
航空运输企业	销售额＝全部价款＋价外费用－代收的机场建设费/代售的票价款	
客运场站服务	销售额＝全部价款＋价外费用－支付给承运方的运费	
旅游服务	销售额＝全部价款＋价外费用－住宿费、餐饮费、交通费、签证费、门票费、地接费	不得开具增值税专用发票，可以开具普通发票。
建筑服务	销售额＝全部价款＋价外费用－分包费	
房地产开发企业销售其开发的房地产	销售额＝全部价款＋价外费用－土地出让金	选择简易计税方法的房地产老项目（合同开工日期在2016年4月30日前）除外。

> **注意**
> 纳税人从全部价款和价外费用中扣除价款,应当取得符合法律、行政法规和国家税务总局规定的有效凭证。否则,不得扣除。

(八)销售额确定的特殊规定

1. 兼营免税、减税项目的,分别核算销售额,未分别核算的,不得减免。

2. 开具专用发票后,发现有误或发生销售折让、中止、退回的,应按规定开具红字专用发票,未按规定开具的,不得扣减销项税额或者销售额。

3. 将价款和折扣额在同一张发票上分别注明的,以折扣后的价款为销售额;未在同一发票上分别注明的,不得扣减折扣额。

(九)外币销售额的折算

外币销售额的人民币折算率可以选择销售额发生的当天或者当月1日的人民币外汇中间价。该折算率选定后1年内不得变更。

【小结】

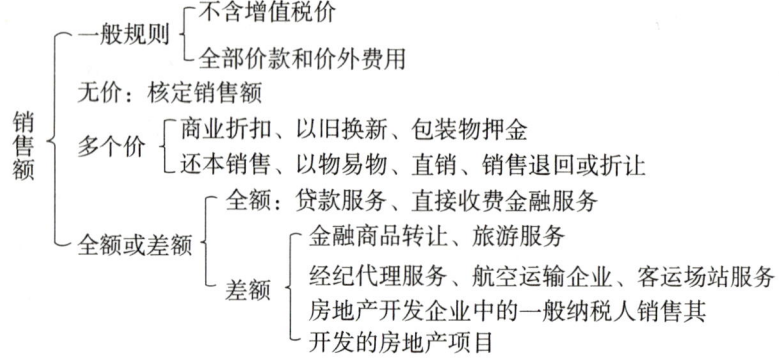

图4-2 销售额相关内容汇总

三、进项税额

(一)准予抵扣的进项税额(凭票抵扣+计算抵扣)

1. 从销售方取得的增值税专用发票(含税控机动车销售统一发票)上注明的增值税额。

2. 从海关取得的海关进口增值税专用缴款书上注明的增值税额。

3. 购进农产品,自2017年7月1日起,按照以下办法扣除(2018年大改):

(1)取得一般纳税人开具的增值税专用发票/海关进口增值税专用缴款书的,以其注明的增值税额为进项税额;

(2)小规模纳税人取得专用发票的,以其注明的金额×11%的扣除率计算进项税额；

（3）取得（开具）农产品销售发票/收购发票的，以其注明的买价×11%的扣除率计算进项税额；

（4）营改增试点期间，纳税人购进用于生产销售或委托受托加工17%税率货物的农产品维持原力度不变；

（5）纳税人从批发、零售环节购进适用免征增值税政策的蔬菜、部分鲜活肉蛋而取得的普通发票，不得作为计算抵扣进项税额的凭证；

（6）纳税人购进农产品既用于生产销售/委托加工17%税率货物，又用于生产销售其他货物服务的，应当分别核算进项税额。未分别核算的，统一以专用发票/海关专用缴款书上注明的税额为进项税额，或以收购发票/销售发票上的买价×11%扣除率计算的进项税额；

（7）购进农产品增值税进项税额核定扣除的，按规定执行。

4. 从境外单位或者个人购进服务、无形资产或不动产，自取得的解缴税款的完税凭证上注明的增值税额。

5. 原一般纳税人购进货物或者接受加工修理修配劳务。不属于非应税项目的，其进项税额准予抵扣。

6. 原一般纳税人购进服务、无形资产或不动产，取得的增值税专用发票上注明的增值税额为进项税额，准予从销项税额中抵扣。

7. 原一般纳税人自用的应征消费税的摩托车、汽车、游艇，其进项税额准予从销项税额中抵扣。

【总结】可以用于抵扣的凭证包括：增值税专用发票、机动车销售统一发票、海关进口增值税专用缴款书、农产品收购发票、农产品销售发票、税收缴款凭证。

（二）不得抵扣的进项税额

1. 用于简易方法计税的项目、免征增值税项目、集体福利或者个人消费的购进货物、加工修理修配劳务、服务、无形资产和不动产。

2. 非正常损失的购进货物及相关的应税劳务。

注意

非正常损失，是指因管理不善造成被盗、丢失、霉烂变质的损失，以及被执法部门依法没收、销毁、拆除。

3. 非正常损失的在产品、产成品所耗用的购进货物或者应税劳务。

4. 非正常损失的不动产，该不动产耗用的货物、服务。

5. 非正常损失的在建工程耗用的货物、服务。

6. 购进的旅客运输服务、贷款服务、餐饮服务、居民日常服务和娱乐服务。

7. 纳税人接受贷款服务向贷款方支付的与该笔贷款直接相关的投融资顾问费、手续费、咨询费等，进项税额不得从销项税额中抵扣。

8. 一般纳税人按简易办法征收增值税的，不得抵扣进项税额。

9. 一般纳税人兼营简易计税、免税，且无法划分不得抵扣的，按以下方法计算不得抵扣的进项税额：不得抵扣的进项税额＝当期无法划分的全部进项税额×（当期简易计税销售额＋免税销售额）÷当期全部销售额。

10. 一般纳税人会计核算不健全，不能够准确提供税务资料，或应当办理一般纳税人资格登记而未办理的，按照17%税率征收增值税，不得抵扣进项税额，不得使用增值税专用发票。

（三）扣减进项税的规定

一般纳税人已抵扣进项税额的购进货物或应税劳务改变用途，变成按规定不得从销项税额中抵扣的，应该将该进项税额从当期的进项税额中扣减出来。（即进项转出）

进项税额转出计算：

1. 直接转出——知道税额

进项税额转出＝已抵扣税款×转出比例

2. 计算转出——不知道税额，则先算出税额还原成"1"

（1）存货：进项税额转出＝不含税价款×税率×转出比例

（2）运费：进项税额转出＝运费×11%×转出比例

（3）农产品：进项税额转出＝成本÷（1－11%）×11%×转出比例

（4）固定资产（无形资产、不动产，下同）：进项税额转出＝固定资产净值×适用税率

> **注意**
> 固定资产净值是指纳税人根据财务会计制度计提折旧或摊销后的余额。

3. 一般纳税人兼营简易计税方法计税项目、免税项目而无法划分不得抵扣的进项税额的，按当月免税项目销售额占总销售额的比例确定不得抵扣的进项税额。

（四）转增进项税额的规定——进项税额转入

不得抵扣且未抵扣进项税额的固定资产、无形资产、不动产，发生用途改变，用于允许抵扣进项税额的应税项目，可在改变用途的次月，依据合法有效的增值税扣税凭证，计算可抵扣的进项税额。

可抵扣的进项税额＝固定资产、无形资产、不动产净值÷（1＋适用税率）×适用税率

（五）认证及抵扣期限

1. 自2017年7月1日起，一般纳税人取得2017年7月1日及以后开具的符合规定的专用发票、机动车销售统一发票，应自开具之日起360天内认证或确认，并在规定的申报期内，向主管国税机关申报抵扣。

2. 一般纳税人取得2017年7月1日及以后开具的海关进口增值税专用缴款书，应自开具之日起360日内向主管国税机关报送《海关完税凭证抵扣清单》，申请稽核比对。

【小结】增值税应纳税额计算

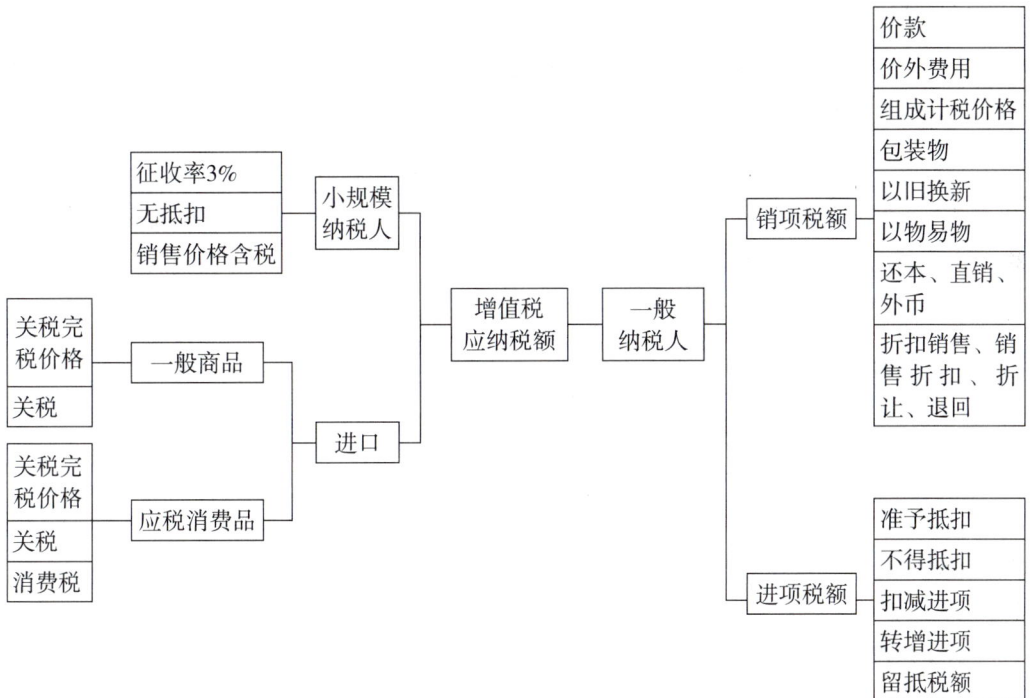

图4-3 增值税应纳税额相关内容汇总

考点五 税收优惠

国家制定减免税规定的目的——1. 鼓励；2. 照顾。

注意

鼓励和照顾都是有限度的。

一、法定免税项目

（一）农业生产者销售的自产农产品。

（二）避孕药品和用具。

（三）古旧图书。

（四）直接用于科学研究、科学试验和教学的进口仪器、设备。

（五）外国政府、国际组织（不包括外国企业）无偿援助的进口物资和设备。

（六）由残疾人组织直接进口供残疾人专用的物品。

（七）销售的自己（指其他个人）使用过的物品。

二、营改增试点过渡政策的免税规定

（一）免征

1．托儿所、幼儿园提供的保育和教育服务；

不免税项目：

（1）托儿所、幼儿园的超标收费；

（2）实验班、特色班、兴趣班收费；

（3）与入园挂钩的赞助、支教费。

2．养老机构提供的养老服务；

3．残疾人福利机构提供的育养服务；

4．婚姻介绍服务；

5．殡葬服务；

6．残疾人员本人为社会提供的服务；

7．医疗机构提供的医疗服务；

8．从事学历教育的学校提供的教育服务；

不免税项目：

（1）非学历教育收费；

（2）校办企业提供的融资租赁、广告等现代服务，文化体育等生活服务收入；

（3）学校收取的赞助费、择校费。

9．学生勤工俭学提供的服务；

10．农业机耕、排灌、病虫害防治、植物保护、农牧保险以及相关技术培训业务，家禽、牲畜、水生动物的配种和疾病防治；

11．纪念馆、博物馆、文化馆、文物保护单位管理机构、美术馆、展览馆、书画院、图书馆在自己的场所提供文化体育服务取得的第一道门票收入；

12．寺院、宫观、清真寺和教堂举办文化、宗教活动的门票收入；

13．行政单位之外的其他单位收取的符合《营业税改征增值税试点实施办法》第十条规定条件的政府性基金和行政事业性收费；

14．个人转让著作权；

15. 销售不动产及转让自然资源使用权免税规定：

（1）个人销售自建自用住房；

（2）涉及家庭财产分割的个人无偿转让不动产、土地使用权；

（3）土地所有者出让土地使用权和土地使用者将土地使用权归还给土地所有者；

（4）县级以上地方人民政府或自然资源行政主管部门出让、转让或收回自然资源使用权（不含土地使用权）。

16. 2018年12月31日前，公共租赁住房经营管理单位出租公共租赁住房；

17. 台湾航运公司、航空公司从事海峡两岸海上直航、空中直航业务在大陆取得的运输收入；

18. 纳税人提供的直接或间接国际货物运输代理服务；

19. 金融、保险服务免税规定：

（1）符合条件的贷款、债券利息；金融同业往来利息；农户小额贷款、助学贷款、国债、地方债、央行对金融机构贷款、公积金住房贷款等；

（2）符合条件的金融商品转让收入；

（3）保险公司开办的一年期以上人身保险产品取得的保费收入；

（4）被撤销金融机构以货物、不动产、无形资产、有价证券、票据等财产清偿债务；

（5）符合条件担保机构的担保收入（中小企业信用担保／再担保业务），3年内免征增值税。

20. 国家商品储备管理单位及其直属企业，承担商品储备任务，从中央或地方财政取得的利息补贴收入和价差补贴收入；

21. "四技"（技术转让、技术开发、技术咨询、技术服务）；

22. 符合条件的合同能源管理服务；

23. 2017年12月31日前，科普单位的门票收入，以及县级及以上党政部门和科协开展科普活动的门票收入；

24. 政府举办的从事学历教育的高等、中等和初等学校（不含下属单位），举办进修班、培训班取得的全部归该学校所有的收入；

25. 政府举办的职业学校设立的主要为在校学生提供实习场所，并由学校出资自办、由学校负责经营管理、经营收入归学校所有的企业，从事现代服务、生活服务业务活动取得的收入；

26. 家政服务企业由员工制家政服务员提供家政服务取得的收入；

27. 福利彩票、体育彩票的发行收入；

28. 军队空余房产租赁收入；

29．为了配合国家住房制度改革，企业、行政事业单位按房改成本价、标准价出售住房取得的收入；

30．将土地使用权转让给农业生产者用于农业生产；

31．随军家属就业；

32．军队转业干部就业。

（二）增值税即征即退

1．一般纳税人提供管道运输服务、有形动产融资租赁服务与有形动产融资性售后回租服务，实际税负超过3%的部分实行增值税即征即退政策。

2．授权批准从事融资租赁服务和融资性售后回租的一般纳税人，2016年5月11日实收资本／注册资本达到1.7亿元的，2016年8月1日实收资本达到1.7亿元的，从达标的当月起按照上述规定执行。

3．实际税负＝纳税人实际缴纳的增值税÷（取得的全部价款＋价外费用）

（三）扣减增值税规定：

1．退役士兵创业就业；

2．重点群体创业就业。

（四）金融企业发放贷款后，应收未收利息：自结息日起90天内发生的应收未收利息按现行规定缴纳增值税；自结息日起90天以后发生的暂不收，实际收到利息时再收。

（五）个人对外销售的房属增值税征收

表4-11　个人对外销售的房属增值税征收

	房屋类型	购买年限	地点	征收方式	税率
个人对外销售	住房	购买<2年		全额征收	5%
	普通住房	购买≥2年			免
	非普通住房	购买≥2年	非北、上、广、深		免
	非普通住房	购买≥3年	北、上、广、深	差额征收	5%

三、跨境行为免征增值税的政策规定

表4-12　跨境行为免征增值税的政策规定

服务项目	具体内容
运输服务	（1）台湾航运公司、航空公司从事海峡两岸海上直航、空中直航业务在大陆取得的运输收入；（2）以无运输工具承运方式提供的国际运输服务。

（续上表）

服务项目	具体内容
邮政服务	为出口货物提供邮政服务。
电信服务	向境外单位提供的完全在境外消费的电信服务。
金融服务	（1）为出口货物提供保险服务；（2）为境外单位之间的货币资金融通及其他金融业务提供的直接收费金融服务，且该服务与境内的货物、无形资产和不动产无关。
建筑服务	工程项目在境外的建筑服务、工程监理服务；工程、矿产资源在境外的工程勘察勘探服务。
现代服务	（1）工程勘察勘探服务；（2）会议展览地点在境外的会议展览服务；（3）存储地点在境外的仓储服务；（4）标的物在境外使用的有形动产租赁服务；（5）在境外提供的广播影视节目的播映服务；（6）国际货物运输代理服务；（7）为出口货物提供的收派服务；（8）向境外单位提供的完全在境外消费的下列服务：①知识产权服务；②物流辅助服务（仓储服务、收派服务除外）；③鉴证咨询服务；④专业技术服务；⑤商务辅助服务；⑥广告投放地在境外的广告服务。
生活服务	在境外提供的文化体育服务、教育医疗服务、旅游服务。
销售无形资产	向境外单位提供的完全在境外消费的无形资产。

四、起征点

适用范围：限于个人，个体工商户（除一般纳税人）。

未达到起征点，免征；达到起征点，全额缴纳。

幅度规定：1. 按期纳税的，月销售额5000元~2万元；

2. 按次纳税的，每次（日）销售额300元~500元。

五、小微企业免税规定

（一）增值税小规模纳税人，月销售额不超过3万元（按季纳税，季销售额不超过9万元）免征。

（二）上述纳税人申请代开专用发票，已经缴纳过税款的，在专用发票全部联次追回或者按规定开具红字专用发票后，可申请退还。

（三）其他个人采取一次性收取租金形式出租不动产，取得租金收入，可在对应

租赁期平均分摊，分摊后月租金收入不超过3万元的，可免税。

六、其他减免税规定

（一）纳税人兼营免税、减税项目的，应当分别核算免税、减税项目的销售额；未分别核算销售额的，不得免税、减税。

（二）纳税人销售货物、劳务、服务、无形资产或者不动产适用免税规定的，可以放弃免税，依照有关规定缴纳增值税；纳税人放弃免税后，36个月内不得再申请免税。

（三）同时适用免税和零税率的，可以选择其一。

一、纳税义务发生时间（结合会计处理收入的确认理解）

表4-13　纳税义务发生时间

销售方式		纳税义务发生时间
直接收款		收到销售额或取得索取销售额凭据
托收承付、委托收款		发出货物并办妥托收手续
赊销、分期收款		书面合同约定的收款日期 【注意】无合同或有合同无约定，为货物发出
预收货款	货物	货物发出 【注意】生产工期超过12个月的，为收到预收款或书面合同约定的收款日期
	建筑、租赁服务	收到预收款（新）
委托代销		收到代销清单或全部、部分货款 【注意】未收到代销清单及货款，为发出货物满180天
金融商品转让		所有权转移（新）
视同销售		货物移送、转让完成或权属变更
进口		报关进口
扣缴义务		纳税义务发生
先开发票		开具发票

> **注意**
>
> 试题中只表述一般情况而不对特殊情况进行说明的,视为正确选项。

二、纳税地点

表4-14 纳税地点

业户		申报纳税地点
固定户	一般情况	机构所在地
	总分机构不在同一县(市)	分别申报
		经批准,可以由总机构汇总向总机构所在地的主管税务机关申报
	外出经营 有外管证	机构所在地
	外出经营 无外管证	销售地;没申报的,由其机构所在地主管税务机关补征税款
非固定户		销售地或劳务发生地
进口		报关地海关

> **注意**
>
> 营改增行业由国税局负责征收,纳税人销售取得的不动产和其他个人出租不动产的增值税,国家税务局暂委托地方税务局代为征收。

三、纳税期限

增值税的纳税期限分别为1日、3日、5日、10日、15日、1个月或1个季度。不能按期纳税的,可以按次纳税。

> **注意**
>
> 以1个季度为纳税期限:小规模纳税人、银行、财务公司、信托投资公司、信用社。

(一)1个月或1个季度:期满之日起"15日内"申报纳税;

(二)1日、3日、5日、10日、15日:期满之日起"5日内"预缴税款,于次月1日起"15日内"申报纳税并结清上月税款。

(三)纳税人进口货物:自海关填发海关进口增值税专用缴款书之日起"15日内"缴纳税款。

考点七 增值税专用发票的使用规定

一、联次

增值税专用发票的基本联次为3联。包括发票联、记账联、抵扣联。

二、一般纳税人不得领购开具专用发票的情形：

（一）会计核算不健全，不能向税务机关准确提供增值税销项税额、进项税额、应纳税额数据及其他有关增值税税务资料的。

（二）有《中华人民共和国税收征管法》规定的税收违法行为，拒不接受税务机关处理的。

（三）有下列行为之一，经税务机关责令限期改正而仍未改正的：

1. 虚开增值税专用发票；
2. 私自印制专用发票；
3. 向税务机关以外的单位和个人购买专用发票；
4. 借用他人专用发票；
5. 未按规定开具专用发票；
6. 未按规定保管专用发票和专用设备；
7. 未按规定申请办理防伪税控系统变更发行；
8. 未按规定接受税务机关检查。

三、一般纳税人不得开具增值税专用发票的情形：

（一）零售（不包括劳保专用部分）；

（二）销售货物、提供应税劳务及服务适用免税规定；

（三）向消费者个人销售货物、提供应税劳务及销售服务无形资产和不动产；

（四）小规模纳税人销售货物、提供应税劳务或应税行为的，可以向主管税务机关申请代开。

四、增值税专用发票实行最高开票限额管理。最高开票限额由一般纳税人申请，税务机关依法审批。

【小结】

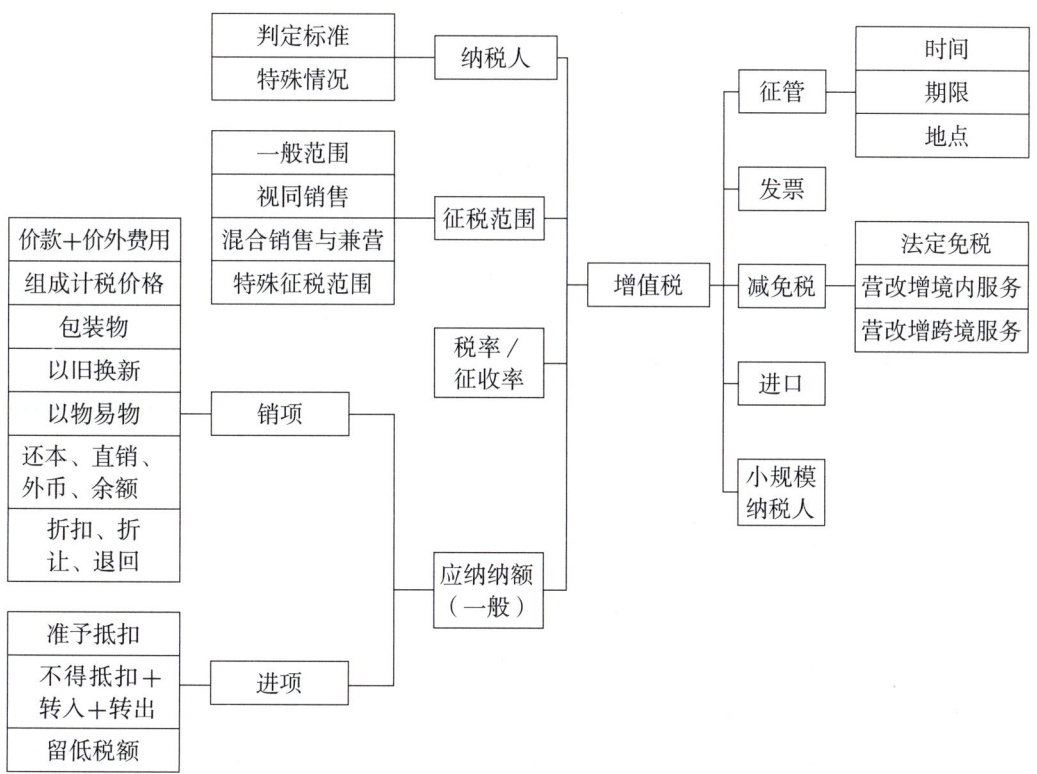

图4-4 增值税相关内容汇总

第三节　消费税法律制度

表4-15　增值税和消费税的区别

税种	目的	对象	计税基础	纳税环节
增值税	避免重复征税	所有货物	价外税	多环节
消费税	限制	特定货物	价内税	单一环节

2014年12月1日起，取消消费税：

1. 气缸容量250毫升（不含）以下的小排量摩托车；
2. 汽车轮胎；
3. 车用含铅汽油；
4. 酒精。

2014年11月、2014年12月、2015年1月，3次提高消费税：成品油。

2015年2月1日起，开始征收消费税：电池＋涂料。

2015年5月10日起，卷烟批发：从价税税率提高至11%，并按0.005元/支加征从量税。

2016年10月1日起，取消消费税：普通美容＋修饰类化妆；调整消费税：高档化妆品下调至15%。

2016年12月1日起，零售加征10%消费税：超豪华小车（不含增值税零售价格130万元及以上）。

考点一　纳税人、征税范围

一、纳税人：在我国境内生产、委托加工和进口《中华人民共和国消费税暂行条例》（以下简称《消费税暂行条例》）规定的消费品的单位和个人，以及国务院确定的销售《消费税暂行条例》规定的消费品的其他单位和个人，为消费税的纳税人。

二、征税范围

表4-16　消费税征税范围

征税环节		适用范围
基本环节	生产环节	除按照规定在零售环节纳税的应税消费品以外的其他应税消费品
	进口环节	
	委托加工环节	

（续上表）

征税环节		适用范围
特殊环节	零售环节	金银首饰、钻石及钻石饰品、铂金首饰、超豪华小车（加征）
	批发环节	卷烟在批发环节加征一道消费税

三、生产应税消费品

（一）纳税人生产的应税消费品，于销售时纳税。

视同生产：工业企业以外的单位和个人的下列行为视为应税消费品的生产行为，按规定征收消费税：

1. 将外购的消费税非应税产品以消费税应税产品对外销售的（例如，外购普通护肤类化妆品，以高档护肤类化妆品对外销售）；

2. 将外购的消费税低税率应税产品以高税率应税产品对外销售。

（二）纳税人自产自用的应税消费品，用于连续生产应税消费品的，不纳税；用于其他方面的，于移送使用时纳税。

表4-17 自产自用的应税消费品征税要点

用途		举例	税务处理要点
将自产的应税消费品，用于连续生产应税消费品。		例如，将自产的未涂饰实木地板移送生产漆饰实木地板；将自产的烟丝移送生产卷烟。	移送时不征收消费税。
			终端应税消费品出厂销售时按规定征收消费税。
其他方面	将自产的应税消费品，用于连续生产非应税消费品。	例如，将自产的高档保湿精华移送生产普通护肤品；将自产的黄酒移送生产调味料酒。	移送时征收消费税。
			终端产品出厂销售时不征收消费税。
	将自产的应税消费品，用于在建工程、管理部门、非生产机构、提供劳务、馈赠、赞助、集资、广告、样品、职工福利、奖励等方面。	例如，将自产的白酒发放职工福利；将自产的实木地板用于装修办公楼；将自产的高档化妆品用于馈赠客户。	移送时征收消费税。

四、委托加工应税消费品

（一）委托加工的应税消费品，是指由委托方提供原料和主要材料，受托方只收

取加工费和代垫部分辅助材料加工的应税消费品。

（二）对于由受托方提供原材料生产的应税消费品，或者受托方先将原材料卖给委托方，然后再接受加工的应税消费品，以及由受托方以委托方名义购进原材料生产的应税消费品，不论在财务上是否作为销售处理，都不得作为委托加工应税消费品，而应当按照销售自制应税消费品缴纳消费税。

【理解】实质重于形式。

（三）委托加工的应税消费品，除受托方为个人外，由受托方在向委托方交货时代收代缴消费税。

委托个人加工的应税消费品，由委托方收回后缴纳消费税。

（四）委托加工的应税消费品，委托方用于连续生产应税消费品的，所纳税款准予按规定抵扣。

（五）委托方将收回的应税消费品，直接出售，不再缴纳消费税。

> 注意
>
> 所谓"直接出售"是指以不高于受托方的计税价格出售。

委托方以高于受托方的计税价格出售的，不属于直接出售，需按照规定申报缴纳消费税，在计税时准予扣除受托方已代收代缴的消费税。

五、进口应税消费品

单位和个人进口应税消费品，于报关进口时缴纳消费税。

六、零售

（一）金银首饰、铂金首饰、钻石及钻石饰品

1. 金银首饰在零售环节缴纳消费税，生产环节不再缴纳。
2. 金银首饰仅限于金、银以及金基、银基合金首饰和金基、银基合金的镶嵌首饰。

> 注意
>
> （1）不包括镀金首饰和包金首饰。
>
> （2）对既销售金银首饰，又销售非金银首饰的生产、经营单位，应将两类商品划分清楚，分别核算销售额。凡划分不清楚或不能分别核算的，在生产环节销售的，一律从高适用税率征收消费税；在零售环节销售的，一律按金银首饰征收消费税。
>
> （3）金银首饰连同包装物一起销售的，无论包装物是否单独计价，也无论会计上如何核算，均应并入金银首饰的销售额，计征消费税。

（4）纳税人采用"以旧换新"（含翻新改制）方式销售的金银首饰，应按实际收取的不含增值税的全部价款确定计税依据征收消费税。

（5）带料加工的金银首饰，应按受托方销售同类金银首饰的销售价格确定计税依据征收消费税，没有同类金银首饰销售价格的，按照组成计税价格计算纳税。

（二）超豪华小汽车（加征）

1. 界定：不含税单价130万及以上。
2. 纳税人：将超豪华小汽车销售给消费者的单位和个人。
3. 政策：对超豪华小汽车，在生产（进口）环节按现行税率征收消费税的基础上，在零售环节加征消费税，税率为10%。
4. 执行日期：2016年12月1日起。

七、批发+销售卷烟（加征）

烟草批发企业将卷烟销售给零售单位的，要再征一道消费税。

税率：复合计税，11%＋按0.005元／支。

注意

（1）烟草批发企业将卷烟销售给其他烟草批发企业的，不缴纳消费税。

（2）纳税人兼营卷烟批发和零售业务的应当分别核算，未分别核算的按照全部销售额、销售数量计征批发环节消费税。

（3）卷烟消费税改为在生产和批发两个环节征收后，批发企业在计算应纳税额时不得扣除已含的生产环节的消费税税款。

【小结】

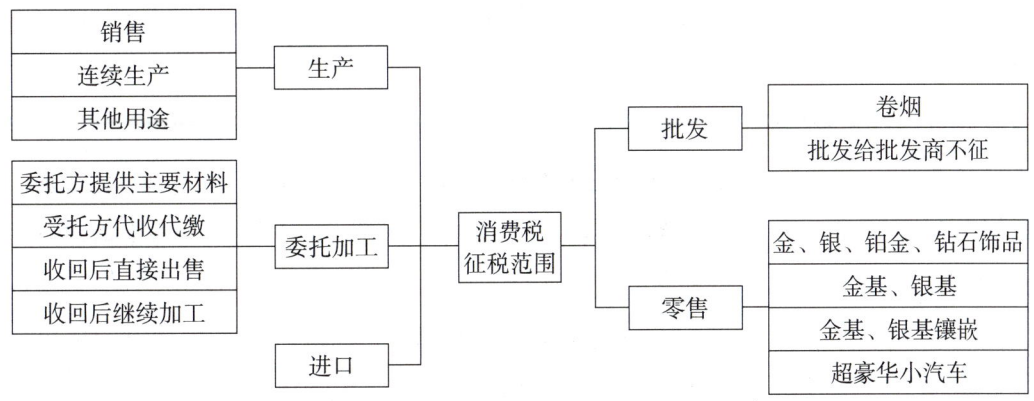

图4-5　消费税征收范围相关内容汇总

表4-18 消费税税目

税目	征税范围	不包括
烟	卷烟、雪茄烟、烟丝（散装烟）。	
酒	白酒、黄酒、啤酒、其他酒。	调味料酒。
高档化妆品	生产（进口）环节销售（完税）价格（不含增值税）在10元/毫升（克）或15元/片（张）及以上的美容、修饰类化妆品和护肤类化妆品。	演员用的油彩、上妆油、卸妆油。
贵重首饰及珠宝玉石	金/银/铂金首饰；钻石、钻石饰品；其他贵重首饰和珠宝玉石（宝石坯）。	
鞭炮、焰火		体育上用的发令纸、鞭炮药引线。
成品油	汽油、柴油、石脑油、溶剂油、航空煤油、润滑油、燃料油。	植物性润滑油、动物性润滑油和化工原料合成润滑油。
摩托车	气缸容量250毫升和250毫升（不含）以上的摩托车。	
小汽车	乘用车、中轻型商用客车。	大型商用客车、大货车、大卡车；电动汽车；沙滩车、雪地车、卡丁车、高尔夫车（不上马路）；企业购进货车或厢式货车改装生产的商务车、卫星通讯车等专用汽车。
高尔夫球及球具		
高档手表	1万元（含）以上。	
游艇	8米（含）<艇身长度<90米（含），非军利。	
木质一次性筷子		
实木地板	实木/实木指接/实木复合地板、实木装饰板、素板。	
电池	原电池、蓄电池、燃料电池、太阳能电池、其他电池。	无汞原电池、金属氢化物镍蓄电池、锂原电池、锂离子蓄电池、太阳能电池、燃料电池和全钒液流电池。
涂料		施工状态下挥发性有机物含量低于420克/升（含）的涂料。

> **注意**
>
> 已取消汽车轮胎、酒精、气缸容量不满250毫升的小排量摩托车的消费税。

铅蓄电池在2015年12月31日前免征消费税；自2016年1月1日起，按4%税率征收消费税。

考点三 应纳税额

交多少消费税？

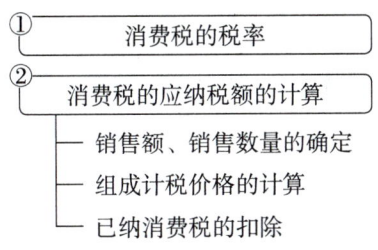

图4-6 消费税的应纳税额

一、税率

表4-19 消费税应纳税额计算的基本规定

税率形式	适用项目	计税公式
从价定率	除适用从量计税、复合计税以外的其他项目	应纳税额＝销售额或组成计税价格×比例税率
从量定额	啤酒、黄酒、成品油	应纳税额＝销售数量×定额税率
复合计税	卷烟、白酒	应纳税额＝销售数量×定额税率＋销售额或组成计税价格×比例税率

> **注意**
>
> （1）纳税人兼营不同税率的应税消费品，应当分别核算不同税率应税消费品的销售额、销售数量。未分别核算销售额、销售数量，或者将不同税率的应税消费品组成成套消费品销售的，从高适用税率。
>
> （2）销售额是纳税人销售应税消费品向购买方收取的全部价款和价外费用，不包括向购货方收取的增值税税款。

同一环节既征收消费税又征收增值税的，消费税与增值税的计税销售额一般情况下是相同的（用于"换投抵"除外）。

二、销售数量的确定

（一）销售应税消费品的，为应税消费品的销售数量；

（二）自产自用应税消费品的，为应税消费品的移送使用数量；

（三）委托加工应税消费品的，为纳税人收回的应税消费品数量；

（四）进口应税消费品的，为海关核定的应税消费品进口征税数量。

三、特殊情形销售额／销售数量的确定

（一）纳税人通过自设非独立核算门市部销售的自产应税消费品，应当按照门市部对外销售额或者销售数量征收消费税。

（二）纳税人用于"换取生产资料和消费资料、投资入股和抵偿债务"等方面的应税消费品，应当以纳税人同类应税消费品的最高销售价格作为计税依据计算消费税。

【记忆提示】"换、抵、投"按最高销售价格。

（三）品牌使用费

白酒生产企业向商业销售单位收取的品牌使用费应并入白酒的销售额中缴纳消费税。

（四）包装物押金的处理

表4-20　包装物押金的处理

包装物押金	增值税		消费税	
	取得时	逾期时	取得时	逾期时
一般货物	×	√	×	√
白酒、其他酒	√	×	√	×
啤酒、黄酒	×	√	×	×

（五）金银首饰的特殊规定

1. 纳税人采用以旧换新（含翻新改制）方式销售的金银首饰，应按实际收取的不含增值税的全部价款确定计税依据征收消费税。

2. 对既销售金银首饰，又销售非金银首饰的生产、经营单位，应将两类商品划分清楚，分别核算销售额。凡划分不清楚或不能分别核算的，在生产环节销售的，一律从高适用税率征收消费税；在零售环节销售的，一律按金银首饰征收消费税。

3. 金银首饰与其他产品组成成套消费品销售的，应按销售额全额征收消费税。

4. 金银首饰连同包装物销售的，无论包装物是否单独计价，也无论会计上如何核算，均应并入金银首饰的销售额计征消费税。

5. 带料加工的金银首饰，应按受托方销售同类金银首饰的销售价格确定计税依据征收消费税；没有同类金银首饰销售价格的，按照组成计税价格计算纳税。

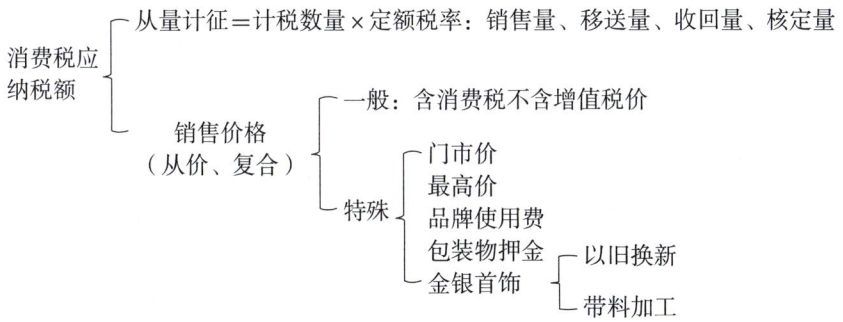

图4-7 消费税应纳税额

四、组成计税价格

（一）自产自用

1. 按照纳税人生产的同类消费品的销售价格计算纳税；

2. 没有同类消费品销售价格的，按照组成计税价格计算纳税。

（1）一般应税消费品组成计税价格公式：组成计税价格＝（成本＋利润）÷（1－比例税率）

（2）复合计征应税消费品组成计税价格公式：（非基本计算）组成计税价格＝（成本＋利润＋自产自用数量×定额税率）÷（1－比例税率）

（二）委托加工

1. 按照受托方的同类消费品的销售价格计算纳税；

2. 没有同类消费品销售价格的，按照组成计税价格计算纳税。

（1）一般应税消费品组成计税价格公式：组成计税价格＝（材料成本＋加工费）÷（1－比例税率）

（2）复合计征应税消费品组成计税价格公式：（非基本计算）组成计税价格＝（材料成本＋加工费＋委托加工数量×定额税率）÷（1－比例税率）

> **注意**
>
> 委托加工应税消费品，委托方不涉及缴纳增值税的问题。

（三）进口

按照组成计税价格计算纳税。

1. 一般应税消费品组成计税价格公式：组成计税价格＝（关税完税价格＋关税）÷（1－消费税比例税率）

2. 复合计征应税消费品组成计税价格公式：组成计税价格＝（关税完税价格＋关税＋进口数量×消费税定额税率）÷（1－消费税比例税率）

【组成计税价格总结】

生产环节：

$$\text{组成计税价格1} = \frac{\text{成本} \times (1+\text{成本利润率})}{1-\text{消费税比例税率}}$$

$$\text{组成计税价格2} = \frac{\text{成本} \times (1+\text{成本利润率}) + \text{自产自用数量} \times \text{消费税定额税率}}{1-\text{消费税比例税率}}$$

委托加工环节：

$$\text{组成计税价格1} = \frac{\text{材料成本} + \text{加工费}}{1-\text{消费税比例税率}}$$

$$\text{组成计税价格2} = \frac{\text{材料成本} + \text{加工费} + \text{委托加工数量} \times \text{消费税定额税率}}{1-\text{消费税比例税率}}$$

进口环节：

$$\text{组成计税价格1} = \frac{\text{关税完税价格} + \text{关税}}{1-\text{消费税比例税率}}$$

$$\text{组成计税价格2} = \frac{\text{关税完税价格} + \text{关税} + \text{进口数量} \times \text{消费税定额税率}}{1-\text{消费税比例税率}}$$

图4-8 组成计税价格总结

五、已纳消费税的扣除

用外购和委托加工收回应税消费品，连续生产应税消费品，在计征消费税时，可以按当期生产领用数量计算准予扣除外购和委托加工的应税消费品已纳消费税税款。

（一）扣除范围

1. 以外购或委托加工收回的已税烟丝为原料生产的卷烟；
2. 以外购或委托加工收回的已税高档化妆品原料生产的高档化妆品；
3. 以外购或委托加工收回的已税珠宝、玉石原料生产的贵重首饰及珠宝、玉石；

> **注意**
> 纳税人用外购或者委托加工收回的已税珠宝玉石为原料生产的改在零售环节征收消费税的金银首饰（镶嵌首饰），在计税时一律不得扣除外购或者委托加工收回的珠宝玉石已纳的消费税税款。

4. 以外购或委托加工收回的已税鞭炮、焰火原料生产的鞭炮、焰火；
5. 以外购或委托加工收回的已税杆头、杆身和握把为原料生产的高尔夫球杆；
6. 以外购或委托加工收回的已税木制一次性筷子原料生产的木制一次性筷子；

7. 以外购或委托加工收回的已税实木地板原料生产的实木地板；
8. 以外购或委托加工收回的已税石脑油、润滑油、燃料油为原料生产的成品油；
9. 以外购或委托加工收回的已税汽油、柴油为原料生产的汽油、柴油。

> **注意**
> （1）扣除范围不包括酒类产品、车、电池、涂料。
> （2）能跨税目抵扣；纳税环节不同不得扣除。
> （3）用于生产非应税消费品不得扣除。

（二）计算公式

当期准予扣除的应税消费品已纳税款＝当期生产领用数量×单价×应税消费品的适用税率

考点四 征收管理

一、纳税义务发生时间

（一）纳税人销售应税消费品的，其纳税义务发生时间同增值税。
（二）纳税人自产自用应税消费品的，为移送使用的当天。
（三）纳税人委托加工应税消费品的，为纳税人提货的当天。
（四）纳税人进口应税消费品的，为报关进口的当天。

二、纳税地点

（一）销售和自产自用的应税消费品

纳税人销售的应税消费品，以及自产自用的应税消费品，除国务院财政、税务主管部门另有规定外，应当向纳税人机构所在地或者居住地的主管税务机关申报纳税。

（二）委托加工的应税消费品

受托方为"单位"——受托方向机构所在地或居住地的主管税务机关解缴；
受托方为"个人"——委托方向机构所在地的主管税务机关解缴。

（三）进口的应税消费品

由进口人或者其代理人向报关地海关申报纳税。

（四）外县（市）销售或委托外县（市）代销自产应税消费品

纳税人到外县（市）销售或者委托外县（市）代销自产应税消费品的，于应税消费品销售后，向机构所在地或者居住地主管税务机关申报纳税。

（五）总机构与分支机构不在同一县（市）

1. 纳税人的总机构与分支机构不在同一县（市）的，原则上应当分别向各自机构所在地的主管税务机关申报纳税。

2. 纳税人的总机构与分支机构不在同一县（市），但在同一省（自治区、直辖市）范围内，经省（自治区、直辖市）财政厅（局）、国家税务局审批同意，可以由总机构汇总向总机构所在地的主管税务机关申报缴纳消费税。

【小结】

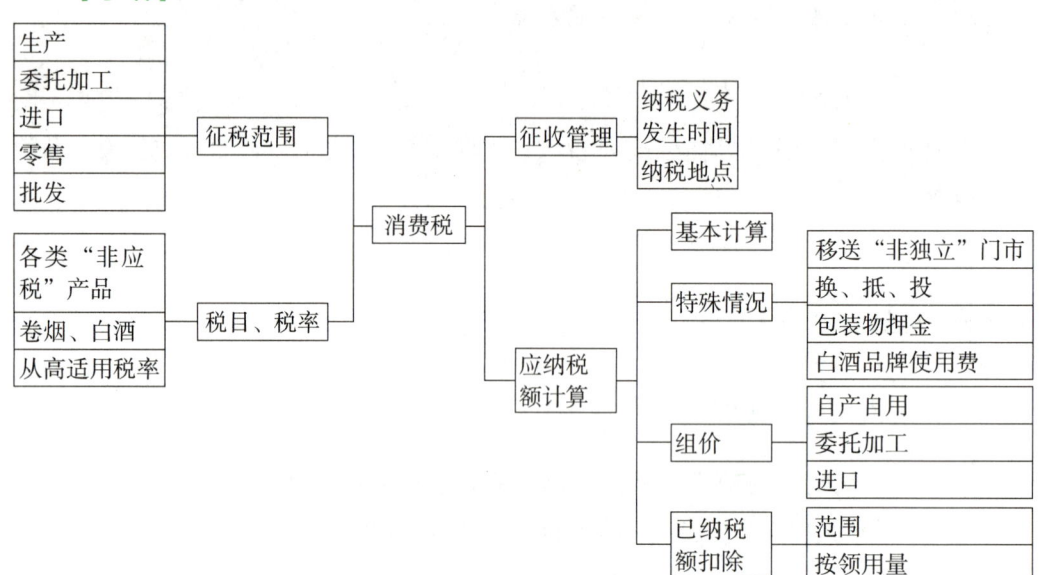

图4-9　消费税相关内容汇总

第五章 企业所得税、个人所得税法律制度

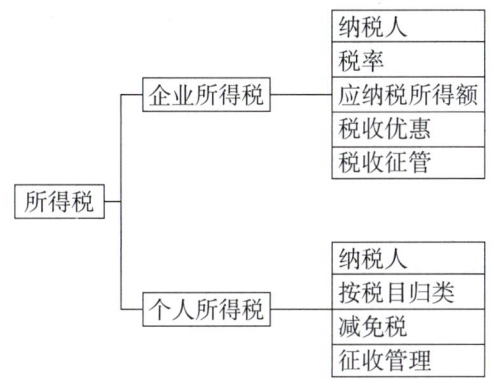

图5-1 所得税

第一节 企业所得税法律制度

考点一 纳税人

一、纳税人

我国境内的企业和其他取得收入的组织。

> 注意
> 个体工商户、个人独资企业、合伙企业不属于企业所得税纳税人。

二、分类——属人＋属地

表5-1　企业所得税纳税人分类

类型	判定标准
居民企业	在中国境内成立。
	依照外国（地区）法律成立但实际管理机构在中国境内。
非居民企业	实际管理机构不在中国境内，但在中国境内设立机构、场所。
	在中国境内未设立机构、场所，但有来源于中国境内的所得。

三、纳税义务

表5-2　企业所得税纳税人纳税义务

类型		纳税义务	
居民企业	依法在中国境内成立的企业（注册地标准）。	全面纳税义务	就来源于中国境内、境外的全部所得纳税。
	依照外国（地区）法律成立但实际管理机构在中国境内的企业（实际管理机构所在地标准）。		
非居民企业	依照外国（地区）法律成立且实际管理机构不在中国境内的企业	在中国境内设立机构、场所；	有限纳税义务	（1）来源于中国境内的所得；（2）发生在中国境外但与其所设机构、场所有实际联系的所得就来源于中国境内的所得纳税。
		在中国境内未设立机构、场所，但有来源于中国境内的所得。		

四、所得"来源"地

表5-3　所得来源地的确定

所得	来源	
销售货物	交易活动发生地	
提供劳务	劳务发生地	
转让财产	不动产转让所得	不动产所在地
	动产转让所得	转让动产的企业或机构、场所所在地
	权益性投资资产转让所得	被投资企业所在地
股息、红利等权益性投资	分配所得的企业所在地	
利息、租金、特许权使用费	负担、支付所得的企业或者机构、场所所在地，或者个人住所地	

考点二 税率

表5-4 企业所得税税率

税率		适用对象
25%		（1）居民企业； （2）在中国境内设立机构场所且取得所得与所设机构场所有实际联系的非居民企业。
20%		（1）在中国境内未设立机构、场所的非居民企业； （2）虽设立机构、场所，但取得的所得与其所设机构、场所没有实际联系的非居民企业。
优惠税率	10%	执行20%税率的非居民企业。
	15%	（1）高新技术企业； （2）设在西部地区，以《西部地区鼓励类产业目录》项目为主营业务，主营业务收入占总收入70%以上的企业。
	20%	小型微利企业。

注意

2018年调整：

（1）2017年1月1日至2019年12月31日，年应纳税所得额≤50万元以下的小微企业，其应纳税所得额按50%计算。

（2）小型微利企业条件：

工业企业：年应纳税所得额≤50万元，从业人数≤100人，资产总额≤3000万；

其他企业：年应纳税所得额≤50万元，从业人数≤80人，资产总额≤1000万。

考点三 应纳税所得额

一、收入总额

（一）收入类型

包括销售货物收入，提供劳务收入，转让财产收入，股息、红利等权益性投资收益，利息收入，租金收入，特许权使用费收入，接受捐赠收入，其他收入。

非货币形式收入应当按照公允价值确定收入额。

1. 销售货物收入，是指企业销售商品、产品、原材料、包装物、低值易耗品以及其他存货取得的收入。

> **提示**
> 考虑销售货物收入，应当注意将价外费用、视同销售收入一并计入。

2. 特殊销售方式下收入金额的确定

（1）售后回购

①符合销售收入确认条件：销售的商品按售价确认收入，回购的商品作为购进商品处理。

②不符合销售收入确认条件（如以销售商品方式进行融资）：收到的款项应确认为负债，回购价格大于原售价的，差额应在回购期间确认为利息费用。

（2）以旧换新

销售商品应当按照销售商品收入确认条件确认收入，回收的商品作为购进商品处理。

表5-5　折扣销售的税务处理

折扣类型	目的	税务处理
商业折扣	促进商业销售	按照扣除商业折扣后的金额确定销售商品收入金额。
现金折扣	鼓励尽早付款	按扣除现金折扣前的金额确定销售商品收入金额，现金折扣在实际发生时作为财务费用扣除。
销售折让	因售出商品质量不合格而作出的售价减让	企业已经确认销售收入的售出商品发生销售折让的，应当在发生当期冲减当期销售商品收入。

3. 接受捐赠收入

（1）接受捐赠收入，按照实际收到捐赠资产的日期确认收入的实现。

（2）"买一赠一"

企业以"买一赠一"等方式组合销售本企业商品的，不属于捐赠，应将总的销售金额按各项商品的公允价值的比例来分摊确认各项的销售收入。

4. 视同销售货物、转让财产或提供劳务的收入

企业发生非货币性资产交换，以及将货物、财产、劳务用于捐赠、偿债、赞助、集资、广告、样品、职工福利或者利润分配等用途的，应当视同销售货物、转让财产或者提供劳务，但国务院财政、税务主管部门另有规定的除外。

（二）收入确认时间

1. 销售商品采用托收承付方式的，在办妥托收手续时确认收入。

2. 租金收入的确认时间

交易合同或协议中规定租赁期限"跨年度"，且租金"提前一次性支付"的，出

租人可对上述已确认的收入，在租赁期内分期均匀计入相关年度收入。

【理解】权责发生制。

3．产品分成

采取产品分成方式取得收入的，按照企业分得产品的日期确认收入的实现，其收入额按照产品的公允价值确定。

表5-6 企业所得税重要的收入确认时间汇总

收入类型		确认时间
销售货物收入	采用托收承付方式的	办妥托收手续时确认。
	采取预收款方式的	发出商品时确认。
	商品需要安装和检验的	（1）一般：购买方接受商品以及安装和检验完毕时确认； （2）安装程序比较简单的：发出商品时确认。
	采用支付手续费方式委托代销的	收到代销清单时确认。
	采用分期收款方式的	按照合同约定的收款日期确认。
	采取产品分成方式取得收入的	按照企业分得产品的日期确认。
提供劳务收入		在各个纳税期末采用完工进度（完工百分比）法确认。
股息、红利等权益性投资收益		被投资方作出利润分配决定的日期确认（另有规定除外）。
利息收入		按照合同约定应付相关款项的日期确认。
租金收入		
特许权使用费收入		
接受捐赠收入		按照实际收到捐赠资产的日期确认。

二、不征税收入

（一）财政拨款

（二）依法收取并纳入财政管理的行政事业性收费、政府性基金

（三）其他

三、免税收入（税收优惠调整至此处）

（一）国债利息收入

> **注意**
>
> 国债转让收入不免税。

（二）符合条件的居民企业之间的股息、红利收入（条件：持有12个月以上）

（三）在中国境内设立机构、场所的非居民企业从居民企业取得与该机构、场所有实际联系的股息、红利收入

（四）符合条件的非营利组织的收入

> **注意**
>
> 必须分清不征税收入和免税收入：（1）不征税收入和免税收入均属于企业所得税所称的"收入总额"，在计算企业所得税应纳税所得额时应扣除。（2）不征税收入，是不应列入征税范围的收入；免税收入则是应列入征税范围的收入，只是国家出于特殊考虑给予税收优惠，在一定时期有可能恢复征税。（3）企业的不征税收入对应的费用、折旧、摊销一般不得在计算应纳税所得额时扣除；免税收入对应的费用、折旧、摊销一般可以税前扣除。

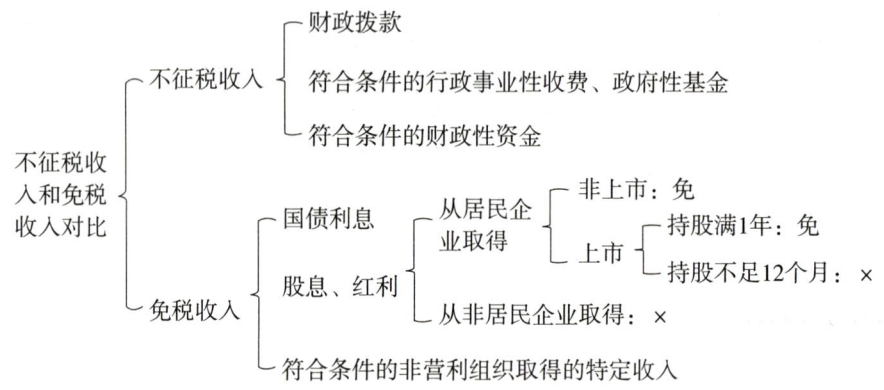

图5-2　不征税收入和免税收入对比

四、税前扣除项目

（一）成本

（二）费用

（三）税金

> **注意**
>
> 税金中无增值税，也不包括所得税本身。

（四）损失

> **注意**
> （1）企业已经作为损失处理的资产，在以后纳税年度又全部收回或部分收回时，应当计入当期收入。
> （2）与不得扣除的项目进行区分，准予税前扣除的损失不包括各种行政性罚款、没收违法所得；刑事责任附加刑中的罚金、没收财产等。

五、具体扣除标准

（一）三项经费

表5-7 三项经费扣除标准

经费名称	扣除标准	特殊规定
职工福利费	不超过工资薪金总额14%	
工会经费	不超过工资薪金总额2%	
职工教育经费	不超过工资薪金总额2.5%	超过部分，准予在以后纳税年度结转扣除

> **注意**
> （1）三项经费中只有职工教育经费准予向以后年度结转。
> （2）列入企业员工工资薪金制度、固定与工资薪金一起发放的福利性补贴，符合国家税务总局相关规定的，可作为企业发生的工资薪金支出，按规定在税前扣除。不能同时符合上述条件的福利性补贴应按规定计算限额税前扣除。
> （3）区别防暑降温费与防暑降温用品：防暑降温费为职工福利费，防暑降温用品为劳保用品。

（二）社会保险费

表5-8 社会保险费扣除标准

保险名称	扣除规定
"五险一金"	准予扣除
补充养老保险 补充医疗保险	分别不超过工资薪金总额5%的部分准予扣除，超过部分不得扣除
企业财产保险	准予扣除
特殊工种人身安全保险	准予扣除
其他商业保险	不得扣除
企业职工因公出差乘坐交通工具发生的人身意外保险费支出	准予扣除（2018年新增）

（三）利息费用

表5-9 利息费用扣除标准

借款方	出借方	扣除标准
非金融企业	金融企业	准予扣除
非金融企业	非关联关系的非金融企业、内部员工、自然人	不超过金融企业同期同类贷款利率部分准予扣除
非金融企业	关联方	不超过债资比2：1部分准予扣除
金融企业		不超过债资比5：1部分准予扣除

> **注意**
>
> （1）准予扣除的借款费用和借款利息不包括资本化部分。
>
> （2）企业为购置、建造固定资产、无形资产和经过12个月以上的建造才能达到预定可销售状态的存货发生借款的，在有关资产购置、建造期间发生的合理的借款费用，应当作为资本性支出计入有关资产的成本，并依照《企业所得税法实施条例》的规定扣除。
>
> （3）投资者在规定期限内未缴足其应缴资本的，该企业对外借款利息，相当于投资者实缴资本额与在规定期限内应缴资本额的差额应计付的利息，不属于企业合理支出，应由投资者负担，不得在计算应纳税所得额时扣除。

（四）公益性捐赠

公益性捐赠支出，不超过年度利润总额12%的部分，准予扣除；超出部分，准予在以后年度（3年内）扣除。

> **注意**
>
> 计算基数为年度利润总额而非销售（营业）收入，非公益性捐赠一律不得扣除。

（五）业务招待费

企业发生的与经营活动有关的业务招待费支出，按照发生额的60%扣除，但最高不得超过当年销售（营业）收入的5‰。

> **注意**
>
> 销售（营业）收入的判定：
>
> （1）一般企业：主营业务收入＋其他业务收入＋视同销售收入。
>
> （2）创投企业：主营业务收入＋其他业务收入＋视同销售收入＋投资收益。

（六）广告费和业务宣传费

1. 企业发生的符合条件的广告费和业务宣传费支出，除国务院、税务主管部门另有规定外，不超过当年销售（营业）收入15%的部分准予扣除；超过部分，准予在以后纳税年度结转扣除。

> **注意**
> 考试中广告费、业务宣传费金额分别给出的，必须合并计算扣除限额。

2. 企业在筹建期间，发生的广告费和业务宣传费，可按实际发生额计入企业筹办费，并按有关规定在税前扣除。

> **注意**
> 在经济法基础企业所得税的考查范围内，允许在以后纳税年度结转扣除的费用仅两项：（1）职工教育经费；（2）广告费和业务宣传费支出。

3. 2016年1月1日至2020年12月31日，以下企业发生的广告费和业务宣传费支出不超过销售收入30%的部分准予扣除，超过部分，以后年度结转扣除：化妆品制造或销售、医药制造、饮料制造（不含酒类执照）。（2018年新增）

4. 烟草企业的，一律不得扣除。（2018年新增）

（七）手续费及佣金

表5-10　手续费及佣金扣除标准

保险企业	财产保险	按当年全部保费收入扣除退保金等后余额的15%计算限额
	人身保险	按当年全部保费收入扣除退保金等后余额的10%计算限额
从事代理服务，主营业务收入为手续费、佣金的企业	证券、期货、保险代理	据实扣除
其他企业		按与具有合法经营资格中介服务机构和个人所签订合同确认收入金额的5%计算限额

（八）其他准予扣除项目

1. 环境保护专项资金：按规定提取时准予扣除，但提取后改变用途的不得扣除。

2. 租赁费

（1）经营租赁：按照租赁期限均匀扣除。

（2）融资租赁：计提折旧扣除。

3．劳动保护费

4．汇兑损失

除已经计入有关资产成本以及与向所有者进行利润分配相关的部分外，准予扣除。

5．总机构分摊的费用

能够提供总机构出具的证明文件，并合理分摊的，准予扣除。

6．依照有关法律、行政法规和国家有关税法规定准予扣除的其他项目，如会员费、合理的会议费、差旅费、违约金、诉讼费用等。

六、不得扣除项目

（一）向投资者支付的股息、红利等权益性投资收益款项

（二）企业所得税税款

（三）税收滞纳金

（四）罚金、罚款和被没收财物的损失

> **注意**
>
> （1）纳税人逾期归还银行贷款，银行按规定加收的罚息，不属于行政性罚款，允许在税前扣除。
>
> （2）纳税人签发空头支票，银行按规定处以罚款，属于行政性罚款，不允许在税前扣除。

（五）超过规定标准的公益性捐赠支出及所有非公益性捐赠支出

（六）赞助支出

（七）未经核定的准备金支出

（八）企业之间支付的管理费、企业内营业机构之间支付的租金和特许权使用费，以及非银行企业内营业机构之间支付的利息

（九）与取得收入无关的其他支出

【小结】

全额扣除 ┤
- 合理的工资薪金支出、劳动保护支出
- 企业按规定为职工缴付的"五险一金"
- 财产保险费
- 非金融企业向金融企业借款的利息支出
- 经批准发行债券的利息支出
- 生产经营活动中发生的合理的不需要资本化的借款费用

（续上图）

```
         ┌─ 三项经费：工资薪金总额的14%、2.5%（可结转）、2%
         │  补充养老/医疗保险：分别、工资薪金总额的5%
  有扣除 │  业务招待费：实际发生额的60%、销售（营业）收入的5%
  限额  ─┤  广告费和业务宣传：销售（营业）收入的15%（可结转）
         │  公益性捐赠支出：年度会计利润总额的12%
         └─ 向非金融企业的利息支出：按金融企业同期同类贷款利率计算的数额

         ┌─ 增值税、企业所得税
         │  向投资者支付的股息、红利等
         │  税收滞纳金
         │  罚金、罚款、被没收财物的损失（vs违约金、罚息、诉讼费）
         │  未经核定的准备金支出
  不得扣除┤  非广告性质的赞助支出
         │  企业之间支付的管理费
         │  企业内营业机构之间支付的租金和特许权使用费
         │  非银行企业内营业机构之间支付的利息
         │  直接捐赠支出
         └─ 企业为投资者或职工支付的商业保险费
```

图5-3　全额扣除、有扣除限额、不得扣除项目

七、亏损的弥补

企业某一纳税年度发生的亏损，可以用下一年度的所得弥补，下一年度的所得不足弥补的，可以逐年延续弥补，但是最长不得超过5年。

> 注意
> （1）5年内不论是盈利或亏损，都作为实际弥补期限计算。
> （2）境外机构的亏损，不得抵减境内机构的盈利。

八、非居民企业应纳税所得额

（一）全额计税：利息、股息、红利、租金、特许权使用费

（二）余额计税：财产转让

九、资产的税务处理

（一）固定资产和生产性生物资产——以折旧方式扣除

1. 下列固定资产不得计算折旧扣除（注意（1）（5）与会计的差异）

（1）房屋、建筑物以外未投入使用的固定资产；

（2）以经营租赁方式租入的固定资产；

（3）以融资租赁方式租出的固定资产；

（4）已足额提取折旧仍继续使用的固定资产；

（5）与经营活动无关的固定资产；

（6）单独估价作为固定资产入账的土地；

（7）其他不得计算折旧扣除的固定资产。

2. 计税基础

（1）企业资产通常以历史成本为计税基础。企业持有各项资产期间资产增值或者减值，除国务院财政、税务主管部门规定可以确认损益外，不得调整该资产的计税基础。

（2）外购的固定资产，以购买价款和支付的相关税费以及直接归属于使该资产达到预定用途发生的其他支出为计税基础。

（3）自行建造的固定资产，以竣工结算前发生的支出为计税基础。

（4）融资租入的固定资产，以租赁合同约定的付款总额和承租人在签订租赁合同过程中发生的相关费用为计税基础；租赁合同未约定付款总额的，以该资产的公允价值和承租人在签订租赁合同过程中发生的相关费用为计税基础。

（5）盘盈的固定资产，以同类固定资产的重置完全价值为计税基础。

（6）通过捐赠、投资、非货币性资产交换、债务重组等方式取得的固定资产，以该资产的公允价值和支付的相关税费为计税基础。

（7）改建的固定资产，除已足额提取折旧的固定资产和租入的固定资产以外的其他固定资产，以改建过程中发生的改建支出增加计税基础。

3. 税法允许扣除的折旧额的计算

方法：固定资产按照直接法计算的折旧，准予扣除。

起止时间：企业应当自固定资产投入使用月份的次月起计算折旧；停止使用的固定资产，应当自停止使用月份的次月起停止计算折旧。

预计净残值：企业应当根据固定资产的性质和使用情况，合理确定固定资产的预计净残值，固定资产的预计净残值一经确定，不得变更。

4. 加速折旧

（1）所有企业＋高耗性固定资产

①企业的下列固定资产可以按照规定加速折旧：

由于技术进步，产品更新换代较快的固定资产；

常年处于强震动、高腐蚀状态的固定资产。

②加速折旧的方法

缩短折旧年限方法：要求最低折旧年限不得低于法定折旧年限的60%；

加速折旧方法：可以采取双倍余额递减法或者年数总和法。

（2）所有企业＋专用于研发

企业在2014年1月1日后购进并专门用于研发活动的仪器、设备：

①单位价值不超过100万元的，可以一次性在计算应纳税所得额时扣除；

②单位价值超过100万元的，允许按不低于企业所得税法规定折旧年限的60%缩短折旧年限，或选择采取双倍余额递减法或年数总和法进行加速折旧。

（3）重点行业

下列重点行业企业的固定资产，允许按不低于企业所得税法规定折旧年限的60%缩短折旧年限，或选择采取双倍余额递减法或年数总和法进行加速折旧：

①符合相关条件的生物药品制造业，专用设备制造业，铁路、船舶、航空航天和其他运输设备制造业，计算机、通信和其他电子设备制造业，仪器仪表制造业，信息传输、软件和信息技术服务业等行业企业，2014年1月1日后购进的固定资产（包括自行建造）；

②对符合相关条件的轻工、纺织、机械、汽车等四个领域重点行业的企业，2015年1月1日后新购进的固定资产。

【解释】上述重点行业企业是指以上述行业业务为主营业务，其固定资产投入使用当年的主营业务收入占企业收入总额50%（不含）以上的企业。

（二）无形资产——以摊销方式扣除

下列无形资产不得计算摊销扣除：

1．自行开发的支出已在计算应纳税所得额时扣除的无形资产；

2．自创商誉；

3．与经营活动无关的无形资产；

4．其他不得计算摊销费用扣除的无形资产。

> 注意
>
> 摊销年限不得低于10年。

（三）长期待摊费用——摊销年限不得低于3年

企业发生的下列支出作为长期待摊费用，按照规定摊销的准予扣除：

1．已足额提取折旧的固定资产的改建支出，按照固定资产预计尚可使用年限分期摊销。

2．（经营）租入固定资产的改建支出，按照合同约定的剩余租赁期限分期摊销。

3．固定资产大修理支出，按照固定资产尚可使用年限分期摊销。

> **注意**
> 1. 修理支出达到取得固定资产时的计税基础50%以上；修理后固定资产的使用年限延长2年以上，才属于大修理支出。
> 2. 税法规定与会计准则此处的差异。

（四）投资资产（成本法）

1. 企业对外投资期间，投资资产的成本在计算应纳税所得额时不得扣除。
2. 企业在转让或者处置投资资产时，投资资产的成本，准予扣除。

（五）存货

企业使用或者销售的存货的成本计算方法，可以在"先进先出法""加权平均法""个别计价法"中选用一种。计价方法一经选用，不得随意变更。

> **注意**
> 不能选择"后进先出法"。

（六）资产损失

【补充】资产损失的申报分为"清单申报"和"专项申报"。

清单申报：正常损失（如固定资产达到或超过使用年限报废清理的损失）。

专项申报：非正常损失。

> **注意**
> 企业以前年度发生的资产损失未能在当年税前扣除的，可以按照规定，向税务机关说明并进行专项申报扣除，其中，属于实际资产损失，准予追补至该项损失发生年度扣除，其追补确认期限一般不得超过5年。企业因以前年度实际资产损失未在税前扣除而多缴的企业所得税税款，可在追补确认年度企业所得税应纳税款中予以抵扣，不足抵扣的，向以后年度递延抵扣。

【小结】

```
                ┌ 不得计算折旧扣除的情形
                │ 计税基础
         固定资产│ 基本计算方法：直线法、次月、最低折旧年限
                └ 加速折旧：专用于研发＋≤100万元
资产的税
务处理    生产性生物资产：计税基础、最低折旧年限
         无形资产：商誉、计税基础、10年
         长期待摊费用：尚可使用年限 vs 合同约定剩余租赁期限 vs 不低于3年
         投资资产：转让或处置时扣除
         存货：无"后进先出法"
```

图5-4 资产的税务处理

十、境外所得抵免税额的计算

企业取得的所得已在境外缴纳的所得税税额，可以从其当期应纳税额中抵免，抵免限额为该项所得依照本法规定计算的应纳税额。

（一）抵免限额＝境外税前所得额×25%

【说明】教材公式：抵免限额＝中国境内、境外所得依照税法规定计算的应纳税总额×来源于某国（地区）的应纳税所得额÷中国境内、境外应纳税所得总额，是把国内外收入混在一起计算，这样计算比较乱，考试的时候请将国内外所得分别计算。

（二）境外税前所得额的确定

1．题目直接给出税前所得。
2．题目给出分回的利润和国外已纳的税款。
3．题目给出分回的利润和国外所得税税率。

（三）采用分国不分项计算

不同国家或地区的抵免限额单独计算，不混同。

（四）补税原则

多不退少要补。

十一、应纳税额的计算

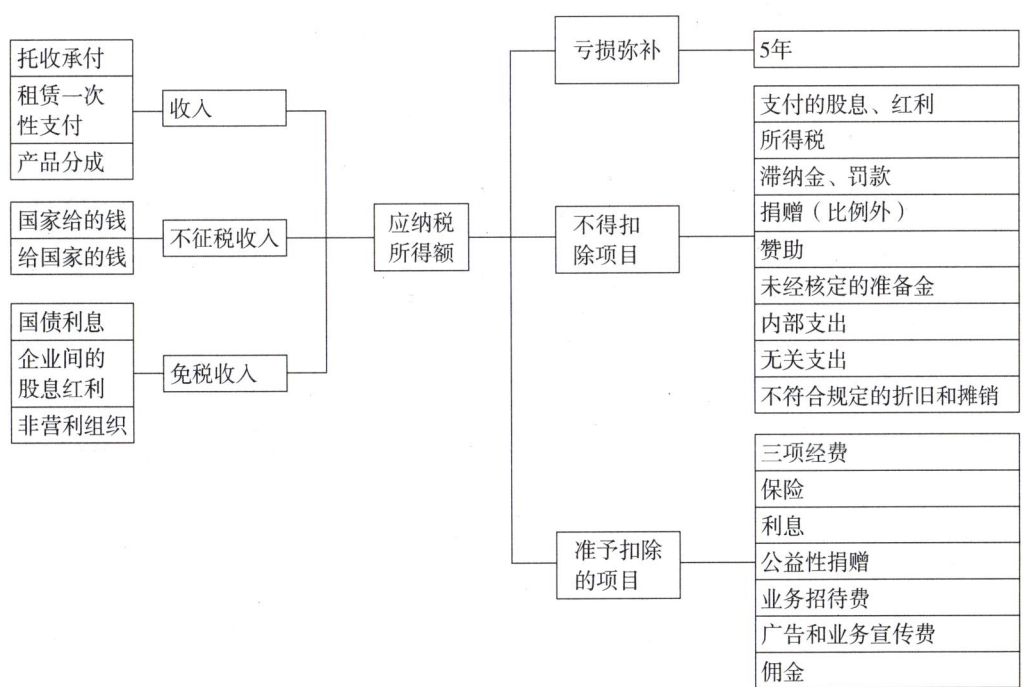

图5-5　应纳税额的计算

（一）计算应纳税所得额

1. 直接法

应纳税所得额＝收入总额－不征税收入－免税收入－各项扣除－以前年度亏损

2. 间接法（建议）

应纳税所得额＝年度利润总额＋纳税调整增加额－纳税调整减少额

表5-11 应纳税所得额的调增与调减

项目	会计准则	税法	纳税调整	举例
收入、利得	√	×	↓	国债利息收入
	×	√	↑	产品对外捐赠
费用、损失	√	×	↑	税收滞纳金
	×	√	↓	无形资产研发

（二）计算应纳税额

应纳税额＝应纳税所得额×适用税率－减免税额－抵免税额

> **提示**
> 此公式是把国内和国外所得混在一起计算，考试中建议大家分开计算。
> 应纳税额＝国内应纳税所得额×适用税率－减免税额＋国外所得补缴税额

考点四 税收优惠

表5-12 企业所得税税收优惠

优惠政策	项目
免税收入	（1）国债利息收入；（2）符合条件的居民企业之间的股息、红利收入；（3）在中国境内设立机构、场所的非居民企业从居民企业取得与该机构、场所有实际联系的股息、红利收入；（4）符合条件的非营利组织的收入。（股息红利免税条件：持有12个月以上）
免征	农、林、牧、渔；居民企业500万元以内的技术转让所得；合格境外机构投资者境内转让股票等权益性投资资产所得。 【注意】"农"不包括"经济作物"；"渔"指远洋捕捞，不包括"养殖"。
减半征收	花卉、茶以及其他饮料作物和香料作物的种植，海水养殖、内陆养殖；居民企业超过500万元的技术转让所得的超过部分。
三免三减半	（1）企业从事国家重点扶持的公共基础设施项目的投资经营的所得，自项目取得第1笔生产经营收入所属纳税年度起，第1年至第3年免征，第4年至第6年减半征收；

（续上表）

优惠政策	项目	
三免三减半	【注意】企业承包经营、承包建设和内部自建自用上述项目不免税。 （2）企业从事符合条件的环境保护、节能节水项目的所得，自项目取得第1笔生产经营收入所属纳税年度起，第1年至第3年免征，第4年至第6年减半征收。	
加计扣除	研发费用：加计扣除50%。 研发费用：科技型中小企业，在2017年1月1日至2019年12月31日，加计扣除75%（2018年新增）。 残疾人工资：加计扣除100%。	
抵扣应纳税所得额	创投企业投资未上市的中小高新技术企业2年以上的，按照其投资额的70%在股权持有满2年的当年抵扣该创业投资企业的应纳税所得额；当年不足抵扣的，可以在以后纳税年度结转抵扣（2018年新增：有限合伙的创投企业的法人合伙人同适用该抵扣）。	
加速折旧	（1）技术进步，产品更新换代较快； （2）常年处于强震动、高腐蚀状态； （3）2014年1月1日后购进专用于研发的仪器、设备，单价超过100万元。	缩短折旧年限（≥60%）；采用加速折旧计算方法。
	2014年1月1日后购进专用于研发的仪器、设备，单价不超过100万元。	允许一次性扣除。
减计收入	综合利用资源，生产的产品取得的收入，减按90%计入收入总额。	
应纳税额抵免	投资环境保护、节能节水、安全生产等专用设备，投资额的10%可以在应纳税额中扣除。	

考点五 征收管理

一、纳税地点

表5-13 纳税地点

居民企业	登记注册地
	登记注册地在境外的，以实际管理机构所在地为纳税地点
非居民企业	有场所，有联系——机构、场所所在地
	有两个以上场所——经批准选择其主要场所汇总缴纳
	没场所或有场所但没联系——扣缴义务人所在地

二、纳税期限

企业所得税按年计征，分月或者分季预缴，年终汇算清缴，多退少补。

（一）一般情况

纳税年度为公历1月1日至12月31日。

（二）特殊情况

1. 开业当年，实际经营期不足12个月，以实际经营期为一个纳税年度。
2. 依法清算，以清算期间作为一个纳税年度。

三、纳税申报

1. 分月或分季预缴

应当自月份或者季度终了之日起15日内，向税务机关报送预缴企业所得税纳税申报表，预缴税款。

2. 汇算清缴

企业应当自年度终了后5个月内向税务机关报送年度企业所得税纳税申报表，并汇算清缴，结清应缴或应退税款。

3. 企业在年度中间终止经营活动的，应当自实际经营终止之日起60日内，向税务机关办理当期企业所得税汇算清缴。

4. 企业在报送企业所得税纳税申报表时，应当按照规定附送财务会计报告和其他有关资料。

【小结】

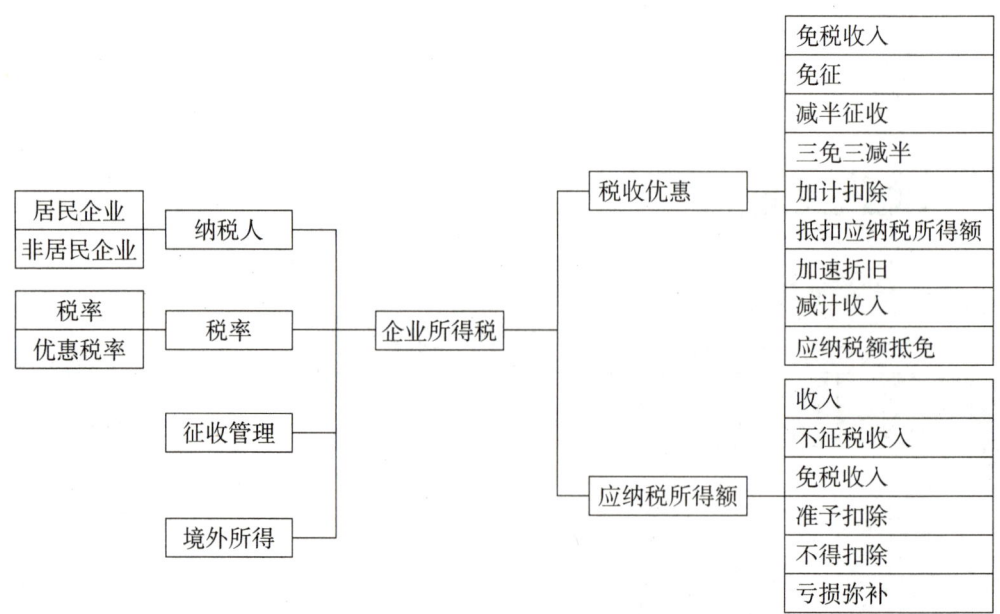

图5-6 企业所得税相关内容汇总

第二节 个人所得税法律制度

考点一 纳税人和征税对象

一、纳税人

个人所得税是对个人（即自然人）取得的各项应税所得征收的一种税。

注意

个人所得税的所得人既包括自然人又包括自然人性质的特殊主体（个体工商户、个人独资企业的投资人、合伙企业的合伙人）。

二、纳税人分类及纳税义务——属人+属地

表5-14 纳税人分类及纳税义务

纳税人	判定标准	纳税义务
居民	有住所、无住所但居住满1年	无限纳税义务
非居民	无住所又不居住、无住所居住不满1年	仅就其来源于中国境内的所得纳税

注意

（1）上述居住满1年是指一个纳税年度内居住满365天。

（2）在居住期间临时离境的一次离境不超过30日或多次离境累计不超过90日的，不扣减日数，连续计算。

三、征税对象

所得来源地的确定：所得来源地与所得支付地，两者可能是一致的，也可能是不同的。我国个人所得税依据所得来源地判断经济活动的实质，征收个人所得税。

举例：美国人汤姆被美国母公司派往中国子公司进行为期8个月的业务指导，业务指导期间其工资由美国母公司发放。

所得来源地：中国；所得支付地：美国。

下列所得，不论支付地点是否在中国境内，均为来源于中国境内的所得：

1. 因任职、受雇、履约等而在中国境内提供劳务取得的所得；
2. 将财产出租给承租人在中国境内使用而取得的所得；
3. 转让中国境内的建筑物、土地使用权等财产或者在中国境内转让其他财产取得

的所得；

4. 许可各种特许权在中国境内使用而取得的所得；

5. 从中国境内的公司、企业以及其他经济组织或者个人取得的利息、股息、红利所得。

考点二 各类所得应纳税额计算

一、工资、薪金所得

（一）税目

工资、薪金所得：因任职或者受雇而取得。

> **注意**
>
> 不属于工资、薪金性质的补贴、津贴，不征收个人所得税，包括：
>
> （1）独生子女补贴；
>
> （2）托儿补助费；
>
> （3）差旅费津贴、误餐补助；
>
> （4）执行公务员工资制度未纳入基本工资总额的补贴、津贴差额和家属成员的副食补贴。

（二）工资、薪金特殊规定

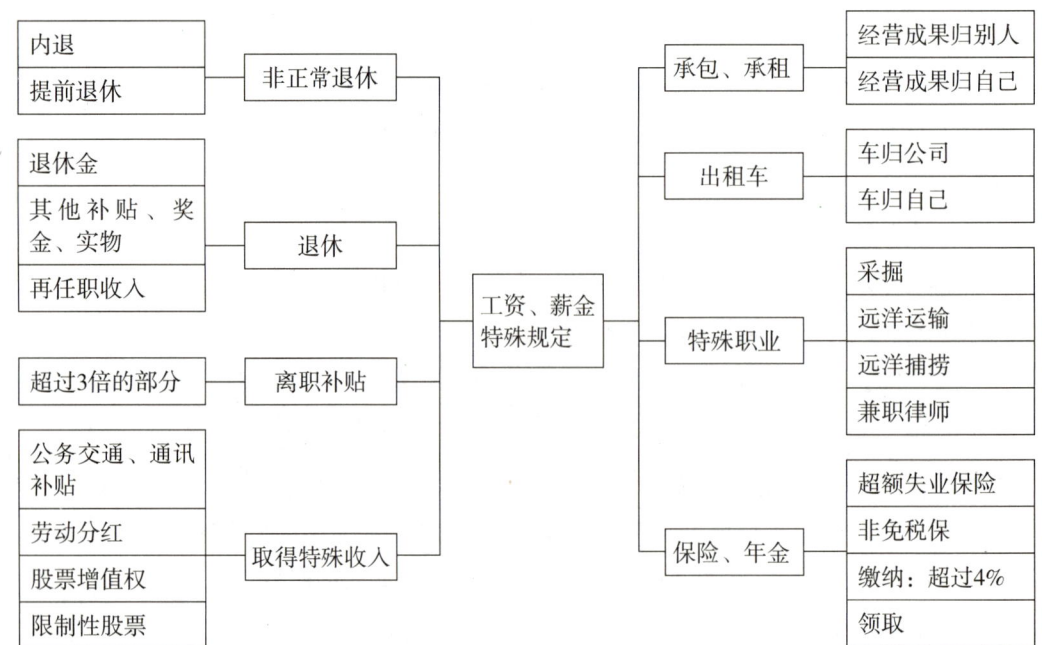

图5-7 工资、薪金特殊规定

【特殊规定】理解基本规定，不要求计算。

1. 内部退养一次性收入按工资、薪金所得缴纳个税。

【计税方法】非基本计算（满足好奇心使用）

（1）计算月平均补偿＝取得的内退一次性收入÷内退至退休的月份数

（2）找税率：本月工资＋（1）－3500

（3）算税额＝（本月工资＋内退一次性收入－3500）×税率－速扣数

举例：老赵于今年5月办理内退手续（比正常退休提前3年），取得内部退养一次性收入36000元。当月从单位取得工资为3800元，老赵本月应缴纳的个人所得税如何计算？

（1）计算月平均补偿＝36000÷36＝1000（元）

（2）找税率：3800＋1000－3500＝1300（元），适用的税率为3%，速算扣除数为0

（3）当月应纳个税＝（36000＋3800－3500）×3%＝1089（元）

2. 提前退休一次性收入按工资、薪金所得缴纳个税。

【计税方法】非基本计算（满足好奇心使用）

（1）计算月平均补偿＝取得的提前退休一次性收入÷提前退休至实际退休的月份数

（2）找税率：（1）－3500

（3）算税额＝[（（1）－3500）×税率－速扣数]×提前退休至实际退休的月份数

举例：老赵于今年5月办理提前退休手续（比正常退休提前3年），取得提前退休一次性收入144000元。老赵本月应缴纳的个人所得税如何计算？

（1）计算月平均补偿＝144000÷36＝4000（元）

（2）找税率：4000－3500＝500（元），适用的税率为3%，速算扣除数为0

（3）当月应纳个税＝（4000－3500）×3%×36＝540（元）

> 注意
>
> "内部退养"与"提前退休"的区别在于前者并未实际退休，仅仅是离开工作岗位。

3. 解除劳动关系一次性补偿收入按工资、薪金所得缴纳个税。

个人因与用人单位解除劳动关系而取得的一次性补偿收入超过当地上年职工平均工资3倍数额部分的一次性补偿收入，可视为一次取得数月的工资、薪金收入，允许在一定期限内平均计算。

> 注意
>
> 当地上年职工平均工资3倍数额部分属于"免征额"。

【计税方法】非基本计算（满足好奇心使用）

（1）计算超额月平均补偿＝取得的超过当地上年职工平均工资3倍部分的离职补偿一次性收入÷补偿月份数

（2）找税率：（1）－3500

（3）算税额＝[（（1）－3500）×税率－速扣数]×补偿月份数

举例：老赵于今年5月办理离职手续（已在本公司工作8年），取得离职补偿80000元，已知当地上年度职工平均工资为12000元，老赵本月应缴纳的个人所得税如何计算？

（1）计算超额月平均补偿＝（80000－12000×3）÷8＝5500（元）

（2）找税率：5500－3500＝2000（元），适用的税率为10%，速算扣除数为105

（3）当月应纳个税＝[（5500－3500）×10%－105]×8＝760（元）

【理解】劳动者月工资高于用人单位所在地人民政府公布的本地区上年度职工平均工资3倍的，向其支付经济补偿的标准按职工月平均工资3倍的数额支付。

【解释】《中华人民共和国劳动合同法》（以下简称《劳动合同法》）关于离职补偿的相关规定限制了劳动者主张权利的最高额度，但用人单位愿意按超过3倍的数额支付的，法律也允许劳动者取得。（不属于不当得利）

4．离退休人员

（1）按照国家统一规定发给干部、职工的安家费、退职费、退休工资、离休工资、离休生活补助费，免征个人所得税。

（2）达到离休、退休年龄，但确因工作需要，适当延长离休、退休年龄的高级专家（指享受国家发放的政府特殊津贴的专家、学者），其在延长离休、退休期间的工资、薪金所得，视同离休、退休工资，免征个人所得税。

（3）其他补贴、奖金、实物：离退休人员除按规定领取离退休工资或养老金外，另从原任职单位取得的各类补贴、奖金、实物，不属于免税的退休工资、离休工资、离休生活补助费，应按工资、薪金所得应税项目缴纳个人所得税。

5．内部退养人员再就业、退休人员再任职取得的收入，按工资、薪金所得缴纳个税。

6．个人取得公务交通、通讯补贴收入扣除一定标准的公务费用后，按照工资、薪金所得项目计征个人所得税。

【计税方法】非基本计算（满足好奇心使用）

按月发放：并入当月工资；

不按月发放：分解至所属月份。

7．公司职工取得的用于购买该企业国有股权的劳动分红，按工资、薪金所得计征个人所得税。

8. 个人因任职、受雇上市公司取得的股票增值权、限制性股票所得，按工资、薪金所得缴纳个税。

9. 保险金

（1）失业保险：缴费超过规定比例部分，按工资薪金所得项目计征个人所得税。

（2）三险一金以外的非免税保险：按工资薪金所得项目计征个人所得税。

10. 企业年金（职业年金）

（1）缴费时

①企业和事业单位为在本单位任职或者受雇的全体职工缴付的年金单位缴费部分：

根据规定标准缴付的，在计入个人账户时，个人暂不缴纳个人所得税；

超过规定标准的，应并入个人当期的工资、薪金所得，依法计征个人所得税。

②个人根据规定缴付的年金个人缴费部分：

不超过本人缴费工资计税基数的4%的部分，暂从个人当期的应纳税所得额中扣除；

超过本人缴费工资计税基数的4%的部分，应并入个人当期的工资、薪金所得，依法计征个人所得税。

（2）分红时

年金基金投资运营收益分配计入个人账户时，个人暂不缴纳个人所得税。

（3）领取时

①个人达到国家规定的退休年龄之后按月领取的年金，按照工资、薪金所得项目适用的税率，计征个人所得税；

②按年或按季领取的年金，平均分摊计入各月，每月领取额按照工资、薪金所得项目适用的税率，计征个人所得税。

11. 奖金

（1）年终加薪、劳动分红不分种类和取得的情况，一律按工资、薪金所得课税。

（2）纳税人取得除全年一次性奖金以外的其他各种名目的奖金，如半年奖、季度奖、加班奖、先进奖、考勤奖等，一般应将全部奖金与当月工资、薪金收入合并，计算缴纳个人所得税。

（3）省级人民政府、国务院部委和中国人民解放军军以上单位，以及外国组织、国际组织颁发的科学、教育、技术、文化、卫生、体育、环境保护等方面的奖金，免征个人所得税。

12. 特殊职业

（1）采掘业、远洋运输、远洋捕捞

按月预交,按年平均计算实际应缴税款,多退少补。

(2)"兼职律师"(同时在两个以上事务所所任职)从律师事务所取得工资薪金性质的收入以收入全额为应纳税所得额,不扣减生计费。

13. 兼职律师应自行申报两处或两处以上取得的工资、薪金所得,合并计算缴纳个人所得税。

14. 出租车经营单位对出租车驾驶员采取单车承包或承租方式运营,驾驶员收入按工资、薪金所得缴纳个税。

> **注意**
> 出租车属于个人所有,但挂靠出租车经营单位缴纳管理费的,或出租车经营单位将出租车所有权转移给驾驶员的,驾驶员收入按个体工商户生产经营所得缴纳个税。

15. 个人对企事业单位承包、承租经营后,工商登记仍为企业,且承包、承租人对企业经营成果不拥有所有权,仅按合同(协议)规定取得一定所得的,应按工资、薪金所得缴纳个税。

【理解】若按合同(协议)规定只向发包方、出租方缴纳一定的费用,企业的经营成果归承包人、承租人所有,则按对企事业单位承包经营、承租经营所得缴纳个税。

【特殊规定总结】

表5-15 特殊规定要点总结

项目		要点
计税公式		应纳税额=(每月收入额-3500或4800)×适用税率-速算扣除数
奖金	季度奖、全勤奖等	与当月工资、薪金收入合并计缴。
	全年一次性奖金	(1)审视当月工资; (2)以商数找税率和速扣数; (3)单独作为1个月工资、薪金。
	省级、科教文卫技体环	免税。
补贴、津贴	独生子女补贴、托儿补助费、差旅费津贴、误餐补助	不征税。
	政府特殊津贴等	免税。
	退休人员从原任职单位取得的补贴、奖金、实物等	按工资、薪金所得计征。

（续上表）

项目		要点
"五险一金"以外的其他保险金		按工资、薪金所得计征。
年金	缴费时	看标准，超过标准则按工资、薪金所得计征；规定标准、个人缴费工资计税基数的4%。
	分红时	不缴税。
	领取时	按工资、薪金所得计征（按月算）。
内部退养	一次性收入	按工资、薪金所得计征。
	重新就业	按工资、薪金所得计征，自行申报。
提前退休取得的一次性补贴		按工资、薪金所得计征。
解除劳动关系取得的一次性补偿	当地上年职工平均工资3倍数额以内	免税。
	超过当地上年职工平均工资3倍数额的部分	视为一次取得数月的工资、薪金收入。
退休人员	离退休工资（延长离退休期间的工资、薪金）	免税。
	再任职	按工资、薪金所得计征。

（三）应纳税额计算

1. 计税方法：按月计征。

2. 税率：工资、薪金所得适用七级超额累进税率，税率为3%~45%（考试时税率表作为已知条件提供）。

表5-16 个人所得税税率表（工资、薪金所得适用）

级数	全月应纳税所得额（含税级距）	税率（%）	速算扣除数（元）
1	不超过1500元的部分	3	0
2	超过1500~4500元的部分	10	105
3	超过4500~9000元的部分	20	555
4	超过9000~35000元的部分	25	1005
5	超过35000~55000元的部分	30	2755
6	超过55000~80000元的部分	35	5505
7	超过80000元的部分	45	13505

3．计税依据（费用扣除）

应纳税所得额＝每月收入额－3500元

> **注意**
> （1）个人缴纳的"三险一金"应当在计算应纳税所得额时扣除。
> （2）中国人在外国工作、外国人在中国工作，费用扣除总额为4800元。

4．计税公式

应纳税额＝（每月收入额－3500元或4800元）×适用税率－速算扣除数

【全年一次性奖金】

（1）纳税人取得全年一次性奖金，单独作为1个月的工资、薪金所得计算纳税。

计算步骤：

①找税率：全年一次性奖金÷12→查表

②算税额：全年一次性奖金×税率－速扣数

【记忆口诀】先"除12"找税率，再用"全额"来计算。

（2）当月工资不足3500元时全年一次性奖金个人所得税的计算（非基本计算）

计算步骤：

①找税率：（全年一次性奖金＋当月工资－3500）÷12→查表（当月工资不足3500元）

②算税额：（全年一次性奖金＋当月工资－3500）×税率－速扣数（当月工资不足3500元）

表5-17 月工资薪金变化时的税额计算

当月工资薪金与3500元（或4800元）的关系	税率和速算扣除数	应纳税额
当月工资薪金≥3500元（或4800元）	全年一次性奖金总额÷12，以商数查找适用的税率和速算扣除数	全年一次性奖金总额×适用税率－速算扣除数
当月工资薪金＜3500元（或4800元）	［全年一次性奖金总额－（3500或4800元－当月工资）］÷12，以商数查找适用的税率和速算扣除数	［全年一次性奖金总额－（3500或4800元－当月工资）］×适用税率－速算扣除数

（3）雇员取得除全年一次性奖金以外的其他各种名目的奖金，与当月工资合并计税。

二、个体工商户生产经营所得（个人独资企业投资人、合伙企业合伙人）

（一）税目——个体工商户生产、经营所得

1. 个体工商户取得与生产经营无关的其他所得，按有关规定计征个人所得税。
2. 个人因从事彩票代销业务而取得所得，按个体工商户的生产、经营所得征税。

（二）应纳税额计算

1. 计税方法：按年计征。
2. 税率：五级超额累进税率税率为5%~35%。

表5-18 个人所得税税率表

（个体工商户的生产、经营所得和对企事业单位的承包经营、承租经营所得适用）

级数	全年应纳税所得额（含税级距）	税率（%）	速算扣除数（元）
1	不超过15000元的部分	5	0
2	超过15000~30000元的部分	10	750
3	超过30000~60000元的部分	20	3750
4	超过60000~100000元的部分	30	9750
5	超过100000元的部分	35	14750

投资者兴办两个或两个以上企业的，并且企业性质全部是独资的，年度终了后汇算清缴时，应汇总其投资兴办的所有企业的经营所得作为应纳税所得额，以此确定适用税率，计算出全年经营所得的应纳税额，再根据每个企业的经营所得占所有企业经营所得的比例，分别计算出每个企业的应纳税额和应补缴税额。

3. 计税依据：（费用扣除）以每一纳税年度的收入总额，减除成本、费用以及损失后的余额，为应纳税所得额。

不得扣除项目：

（1）个人所得税税款；

（2）税收滞纳金；

（3）罚金、罚款和被没收财物的损失；

（4）不符合扣除规定的捐赠支出；

（5）赞助支出；

（6）用于个人和家庭的支出；

（7）与取得生产经营收入无关的其他支出；

（8）国家税务总局规定不准扣除的支出（例如，计提的各种准备金）。

4. 与人员报酬、福利相关的各项扣除

表5-19 与人员报酬、福利相关的各项扣除

项目	从业人员	业主
工资	√	×（扣生计费）
"五险一金"	√	√
补充养老保险	从业人员工资总额×5%	当地上年度社会平均工资的3倍×5%
补充医疗保险	从业人员工资总额×5%	当地上年度社会平均工资的3倍×5%
商业保险（特例除外）	×	×
合理劳动保护支出	√	√
三项经费（工会经费、职工福利费、职工教育经费）	工资薪金总额的2%、14%、2.5%	当地上年度社会平均工资的3倍×2%、14%、2.5%
代他人负担的税款	×	×

（1）业主的工资与生计费

①个体工商户业主的工资薪金支出不得税前扣除；

②个体工商户业主的费用扣除标准统一确定为42000元／年（3500元／月）；

③投资者兴办两个或两个以上企业的，其投资者个人费用扣除标准由投资者选择在其中一个企业的生产经营所得中扣除。

（2）从业人员的工资

个体工商户实际支付给从业人员的、合理的工资薪金支出，准予扣除。

（3）基本社会保险

个体工商户按照国家有关规定为其业主和从业人员缴纳的基本养老保险费、基本医疗保险费、失业保险费、生育保险费、工伤保险费和住房公积金，准予扣除。

（4）补充社会保险

①个体工商户为从业人员缴纳的补充养老保险费、补充医疗保险费，分别在不超过从业人员工资总额5%标准内的部分据实扣除；超过部分，不得扣除。

②个体工商户业主本人缴纳的补充养老保险费、补充医疗保险费，以当地（地级市）上年度社会平均工资的3倍为计算基数，分别在不超过该计算基数5%标准内的部分据实扣除；超过部分，不得扣除。

（5）商业保险

除个体工商户依照国家有关规定为特殊工种从业人员支付的人身安全保险费和财政部、国家税务总局规定可以扣除的其他商业保险费外，个体工商户业主本人或者为从业人员支付的商业保险费，不得扣除。

（6）个体工商户发生的合理的劳动保护支出，准予扣除。

（7）个体工商户代其从业人员或者他人负担的税款，不得税前扣除。

（8）三项经费

①个体工商户向当地工会组织拨缴的工会经费、实际发生的职工福利费支出、职工教育经费支出分别在工资薪金总额的2%、14%、2.5%的标准内据实扣除；职工教育经费的实际发生数额超出规定比例当期不能扣除的数额，准予在以后纳税年度结转扣除。

②个体工商户业主本人向当地工会组织缴纳的工会经费、实际发生的职工福利费支出、职工教育经费支出，以当地（地级市）上年度社会平均工资的3倍为计算基数，在规定比例内据实扣除。

5．与生产、经营直接相关的各项扣除

表5-20　与生产、经营直接相关的各项扣除

扣除项目		具体规定
生产经营费用与个人、家庭费用	分别核算	生产经营费用：据实扣除；个人、家庭费用：不得扣除。
	难以分清	按难以分清费用金额的40%扣除。
摊位费、行政性收费、协会会费		据实扣除。
财产保险费		据实扣除。
不需要资本化的借款费用		据实扣除。
借款利息	向金融企业借款	据实扣除。
	向非金融企业或个人借款	在按照金融企业同期同类贷款利率计算的数额内扣除。
业务招待费	营业期间	限额1：实际发生额的60%。 限额2：当年销售（营业）收入的5‰。
	筹办期间	按照实际发生额的60%计入开办费。
广告费和业务宣传费		不超过当年销售（营业）收入15%的部分，可以据实扣除；超过部分，准予结转扣除。
除按规定可以全额扣除以外的其他公益性捐赠		不超过其应纳税所得额30%的部分可以据实扣除。
新产品、新技术、新工艺的研究开发费用		准予当期直接扣除。
研究开发新产品、新技术而购置单台价值在10万元以下的测试仪器和试验性装置的购置费		准予当期直接扣除。
开办费		可以选择在开始经营的当年一次性扣除。
损失		按净损失额（减除责任人赔偿和保险赔款）扣除。
亏损		可以结转在以后5年内弥补。

（1）生产经营费用

①个体工商户生产经营活动中，应当分别核算生产经营费用和个人、家庭费用；对于生产经营与个人、家庭生活混用难以分清的费用，其40%视为与生产经营有关的费用，准予扣除。

②个体工商户按照规定缴纳的摊位费、行政性收费、协会会费等，按实际发生数额扣除。

③个体工商户参加财产保险，按照规定缴纳的保险费，准予扣除。

（2）借款费用

个体工商户在生产经营活动中发生的合理的不需要资本化的借款费用，准予扣除。

（3）个体工商户在生产经营活动中发生的下列利息支出，准予扣除：

①向金融企业借款的利息支出；

②向非金融企业和个人借款的利息支出，不超过按照金融企业同期同类贷款利率计算的数额的部分。

（4）业务招待费

①个体工商户发生的与生产经营活动有关的业务招待费，按照实际发生额的60%扣除，但最高不得超过当年销售（营业）收入的5‰。

②业主自申请营业执照之日起至开始生产经营之日止所发生的业务招待费，按照实际发生额的60%计入个体工商户的开办费。

（5）广告费和业务宣传费

个体工商户每一纳税年度发生的与其生产经营活动直接相关的广告费和业务宣传费不超过当年销售（营业）收入15%的部分，可以据实扣除；超过部分，准予在以后纳税年度结转扣除。

（6）公益性捐赠

①个体工商户通过公益性社会团体或者县级以上人民政府及其部门，用于规定的公益事业的捐赠，捐赠额不超过其应纳税所得额30%的部分可以据实扣除。

②可以全额在个人所得税前扣除的捐赠支出项目，按有关规定执行。

③个体工商户直接对受益人的捐赠不得扣除。

（7）研究开发费用

①个体工商户研究开发新产品、新技术、新工艺所发生的开发费用准予在当期直接扣除。

②个体工商户研究开发新产品、新技术而购置单台价值在10万元以下的测试仪器和试验性装置的购置费准予直接扣除；单台价值在10万元以上（含10万元）的测试仪

器和试验性装置，按固定资产管理，不得在当期直接扣除。

（8）开办费

个体工商户自申请营业执照之日起至开始生产经营之日（个体工商户取得第一笔销售／营业收入）止所发生符合规定的费用，除为取得固定资产、无形资产的支出，以及应计入资产价值的汇兑损益、利息支出外，作为开办费，个体工商户可以选择在开始生产经营的当年一次性扣除，也可自生产经营月份起在不短于3年期限内摊销扣除，但一经选定，不得改变。

（9）损失

①个体工商户发生的损失，减除责任人赔偿和保险赔款后的余额，参照财政部、国家税务总局有关企业资产损失税前扣除的规定扣除。

②个体工商户已经作为损失处理的资产，在以后纳税年度又全部收回或者部分收回时，应当计入收回当期的收入。

（10）亏损弥补

个体工商户纳税年度发生的亏损，准予向以后年度结转，用以后年度的生产经营所得弥补，但结转年限最长不得超过5年。

三、企事业单位承包经营、承租经营所得

（一）税目

对企事业单位承包经营、承租经营所得，是指个人承包经营或承租经营以及转包、转租取得的所得。

表5-21 企事业承包经营、承租经营所得的计税

登记情况		是否交企业所得税	是否交个人所得税	税目
登记为个体工商户		×	√	个体工商户的生产、经营所得
仍然登记为企业	承包、承租人对经营成果不拥有所有权	√	√	工资、薪金所得
	承包、承租人对经营成果拥有所有权		√	对企事业单位承包、承租经营所得

（二）应纳税额计算

1. 计税方法：按年计征。
2. 税率：五级超额累进税率。

四、劳务报酬所得

（一）税目

劳务报酬所得，是指个人从事非雇佣的各种劳务所得。内容包括：设计、装潢、安装、制图、化验、测试、医疗、法律、会计、咨询、讲学、新闻、广播、翻译、审稿、书画、雕刻、影视、录音、录像、演出、表演、广告、展览、技术服务、介绍服务、经纪服务、代办服务等。

> **注意**
> 与工资、薪金所得进行区分。

表5-22 劳务报酬所得的计税

职业	收入来源	税目
老师、演员	在单位授课、演出	工资、薪金所得
	在外授课、演出	劳务报酬所得或个体户生产经营所得
个人	兼职	劳务报酬所得
受雇于律师个人	为律师个人工作	劳务报酬所得
证券经纪人	从证券公司取得佣金	劳务报酬所得（可扣除40%的展业成本）
个人保险代理人	佣金、奖励和劳务费	劳务报酬所得（可扣除40%的展业成本）
董事、监事	从任职公司（包括关联公司）取得	工资、薪金所得
	从非任职受雇单位取得	劳务报酬所得
商品营销奖励	雇员取得	工资、薪金所得
	非雇员取得	劳务报酬所得

（二）应纳税额计算

1. 计税方法：按次计征。

> **注意**
> 属于同一事项连续取得收入的，以1个月内取得的收入为一次。

2. 税率：20%。

> **注意**
>
> 对劳务报酬所得一次收入畸高的（指应纳税所得额超过2万元），可以实行加成征收：应纳税所得额一次超过2万至5万元的部分，按照税法规定计算应纳税额后，再按照应纳税额加征5成，超过5万元的部分，加征10成。

表5-23　个人所得税税率表（劳务报酬所得适用）

级数	每次应纳税所得额	税率（%）	速算扣除数（元）
1	不超过20000元的部分	20	0
2	超过20000~50000元的部分	30	2000
3	超过50000元的部分	40	7000

3. 计税依据

（1）每次收入不超过4000元的，减除费用800元；

（2）每次收入超过4000元的，减除费用20%。

4. 计税公式

（1）每次收入不超过4000元的：

应纳税额＝（每次收入额－800）×20%

（2）每次收入超过4000元的：

应纳税额＝每次收入额×（1－20%）×20%

五、稿酬所得

（一）税目

稿酬所得，是指个人因其作品出版、发表而取得的所得。

遗作稿酬：作者去世后，财产继承人取得的遗作稿酬，应当征收个人所得税。

关于报纸、杂志、出版等单位职员在本单位刊物上发表作品的征税总结：

表5-24　稿酬所得的计税

单位	职务	计税规定
报社、杂志社	记者、编辑	工资、薪金所得
	其他岗位	稿酬所得
出版社	专业作者	稿酬所得

【记忆提示】除报社、杂志社的记者、编辑外，其他人出版、发表作品都按稿酬所得计税。

（二）应纳税额计算

1．计税方法：按次计征。

关于次的规定：出版、加印算一次；再版算一次；连载算一次；分次支付合并计税。

（1）再版

同一作品再版取得的所得，应视作另一次稿酬所得计征个人所得税。

（2）先后连载、出版

同一作品先在报刊上连载，然后再出版，或者先出版，再在报刊上连载的，应视为两次稿酬所得征税，即连载作为一次，出版作为另一次。

（3）连载

同一作品在报刊上连载取得收入的，以连载完成后取得的所有收入合并为一次，计征个人所得税。

（4）预付或分次支付稿酬

同一作品在出版和发表时，以预付稿酬或分次支付稿酬等形式取得的稿酬收入，应合并计算为一次。

（5）添加印数

同一作品出版、发表后，因添加印数而追加稿酬的，应与以前出版、发表时取得的稿酬合并计算为一次，计征个人所得税。

2．税率：20%。

> **注意**
> 稿酬所得，按应纳税额减征30%，故实际税率为14%。

3．计税依据

（1）每次收入不超过4000元的，减除费用800元；

（2）每次收入超过4000元的，减除费用20%。

4．计税公式

（1）每次收入不超过4000元的：

应纳税额=（每次收入额－800）×14%；

（2）每次收入超过4000元的：

应纳税额=每次收入额×（1－20%）×14%

六、特许权使用费所得（★★）

（一）税目

特许权使用费所得，是指个人提供或转让专利权、商标权、著作权、非专利技术以及其他特许权的使用权所得。

表5-25 特许权使用费所得的计税

方式	企业所得税	个人所得税
转让专利权权属	转让财产收入	特许权使用费用所得
提供专利权使用权	特许权使用费收入	

> **注意**
> （1）有形资产的转让按财产转让所得征税；无形资产的转让按特许权使用费所得征税；土地使用权、股权例外。
> （2）作者将自己的文字作品手稿原件或复印件公开拍卖取得的所得，按特许权使用费所得计税。
> （3）个人取得特许权的经济赔偿收入，按特许权使用费所得计税。
> （4）编剧从电视剧的制作单位取得的剧本使用费，按特许权使用费所得计税。

（二）应纳税额计算

1. 计税方法：按次计征。

如果该次转让取得的收入是分笔支付的，则应将各笔收入相加为一次的收入，计征个人所得税。

2. 税率：20%。

3. 计税依据

（1）每次收入不超过4000元的，减除费用800元；

（2）每次收入超过4000元的，减除费用20%。

4. 计税公式

（1）每次收入不超过4000元的：

应纳税额＝（每次收入额－800）×20%

（2）每次收入超过4000元的：

应纳税额＝每次收入额×（1－20%）×20%

【小结】

表5-26 不同项目计税要点

项目	要点
营销业绩奖励	看雇员还是非雇员
董事费、监事费收入	看任职与否

（续上表）

项目	要点
兼职律师	工资、薪金所得
律师个人聘用助理	劳务报酬所得
证券经纪人、保险代理人佣金	劳务报酬所得
在本单位报纸杂志发表作品	看是否为专业人员
出版社专业作者在本社出版图书	稿酬所得
编剧从电视剧制作单位取得剧本使用费	特许权使用费所得
作者拍卖文字作品手稿原件或复印件	特许权使用费所得

表5-27　不同情形的计税次数

情形		次数
劳务报酬所得只有一次性收入		该项收入为一次
同一事项连续取得劳务报酬所得		1个月内取得的收入为一次
稿酬所得	再版	视为另一次
	又连载又出版	分另作为两次
	连载、预付或分次	合并作为一次
	添加印数	合并作为一次
一项特许权的一次许可使用所得收入		一次

表5-28　稿酬所得、劳务报酬所得、特许权使用费所得应纳税额的计算

（单位：元）

收入	稿酬所得	劳务报酬所得	特许权使用费所得
2000	（2000－800）×14%＝168	（2000－800）×20%＝240	（2000－800）×20%＝240
6000	6000×（1－20%）×14%＝672	6000×（1－20%）×20%＝960	6000×（1－20%）×20%＝960
30000	30000×（1－20%）×14%＝3360	30000×（1－20%）×30%－2000＝5200	30000×（1－20%）×20%＝4800

七、财产租赁所得

（一）税目——个人出租（转租）财产所得

> **注意**
> 房地产开发企业与商店购买者个人签订协议规定，以优惠价格出售其商店给购买者个人的，购买者个人在一定期限内必须将购买的商店无偿提供给房地产开发企业对外出租使用。对购买者个人少支出的购房价款，应视同个人财产租赁所得，按照财产租赁所得项目征收个人所得税。

（二）应纳税额计算

1. 计税方法：按次计征，以1个月内取得的收入为一次。
2. 税率：20%。

> **注意**
> 个人出租住房取得的所得暂减按10%的税率征收个人所得税。

3. 计税依据
（1）每次（月）收入不超过4000元的，减除费用800元；
（2）每次（月）收入超过4000元的，减除费用20%。

> **注意**
> 计算时还须扣除准予扣除的项目（包括：出租房屋时缴纳的城建税、教育费附加以及房产税、印花税等相关税费；不包括：增值税），若房屋租赁期间发生修缮费用同样准予在税前扣除但以每月800元为限，多出部分在以后月份扣除。

4. 计税公式
（1）每次（月）收入不超过4000元的：
应纳税额=[每次（月）收入额—财产租赁过程中缴纳的税费—修缮费用（800元为限）—800]×20%
（2）每次（月）收入超过4000元的：
应纳税额=[每次（月）收入额—财产租赁过程中缴纳的税费—修缮费用（800元为限）]×（1—20%）×20%

> **注意**
> 根据《国家税务总局关于个人所得税若干业务问题的批复》判定是否超过4000元的基数为收入额—准予扣除项目—修缮费。

【转租】

（1）个人取得的房屋转租收入，属于"财产租赁所得"税目的征税范围。

（2）个人转租房屋的，其向房屋出租方支付的租金及增值税税额，在计算转租所得时予以扣除。

表5-29 财产租赁所得的计税

租赁方式		直接出租	转租
适用税目		财产租赁所得	
计税收入		不含增值税的租金收入	
扣除项目	共同之处	（1）财产租赁过程中缴纳的税费，但不包括本次出租缴纳的增值税；（2）由纳税人负担的租赁财产实际开支的修缮费用（800元为限）；（3）法定费用扣除标准（800元或20%）。	（1）财产转租过程中缴纳的税费，但不包括本次转租缴纳的增值税；（2）由纳税人负担的租赁财产实际开支的修缮费用（800元为限）；（3）法定费用扣除标准（800元或20%）。
	差异之处		向房屋出租方支付的租金及增值税税额。

八、财产转让所得

（一）税目

财产转让所得，是指个人转让财产取得的收入。

> **注意**
> （1）属于财产转让所得税目的包括转让有形资产、土地使用权、股权。
> （2）由于我国没有资本利得税，所以股权转让所得并入财产转让所得税目。

表5-30 财产转让所得的纳税义务

交易行为	具体形式	纳税义务
转让股权	出售、公司回购、司法强制过户、抵偿债务、对外投资等	财产转让所得
终止投资	各种名目的回收款项	财产转让所得

（续上表）

交易行为	具体形式	纳税义务
回收转让股权	转让合同履行完毕、股权已作变更、收入已实现时	财产转让所得
	转让行为结束，双方当事人签订并执行解除原股权转让合同、退回股权的协议	另一次股权转让行为，前次转让征收的税款不予退回
	转让合同未履行完毕，因执行仲裁委员会作出的解除股权转让合同及补充协议的裁决、停止执行原转让合同，并原价收回已转让股权	不缴纳个人所得税

上市公司股权：个人转让上市公司限售股取得的所得，按照财产转让所得征收个人所得税。

非上市公司股权：个人将投资于在中国境内成立的企业或组织（不包括个人独资企业和合伙企业、境内上市公司）的股权或股份，转让给其他个人或法人的行为，按照财产转让所得项目，依法计算缴纳个人所得税。

转让方取得与股权转让相关的各种款项，包括违约金、补偿金以及其他名目的款项、资产、权益等，均应当并入股权转让收入。

纳税人收回转让的股权征收个人所得税的方法：

（1）股权转让合同履行完毕、股权已作变更登记，且所得已经实现的，转让人取得的股权转让收入应当依法缴纳个人所得税。

（2）转让行为结束后，当事人双方签订并执行解除原股权转让合同、退回股权的协议，是另一次股权转让行为，对前次转让行为征收的个人所得税款不予退回。

（3）股权转让合同未履行完毕，因执行仲裁委员会作出的解除股权转让合同及补充协议的裁决、停止执行原股权转让合同，并原价收回已转让股权的，由于其股权转让行为尚未完成、收入未完全实现，随着股权转让关系的解除，股权收益不复存在，纳税人不应缴纳个人所得税。

注意

（1）个人以非货币性资产投资，属于转让和投资同时发生，对转让所得应按财产转让所得征税。

（2）个人通过招标、竞拍或其他方式购置债权以后，通过相关司法或行政程序主张债权而取得的所得，按财产转让所得征税。

（3）个人通过网络收购玩家的虚拟货币，加价后向他人出售取得的收入，按财产转让所得征税。

（4）企业改制个人取得的量化资产：

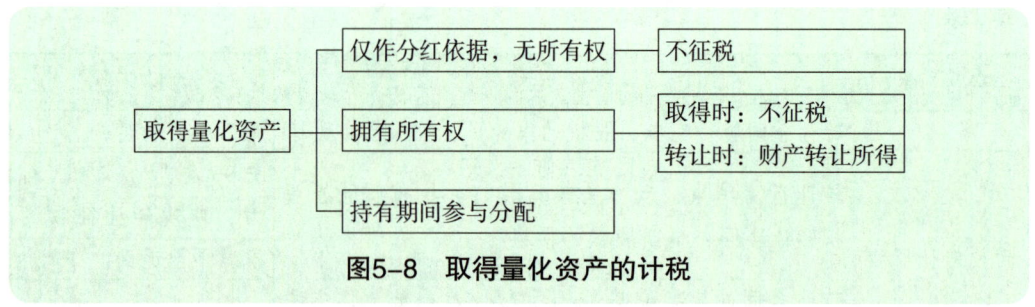

图5-8 取得量化资产的计税

【理解】公司职工取得的用于购买该企业国有股权的劳动分红，按工资、薪金所得计征个人所得税。

【说明】针对集体企业改制，职工取得的量化资产，为促进集体企业改制成功，此项所得暂免征收个人所得税。

指股份制公司职工因任职受雇取得的公司股权（分配给职工的劳动分红），此项所得按工资、薪金所得计征个人所得税。

（二）应纳税额计算

1. 计税方法：按次计征。

2. 税率：20%。

3. 计税依据

转让财产收入减去原值及合理费用后的余额为应纳税所得额。

4. 计税公式

应纳税额＝（收入总额－财产原值－合理费用）×20%

> **注意**
> 个人转让房屋的个人所得税应税收入不含增值税，其取得房屋时所支付价款中包含的增值税计入财产原值，计算转让所得时可扣除的税费不包括本次转让缴纳的增值税。

5. 税收优惠政策

（1）股票转让所得暂不征收个人所得税。

（2）对个人转让自用5年以上并且是家庭唯一生活用房取得的所得，继续免征个人所得税。

【理解】除北上广深非普通住房外，个人将购买2年以上房屋对外销售的，免征增值税。

【小结】

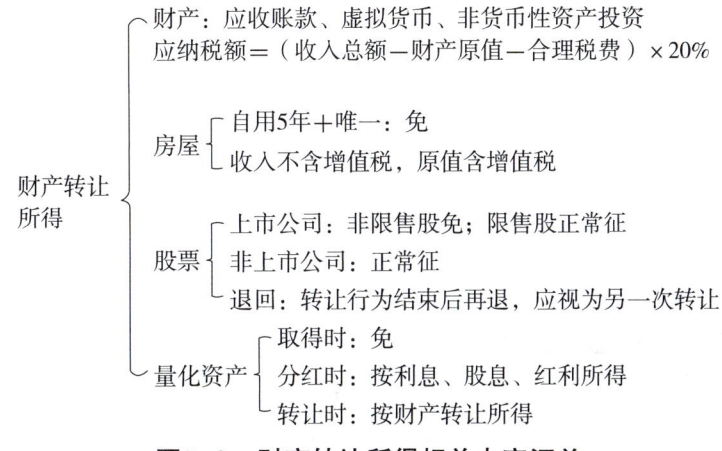

图5-9 财产转让所得相关内容汇总

九、利息、股息、红利所得；偶然所得；其他所得

（一）税目

偶然所得：企业对累积消费达到一定额度的顾客，给予额外抽奖机会，个人的获奖所得，按照偶然所得项目，全额适用20%的税率缴纳个人所得税。

其他所得：确有必要征税的其他个人所得，由国务院财政部门确定。

（如：个人为单位或他人提供担保获得报酬；房屋产权所有人将房屋产权无偿赠与他人的，受赠人因无偿受赠房屋取得受赠所得。）

表5-31 企业促销展业赠送礼品的个人所得税处理

具体情形	个人所得税处理
企业通过价格折扣、折让方式向个人销售商品（产品）和提供服务	不征收个人所得税
企业在向个人销售商品（产品）和提供服务的同时给予赠品	不征收个人所得税
企业对累积消费达到一定额度的个人按消费积分反馈礼品	不征收个人所得税
企业对累积消费达到一定额度的顾客，给予额外抽奖机会，个人的获奖所得	按照偶然所得项目，全额适用20%的税率缴纳个人所得税
企业在业务宣传、广告等活动中，随机向本单位以外的个人赠送礼品，对个人取得的礼品所得	按照其他所得项目，全额适用20%的税率缴纳个人所得税
企业在年会、座谈会、庆典以及其他活动中向本单位以外的个人赠送礼品，对个人取得的礼品所得	按照其他所得项目，全额适用20%的税率缴纳个人所得税

（二）应纳税额计算

1. 计税方法：按次计征。

2. 税率：20%。

3. 计税依据：以每次收入额为应纳税所得额，不扣减任何费用。

4. 计税公式

应纳税额＝每次收入额×20%

5. 税收优惠政策

（1）储蓄存款利息所得暂免征收个人所得税。

（2）国债和国家发行的金融债券利息免税。

（3）彩票，一次中奖收入在1万元以下的暂免征收个人所得税；超过1万元的，全额征收个人所得税。

（4）个人取得单张有奖发票奖金所得不超过800元的，暂免征收个人所得税；超过800元的，全额征收个人所得税。

（5）个人从公开发行和转让市场取得的上市公司股票取得的股息：

持股期限≤1个月：全额。

1个月＜持股期限≤1年：减按50%计入应纳税所得额。

持股期限＞1年：免征。

（6）个人持有上市公司限售股，解禁前取得的股息红利，减按50%计入应纳税所得额。

【总结】国债与股票

表5-32 国债与股票的区别

类型	转让	利息	
国债	全	免	
股票	免	持股＞1年	免
		1个月＜持股≤1年	减半
		限售股解禁前	
		期限≤1个月	全额

十、关于捐赠的扣除规定

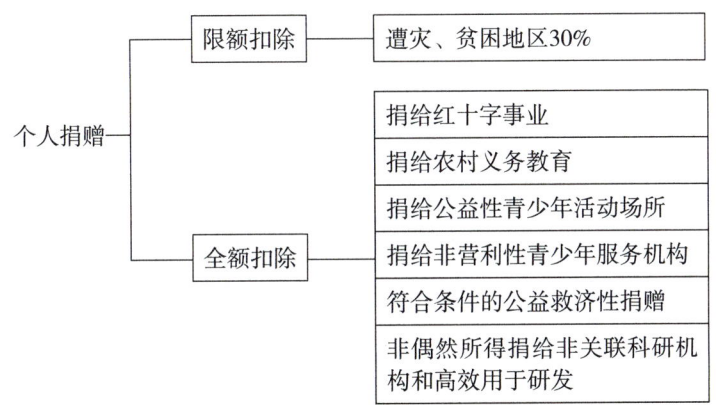

图5-10 个人捐赠的扣除规定

> **注意**
> （1）上述捐赠必须通过中国境内非营利的社会团体、国家机关。
> （2）与应纳税所得额比，从应纳税所得额扣。

【小结】

表5-33 关于捐赠的扣除情况汇总

情形	能否扣除	扣除方法	注意事项
公益性捐赠	√	限额扣除	限额为：应纳税所得额×30%
		全额扣除	（1）向红十字事业的捐赠； （2）向农村义务教育的捐赠； （3）向公益性青少年活动场所（其中包括新建）的捐赠； （4）向福利性、非营利性老年服务机构的捐赠，以及通过特定基金会用于公益救济性的捐赠。
其他捐赠（直接捐赠）	×		

十一、其他扣除

1. 个人所得（不含偶然所得、其他所得）用于非关联的科研机构和高等学校，研究开发新产品、新技术、新工艺所发生的研究开发经费，可全额在下月（工资、薪金所得）或下次（按次计征所得）或当年（按年计征所得）应纳税所得额中扣除，不足抵扣的，不得结转抵扣。

2. 2017年7月1日起，个人购买符合规定的商业健康保险支出，允许扣除限额为2400元／年（200元／月）。（2018年新增）

【总结】

表5-34 个人所得税应纳税额计算

征税项目	应纳税所得额	费用扣除方法	税率	计税方法	计税公式	备注
工资、薪金所得	每月收入额－3500元或4800元	定额	七级超额累进税率	按月	应纳税额＝应纳税所得额×适用税率－速算扣除数	
个体工商户生产、经营所得	全年收入总额－成本、费用及损失等	按规定在允许的范围内据实扣除	五级超额累进税率	按年		
对企事业单位承包经营、承租经营所得	纳税年度收入总额－必要费用	【注意】业主工资不得扣除。				
劳务报酬所得	（1）每次收入额≤4000元：每次收入额－800元（2）每次收入额＞4000元：收入额×（1－20%）	定额和定率相结合	20%比例税率	按次	应纳税额＝应纳税所得额×20%	有加成征收
稿酬所得						实际税率14%
特许权使用费所得						
财产租赁所得	每次（月）收入额－财产租赁过程中缴纳的税费－由纳税人负担的租赁财产实际开支的修缮费用（800元为限）－800元或者×（1－20%）	定额和定率相结合【注意】修缮费的扣除及判断是否超过4000元的基数问题。	20%比例税率【注意】个人出租居住用房取得的所得减按10%。			
财产转让所得	收入总额－财产原值－合理费用	按规定允许的范围内据实扣除	20%比例税率			

（续上表）

征税项目	应纳税所得额	费用扣除方法	税率	计税方法	计税公式	备注
利息、股息、红利所得	一般为每次收入额	不得扣除	20%比例税率	按次	应纳税额＝应纳税所得额×20%	
偶然所得						
其他所得						
捐赠	限额扣除：捐赠额不超过应纳税所得额的30%的部分，可以从应纳税所得额中扣除					
	全额扣除：红十字；农村义务教育；青少年；养老院；符合条件的公益救济性捐赠；非偶然所得、非关联方、高校和科研机构用于研发					

【特别提示】注意与税收优惠政策的结合（国债、股票）。

考点三 个人所得税的税收优惠

下列所得免征或暂免征收个人所得税：

1．省级人民政府、国务院部委和中国人民解放军军以上单位，以及外国组织、国际组织颁发的科学、教育、技术、文化、卫生、体育、环境保护等方面的奖金；

2．国债和国家发行的金融债券利息；

3．按照国家统一规定发给的补贴、津贴；

4．福利费、抚恤金、救济金；

5．保险赔款；

6．军人的转业费、复员费；

7．退休工资；

8．外交代表、领事官员和其他人员的所得；

9．中国政府参加的国际公约、签订的协议中规定免税的所得；

10．在中国居住不满90日的非居民纳税人境内所得境外支付免税，有协议的延长到180日；

11．"三险一金"从纳税义务人的应纳税所得额中扣除；

12．拆迁补偿款；

13．外籍个人：

（1）非现金形式或实报实销的住房补贴、伙食补贴、搬迁费、洗衣费；

（2）合理标准的境内外出差补贴；

（3）合理的语言训练费、子女教育费；

（4）从外商投资企业取得的股息、红利所得；

（5）符合条件的工资、薪金所得（针对外籍专家）；

（6）探亲费（每年不超过两次）。

14．个人举报、协查各种违法、犯罪行为而获得的奖金；

15．个人办理代扣代缴税款手续，按规定取得的扣缴手续费；

16．企业在销售商品和提供服务过程中向个人赠送礼品，属于下列情形之一的，不征收个人所得税：

（1）企业通过价格折扣、折让方式向个人销售商品和提供服务；

（2）企业向个人销售商品和提供服务的同时给予赠品；

（3）企业对累计消费达到一定额度的个人按消费积分反馈的礼品。

考点四 个人所得税的征收管理

一、纳税申报

（一）代扣代缴

以支付所得的单位或个人为扣缴义务人。税务机关给付2%的手续费。

> 注意
> 扣缴义务人中"个体工商户的生产经营所得；对企事业单位承包经营、承租经营所得"特殊。

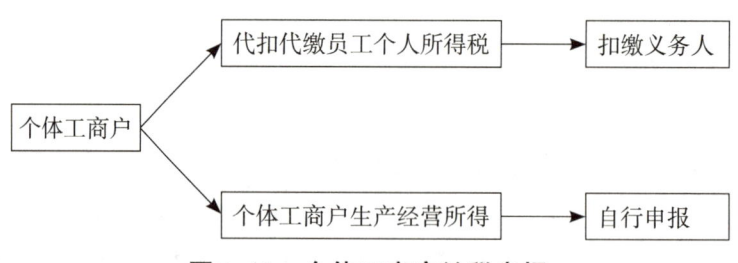

图5-11　个体工商户纳税申报

（二）自行申报

自行申报纳税的纳税义务人：

1．年所得12万元以上的；

2．从中国境内两处或者两处以上取得工资、薪金所得的；

3．从中国境外取得所得的；

4．取得应税所得，没有扣缴义务人的；

5. 国务院规定的其他情形。

二、纳税期限

自行申报纳税的申报期限：

1. 一般情况——次月15日内；

2. 个体工商户生产、经营所得：按年计算，分月预缴，由纳税义务人在次月15日内预缴，年度终了后3个月内汇算清缴，多退少补；

3. 年所得额在12万元以上的纳税人，在年度终了后3个月内到主管税务机关办理纳税申报。

三、纳税地点

自行申报纳税的申报地点：

1. 一般情况：收入来源地；

2. 纳税人从两处或两处以上取得工资、薪金的，可选择并固定在其中一地税务机关申报纳税；

3. 从境外取得所得的，应向其境内户籍所在地或经常居住地税务机关申报纳税；

4. 个人独资企业和合伙企业投资人：

（1）个人独资企业和合伙企业投资人应向企业实际经营管理所在地主管税务机关申报缴纳个人所得税。

（2）投资者兴办两个或者两个以上企业的，应分别向企业实际经营管理所在地主管税务机关预缴税款。

【小结】

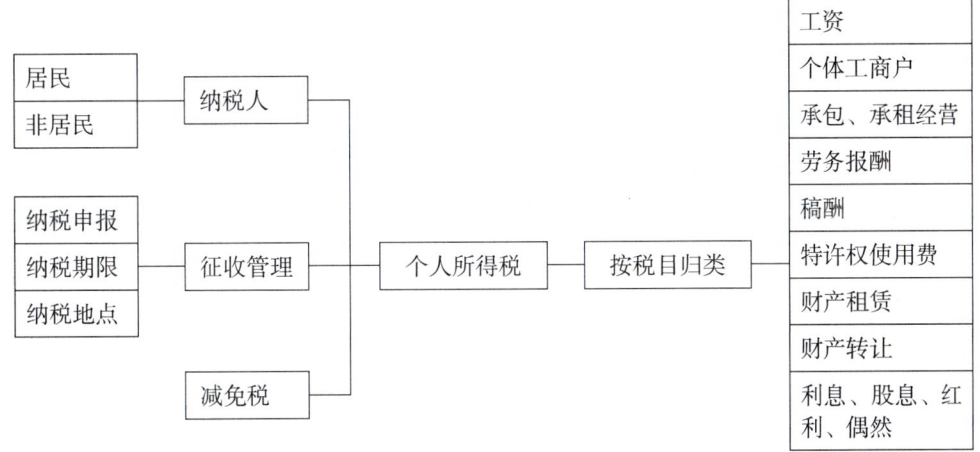

图5-12 个人所得税相关内容汇总

第六章 其他税收法律制度

表6-1 其他税收法律制度

税种	分类	性质
房产税	财产税	受益人纳税；从价／从租
契税	财产税—转移税—买方税	买方纳税
土地增值税	财产税—转移税—卖方税	卖方纳税；超率累进税率
城镇土地使用税	财产税—准财产税	受益人纳税；大量规定与房产税类似
车船税	财产税	拥有并使用；按车船类型纳税
印花税	行为税	针对书立、领受、使用应税凭证和权利许可证照的行为；列举制
资源税	资源税	开采我国不可再生的自然资源；从价计征
城建税＋教育费附加	行为税	与"两税"联系密切
关税	流转税	特定环节（进出口）；价外税；进口环节增值税、消费税组成计税价格的基础
环境保护税（2018年新增）	行为税	直接向环境排放污染物的企事业单位和其他生产经营者，定额税率
车辆购置税	行为税	购置并使用；价外税；可与增值税、消费税结合；不作为进口环节增值税、消费税组成计税价格的基础
耕地占用税	行为税	针对占用耕地行为，目的是开发新的耕地
烟叶税	特产税	收购方缴纳；属于农产品收购可结合增值税

第一节 房产税法律制度

房产税，是以房产为征税对象，按照房产的计税价值或房产租金收入向房产所有人或经营管理人等征收的一种税。

考点一 纳税人

在我国城市、县城、建制镇和工矿区（不包括农村）内拥有房屋产权的单位和个人，具体包括产权所有人、承典人、房产代管人或者使用人。

1. 产权属于国家所有的，其经营管理的单位为纳税人。
2. 产权属于集体和个人的，集体单位和个人为纳税人。
3. 产权出典的，承典人为纳税人。
4. 产权所有人、承典人均不在房产所在地的，房产代管人或者使用人为纳税人。
5. 产权未确定以及租典纠纷未解决的，房产代管人或者使用人为纳税人。
6. 纳税单位和个人无租使用房产管理部门、免税单位及纳税单位的房产，由使用人代为缴纳房产税。

> **注意**
> 房屋出租原则上出租人为纳税人，但在无租使用的情况下，承租人实际受益，因此由承租人代为缴纳。

7. 房地产开发企业建造的商品房，在出售前，不征收房产税，但对出售前房地产开发企业已使用或出租、出借的商品房应按规定征收房产税。

【记忆提示】受益人纳税。

考点二 征税范围

1. 房产税的征税范围为城市、县城、建制镇和工矿区的房屋，不包括农村。
2. 独立于房屋之外的建筑物，如围墙、烟囱、水塔、室外游泳池等不属于房产税的征税范围。

考点三 应纳税额计算

表6-2 房产税应纳税额计算

计税方法	计税依据	税率	税额计算公式
从价计征	房产余值	1.2%	全年应纳税额＝应税房产原值×（1－扣除比例）×1.2%
从租计征	房产租金	12%	全年应纳税额＝（不含增值税）租金收入×12%
税收优惠	个人出租住房，按4%的税率征收		
	企事业单位、社会团体以及其他组织按市场价向个人出租用于居住的住房，减按4%的税率征收（2018年新增）		

> **注意**
>
> 扣除比例为10%~30%，由省级人民政府确定。

一、关于房产原值

1. 房产原值，是指纳税人按照会计制度规定，在账簿"固定资产"科目中记载的房屋原价（不减除折旧）。

2. 凡以房屋为载体，不可随意移动的附属设备和配套设施，如给排水、采暖、消防、中央空调、电气及智能化楼宇设备等，无论在会计核算中是否单独记账与核算，都应计入房产原值，计征房产税。

3. 纳税人对原有房屋进行改建、扩建的，要相应增加房屋的原值。

二、关于投资联营

1. 对以房产投资联营、投资者参与投资利润分红、共担风险的，按房产余值作为计税依据计缴房产税。

2. 对以房产投资收取固定收入、不承担经营风险的，实际上是以联营名义取得房屋租金，应以出租方取得的租金收入为计税依据计缴房产税。

三、关于融资租赁

对于融资租赁的房屋，以房产余值计征房产税。

> **注意**
>
> 房产税应纳税额计算与税收优惠经常结合考核，此外还需注意同一所房屋前半年自用，后半年出租的情况。

考点四 税收优惠

1. 国家机关、人民团体、军队自用的房产，免征房产税。
2. 由国家财政部门拨付事业经费的单位所有的、本身业务范围内使用的房产，免征房产税。
3. 宗教寺庙、公园、名胜古迹自用的房产，免征房产税。
4. 个人所有的非营业用房产，免征房产税。
5. 经财政部批准免税的其他房产，包括：

（1）危房、毁损不堪的居住房屋——停用后免征。

（2）大修理连续停用半年以上房屋——停用期间免征。

（3）基建工地临时房屋——施工期间免征。

（4）租金偏低的公房出租——免征。

（5）高校学生公寓——免征。

（6）非营利性医疗机构——免征。

（7）老年服务机构自用房产——免征。

（8）廉租房、公租房——免征。

（9）国家机关、军队、人民团体、（财政补助+经费自理）事业单位、居委会、村委会、体育基金会、体育类民办非企业单位拥有的体育场馆、用于体育活动的房产——免征。

（10）企业拥有并运营管理的大型体育场馆，其用于体育活动的房产——减半征收。

> **注意**
> （9）（10）用于体育活动的天数不得低于全年自然天数的70%。

考点五 征收管理

一、纳税义务发生时间

1. 纳税人将原有房产用于生产经营，从生产经营之月起，缴纳房产税。
2. 纳税人自行新建房屋用于生产经营，从建成之次月起，缴纳房产税。
3. 纳税人委托施工企业建设的房屋，从办理验收手续之次月起，缴纳房产税。
4. 纳税人购置新建商品房，自房屋交付使用之次月起，缴纳房产税。
5. 纳税人购置存量房，自办理房屋权属转移、变更登记手续，房地产权属登记机关签发房屋权属证书之次月起，缴纳房产税。

6．纳税人出租、出借房产，自交付出租、出借本企业房产之次月起，缴纳房产税。

7．房地产开发企业自用、出租、出借本企业建造的商品房，自房屋使用或交付之次月起，缴纳房产税。

8．纳税人因房产的实物或权利状态发生变化而依法终止房产税纳税义务的，其应纳税款的计算应截止到房产的实物或权利状态发生变化的当月末。

二、纳税地点

房产税在房产所在地缴纳；房产不在同一地方的纳税人，应按房产的坐落地点分别向房产所在地的税务机关申报纳税。

三、纳税期限

房产税实行"按年计算、分期缴纳"的征收方法，具体纳税期限由省、自治区、直辖市人民政府确定。

【小结】

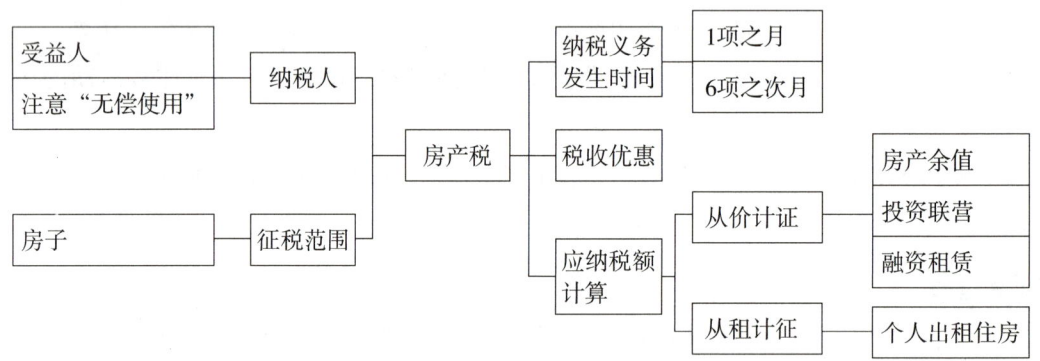

图6-1 房产税相关内容汇总

第二节 契税法律制度

契税，是指国家在土地、房屋权属转移时，按照当事人双方签订的合同（契约），以及所确定价格的一定比例，向权属承受人征收的一种税。

考点一 纳税人

在我国境内承受土地、房屋权属转移的单位和个人。

考点二 征税范围

1. 国有土地使用权出让。
2. 土地使用权转让（包括出售、赠与、交换）。
3. 房屋买卖、赠与、交换。

> **注意**
> （1）土地、房屋权属未发生转移的，不征收契税。
> （2）土地使用权的转让不包括农村集体土地承包经营权的转移。
> （3）土地、房屋权属的典当、继承、分拆（分割）、出租、抵押，不属于契税的征税范围。
> （4）与土地增值税区别，关键在于纳税人的不同。

4. 视同发生应税行为：
   （1）以土地、房屋权属作价投资、入股；
   （2）以土地、房屋权属抵债；
   （3）以获奖方式承受土地、房屋权属；
   （4）以预购方式或者预付集资建房款方式承受土地、房屋权属。

企业破产清算期间，对非债权人承受破产企业土地、房屋权属的，征收契税。

考点三 应纳税额计算

一、税率

契税采用比例税率，并实行3%～5%的幅度税率。

二、计税依据

1. 国有土地使用权出让、土地使用权出售、房屋买卖以成交价格作为计税依据。

> **提示**
> 计征契税的成交价格不含增值税。

2. 土地使用权赠与、房屋赠与，由征税机关参照土地使用权出售、房屋买卖的市场价格确定。对成交价格明显低于市场价格而无正当理由的，或所交换的土地使用权、房屋价格的差额明显不合理并且无正当理由的，征收机关参照市场价格核定计税依据。

3. 土地使用权交换、房屋交换，以交换土地使用权、房屋的价格差额为计税依据。

> **注意**
> 交换价格不相等的，由多交付货币的一方缴纳契税；交换价格相等的，免征契税。（必须掌握）

> **提示**
> 此处的"交换"是指以房换房、以地换地、房地互换，如果是以房（地）抵债、以房（地）换货，应视同房屋（土地）买卖缴纳契税。

4. 以划拨方式取得的土地使用权，经批准转让房地产时，以补交的土地使用权出让费用或者土地收益为计税依据。

【总结】有成交价格按成交价格，没有成交价格按市场价格，交换的按差额，补交的按补交金额。

三、计税公式

应纳契税税额＝计税依据×税率

考点四 税收优惠

1. 国家机关、事业单位、社会团体、军事单位承受土地、房屋用于办公、教学、医疗、科研和军事设施的，免征契税。
2. 城镇职工按规定第一次购买公有住房的，免征契税。
3. 因不可抗力灭失住房而重新购买住房的，酌情准予减征或者免征契税。

4. 土地、房屋被县级以上人民政府征用、占用后，重新承受土地、房屋权属的，是否减征或者免征契税，由省、自治区、直辖市人民政府确定。

5. 纳税人承受荒山、荒沟、荒丘、荒滩土地使用权，用于农、林、牧、渔业生产的，免征契税。

6. 外交减免。

经批准减征、免征契税的纳税人，改变有关土地、房屋的用途的，就不再属于减征、免征契税范围，并且应当补缴已经减征、免征的税款。

考点五 征收管理

一、纳税期限

自纳税义务发生之日起10日内。

二、纳税义务发生时间

纳税人签订土地、房屋权属转移合同的当天，或者纳税人取得其他具有土地、房屋权属转移合同性质凭证的当天。

三、纳税地点

土地、房屋所在地的税务征收机关。

【小结】

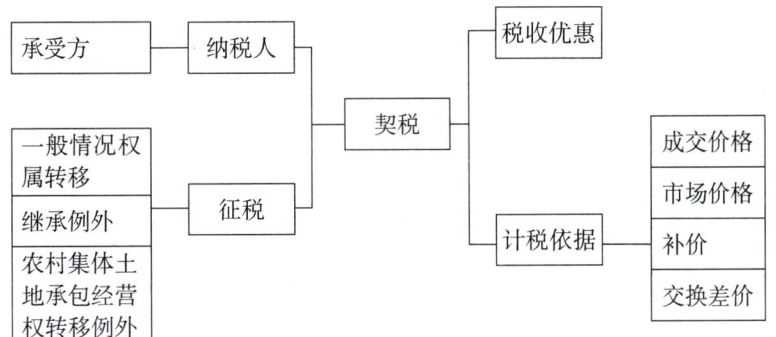

图6-2 契税相关内容汇总

第三节 土地增值税法律制度

土地增值税是对转让国有土地使用权、地上建筑物及其附着物并取得收入的单位和个人，就其转让房地产所取得的增值额征收的一种税。

表6-3 土地增值税征税范围

事项		土地增值税	
		不征	征
土地使用权出让		不征	
土地使用权转让			征
转让建筑物产权			征
继承		不征	
赠与		（1）赠与直系亲属或者承担直接赡养义务人；（2）通过中国境内非营利的社会团体、国家机关赠与教育、民政和其他社会福利、公益事业。	赠与其他人
改制	整体改制	暂不征收	
	合并	暂不征收	
	分立	暂不征收	
	投资、联营	暂不征收	
	房地产开发企业		征
房地产开发企业		将部分开发房产自用或出租	出售/发生所有权转移时应"视同销售"
房地产交换		个人互换自有居住用房	企业互换
合作建房		建成后自用	建成后转让

（续上表）

事项	土地增值税	
	不征	征
出租	不征	
抵押	抵押期间	抵押期满且发生权属转移
代建	不征	
评估增值	不征	

【总结】土地增值税属于收益性质的土地税，因此只有在发生权属转移且有增值的情况下才予征收。考生在理解的基础上，关注出让与转让、企业改制。

考点二 应纳税额计算

一、计税公式

增值额＝转让房地产取得的收入－扣除项目金额

土地增值税＝增值额×税率－扣除项目金额×速算扣除系数

提示

纳税人转让房地产取得的应税收入，应包括转让房地产的全部价款及有关的经济收益。从收入的形式来看，包括货币收入、实物收入和其他收入。

土地增值税纳税人转让房地产取得的收入为不含增值税收入。

二、税率

表6-4 土地增值税四级超率累进税率表

级数	增值额与扣除项目金额的比率	税率（％）	速算扣除系数（％）
1	不超过50%的部分	30	0
2	超过50%～100%的部分	40	5
3	超过100%～200%的部分	50	15
4	超过200%的部分	60	35

三、扣除项目

（一）新建项目具体扣除标准

表6-5 新建项目具体扣除标准

转让项目			具体扣除项目	扣除标准	
新建项目	房地产开发企业	拿地	①取得土地使用权所支付的金额	据实扣除（成本＋契税）	
		建房	②房地产开发成本	据实扣除	
			③房地产开发费用	利息明确	利息＋（①＋②）×5%
				利息不明确	（①＋②）×10%
		销售	④与转让房地产有关的税金	城、教（不包括印花税）	
		优惠	⑤加计扣除额	（①＋②）×20%	
新建项目	非房地产开发企业	拿地	①取得土地使用权所支付的金额	据实扣除（成本＋契税）	
		建房	②房地产开发成本 ③房地产开发费用	据实扣除 利息明确：利息＋（①＋②）×5% 利息不明确（①＋②）×10%	
		销售	④与转让房地产有关的税金	城、教、印	

【理解】房地产开发企业销售的新房属于期房，因此销售印花税与房屋开发费用属于同一会计期间，印花税已在开发费用中扣除，故不允许单独再扣除；非房地产企业销售新房属于现房，因此印花税虽然也计入管理费用当中，但与房地产开发费用显然不属于同一会计期间，故允许单独扣除。

【记忆提示】请考生按照企业建房的费用发生顺序记忆，同时注意房地产开发企业与非房地产开发企业的不同。

> **注意**
>
> 税收优惠：纳税人建造普通标准住宅出售，增值额未超过扣除项目金额20%的，予以免税。

（二）销售旧房具体扣除标准

表6-6 销售旧房具体扣除标准

转让项目			具体扣除项目	扣除标准
存量项目	房屋	房	①房屋及建筑物的评估价格	重置成本价×成新率
		地	②取得土地使用权所支付的地价款和缴纳的有关费用	据实扣除
		销售	③与转让房地产有关的税金	
	土地	地	①取得土地使用权所支付的地价款和缴纳的有关费用	据实扣除
		销售	②与转让房地产有关的税金	

四、计算步骤

（一）确定收入——题目给出

（二）确定扣除项目金额

1. 取得土地使用权所支付的金额——题目给出。
2. 房地产开发成本——题目给出。
3. 房地产开发费用——根据题目内容判定利息是否明确。
4. 与转让房地产有关的税金——题目给出（注意印花税迷惑）。
5. 计算加计扣除。

（三）确定增值额——（收入－扣除项目）

（四）确定增值额与扣除项目的比率——（增值税÷扣除项目）

（五）找税率

（六）算税额

应纳税额＝增值额×税率－扣除项目金额×速算扣除系数

考点三 税收优惠

1. 纳税人建造普通标准住宅出售，增值额未超过扣除项目金额20%的，予以免税；超过20%的，应按全部增值额缴纳土地增值税。
2. 因国家建设需要依法征用、收回的房地产，免征土地增值税。

> **注意**
>
> 因上述原因而"自行转让"比照国家收回处理。

3. 企事业单位、社会团体以及其他组织转让旧房作为廉租住房、经济适用住房房源且增值额未超过扣除项目金额20%的,免征土地增值税。

4. "居民个人""转让住房"免征土地增值税。

考点四 征收管理

一、土地增值税纳税清算

符合下列情形之一的,纳税人应当进行土地增值税的清算:

1. 房地产开发项目全部竣工、完成销售的;
2. 整体转让未竣工决算房地产开发项目的;
3. 直接转让土地使用权的。

符合下列情形之一的,主管税务机关可以要求纳税人进行土地增值税清算:

1. 已竣工验收的房地产开发项目,已转让的房地产建筑面积占整个项目可售建筑面积的比例在85%以上,或该比例虽未超过85%,但剩余的可售建筑面积已经出租或自用的;
2. 取得销售(预售)许可证满3年仍未销售完毕的;
3. 纳税人申请注销税务登记但未办理土地增值税清算手续的;
4. 其他。

【记忆提示】应当进行清算的情形是纳税人的开发项目已经完全转让。

二、其他规定

1. 纳税人应在转让房地产合同签订后7日内,到房地产所在地主管税务机关办理纳税申报。

2. 纳税人采取预售方式销售房地产的,对在项目全部竣工结算前转让房地产取得的收入,税务机关可以预征土地增值税。

3. 房地产开发企业有下列情形之一的,税务机关可以参照与其开发规模和收入水平相近的当地企业的土地增值税税负情况,按不低于预征率的征收率核定征收土地增值税:

(1)依照法律、行政法规的规定应当设置但未设置账簿的;

（2）擅自销毁账簿或者拒不提供纳税资料的；

（3）虽设置账簿，但账目混乱或者成本资料、收入凭证、费用凭证残缺不全，难以确定转让收入或扣除项目金额的；

（4）符合土地增值税清算条件，未按照规定的期限办理清算手续，经税务机关责令限期清算，逾期仍不清算的；

（5）申报的计税依据明显偏低，又无正当理由的。

【小结】

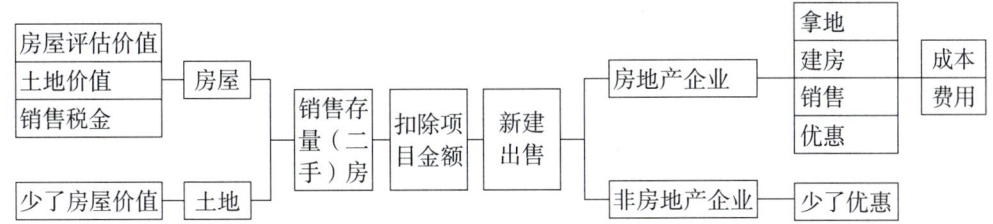

图6-3 土地增值税扣除项目相关内容汇总

第四节 城镇土地使用税法律制度

城镇土地使用税是国家在"城市、县城、建制镇和工矿区"范围内，对使用土地的单位和个人，以其实际占用的土地面积为计税依据，按照规定的税额计算征收的一种税。

考点一 纳税人与征税范围

一、城镇土地使用税的纳税人，是指在城市、县城、建制镇、工矿区范围内使用土地的单位和个人。根据用地者的不同情况分别确定为：

1. 城镇土地使用税由拥有土地使用权的单位或者个人缴纳；
2. 拥有土地使用权的纳税人不在土地所在地的，由代管人或者实际使用人缴纳；
3. 土地使用权未确定或者权属纠纷未解决的，由实际使用人纳税；
4. 土地使用权共有的，共有各方均为纳税人，由共有各方按实际使用土地的面积占总面积的比例分别缴纳。

【理解】受益人纳税原则，谁使用，谁受益，谁纳税。

注意
用于租赁的房屋，由出租方缴纳城镇土地使用税。

二、自2009年1月1日起，公园、名胜古迹内的索道公司经营用地，应按规定缴纳城镇土地使用税。

考点二 应纳税额

一、税率

城镇土地使用税实行有幅度的差别定额税率，而且每个幅度税额的差距为20倍。

二、计税依据为纳税人实际占用土地面积

1. 凡由省级人民政府确定的单位组织测定土地面积的，以测定的土地面积为准。
2. 尚未组织测定，但纳税人持有政府部门核发的土地使用权证书的，以证书确定的土地面积为准。

3. 尚未核发土地使用权证书的，应当由纳税人据实申报土地面积，待核发土地使用权证书后再作调整。

三、应纳税额计算

执行从量计征。

年应纳税额＝实际占用应税土地面积（平方米）×适用税额

注意

与税收优惠的结合考核。

考点三 税收优惠

一、一般规定

1. 国家机关、人民团体、军队自用的土地；
2. 由国家财政部门拨付事业经费的单位自用的土地；
3. 宗教寺庙、公园、名胜古迹自用的土地；
4. 市政街道、广场、绿化地带等公共用地；
5. 直接用于农、林、牧、渔业的生产用地；
6. 经批准开山填海整治的土地和改造的废弃土地，从使用的月份起免缴土地使用税5年至10年；
7. 由财政部另行规定免税的能源、交通、水利设施用地和其他用地。

【记忆提示】1～5为非经营行为；6～7为国家鼓励行为。

注意

公园、名胜古迹内的索道公司经营用地，应按规定缴纳城镇土地使用税。

二、特殊规定

1. 缴纳了耕地占用税的，从批准征用之日起满1年后征收城镇土地使用税。
2. 免税单位无偿使用纳税单位的土地——免征；
   纳税单位无偿使用免税单位的土地——征。
3. 房地产开发公司开发建造商品房的用地，除经批准开发建设经济适用房的用地外，对各类房地产开发用地一律不得减免城镇土地使用税。
4. 铁路专用线、公路、荒山、林地、湖泊：

企业厂区内（包括办公区、生活区、绿化带、机场跑道等）——征；企业厂区外——不征。

> **注意**
> 企业范围内的荒山、林地、湖泊等占地，自2016年1月1日起全额征收。

（1）下列石油天然气生产建设用地暂免征收城镇土地使用税：

①地质勘探、钻井、井下作业、油气田地面工程等施工临时用地；

②企业厂区以外的铁路专用线、公路及输油（气、水）管道用地；

③油气长输管线用地。

（2）林场：林地、防火用地。

（3）盐场：盐场的盐滩、盐矿的矿井用地。

（4）矿山：安全区、公路、输送管道、回水系统。

（5）火电厂：围墙外的灰场用地。

（6）水利设施。

（7）港口：码头。

（8）机场：飞行区、场外的跑道。

5. 老年服务机构的自用土地；

6. 体育场馆的城镇土地使用税优惠政策

（1）国家机关、军队、人民团体、财政补助事业单位、居民委员会、村民委员会拥有的体育场馆，用于体育活动的土地，免征城镇土地使用税。

（2）经费自理事业单位、体育社会团体、体育基金会、体育类民办非企业单位拥有并运营管理的体育场馆，符合相关条件的，其用于体育活动的土地，免征城镇土地使用税。

（3）企业拥有并运营管理的大型体育场馆，其用于体育活动的土地，减半征收城镇土地使用税。

（4）享受上述税收优惠体育场馆的运动场地用于体育活动的天数不得低于全年自然天数的70%。

考点四 征收管理

一、纳税义务发生时间

自XXX之次月起。

> 征用耕地的，已缴纳过耕地占用税为自批准征用之日起满1年后缴纳。

表6-7 城镇土地使用税纳税义务的发生时间

情形	纳税义务发生时间
纳税人购置新建商品房	自房屋交付使用之次月起。
纳税人购置存量房	自办理房屋权属转移、变更登记手续，房地产权属登记机关签发房屋权属证书之次月起。
纳税人出租、出借房产	自交付出租、出借房产之次月起。
以出让或转让方式有偿取得土地使用权的	应由受让方从合同约定交付土地时间的次月起缴纳城镇土地使用税；合同未约定交付土地时间的，由受让方从合同签订的次月起缴纳城镇土地使用税。
纳税人新征用的耕地	自批准征用之日起满1年时。
纳税人新征用的非耕地	自批准征用次月起。

二、纳税地点

城镇土地使用税在土地所在地缴纳。

纳税人使用的土地不属于同一省、自治区、直辖市管辖的，由纳税人分别向土地所在地税务机关缴纳城镇土地使用税。

三、纳税期限：按年计算，分期缴纳。

【小结】

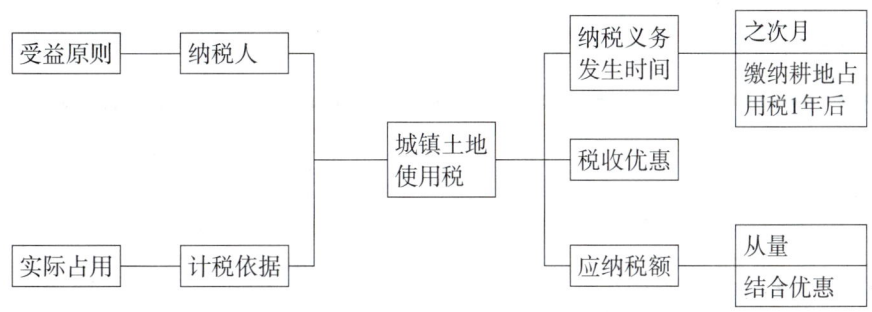

图6-4 城填土地使用税相关内容汇总

第五节 车船税法律制度

车船税,是指对在中国境内车船管理部门登记的车辆、船舶依法征收的一种税。

考点一 纳税人与征税范围

一、纳税人

车船税的纳税人,是指在中华人民共和国境内属于税法规定的车辆、船舶的所有人或者管理人。

从事机动车第三者责任强制保险业务的保险机构为机动车车船税的扣缴义务人。

二、征税范围

车船税的征收范围具体包括:

1. 依法应当在车船管理部门登记的机动车辆和船舶;
2. 依法不需要在车船登记管理部门登记的在单位内部场所行驶或者作业的机动车辆和船舶。

【注意】 依法不需要在车船登记管理部门登记的机场、港口、铁路站场内部行驶或者作业的车船,自车船税法实施之日起5年内免征车船税。

考点二 应纳税额

表6-8 车船税应纳税额

税目		计税单位	计税依据	应纳税额
乘用车		每辆	辆数	应纳税额=辆数×适用年基准税额
摩托车				
商用客车				
商用货车	挂车	整备质量每吨	整备质量吨位数	应纳税额=整备质量吨位数×适用年基准税额 【提示】挂车按货车税额的50%计算
	半挂牵引车、客货两用汽车、三轮汽车和低速载货汽车等			
	专用作业车			
	轮式专用机械车(不包括拖拉机)			

(续上表)

税目		计税单位	计税依据	应纳税额
船舶	机动船舶	净吨位每吨	净吨位数	应纳税额＝净吨位数×适用年基准税额
	拖船、非机动驳船			应纳税额＝净吨位数×机动船舶适用年基准税额×50%
	游艇	艇身长度每米	艇身长度	应纳税额＝艇身长度×适用年基准税额

> **注意**
>
> 购置新车船：购置当年不足1年的应纳税额自纳税义务发生当月按月计征。
>
> 计算公式为：应纳税额＝年应纳税额÷12×应纳税月份数

考点三 税收优惠

一、下列车船免征车船税（重点掌握）

1. 捕捞、养殖渔船。（农业生产）
2. 军队、武装警察部队专用的车船。（白牌）
3. 警用车船。（白牌）
4. 依照法律规定应当予以免税的外国驻华使领馆、国际组织驻华代表机构及其有关人员的车船。（黑牌）

【补充】拖拉机。（农业生产）

5. 新能源车船。（清洁能源）
6. 外国、港、澳、台临时入境车船。（临时入境）

> **提示**
>
> （1）纯电动乘用车和燃料电池乘用车不属于车船税的征税范围，对其不征收车船税。
>
> （2）免征车船税的新能源汽车是指纯电动商用车、插电式（含增程式）混合动力汽车、燃料电池商用车。

授权省级政府规定的减免税项目

（1）对受地震、洪涝等严重自然灾害影响纳税困难以及其他特殊原因确需减免税的车船，可以在一定期限内减征或者免征车船税；具体减免期限和数额由省、自治区、直辖市人民政府确定，报国务院备案。

（2）省、自治区、直辖市人民政府根据当地实际情况，可以对公共交通车船，农村居民拥有并主要在农村地区使用的摩托车、三轮汽车和低速载货汽车定期减征或者免征车船税。

二、下列车船自《中华人民共和国车船税法》（以下简称《车船税法》）实施之日起5年内免征

【理解】《车船税法》自2012年1月1日起实施。

1. 缴纳过船舶吨税的船舶。
2. 依法不需登记的机场、港口、铁路内部作业车船。

三、减半征收

1. 节约能源车船（1.6升以下小排量）。

> 提示
> 2017年教材新增具体标准，有兴趣的考生可自行阅读。

2. 拖船、非机动驳船。

考点四 征收管理

一、纳税义务发生时间

车船税纳税义务发生时间为取得车船所有权或者管理权的当月；取得车船所有权或者管理权的当月，应当以购买车船的发票或者其他证明文件所载日期的当月为准。

二、纳税地点

扣缴义务人代收代缴车船税的，纳税地点为扣缴义务人所在地。
纳税人自行申报缴纳车船税的，纳税地点为车船登记地的主管税务机关所在地。
依法不需要办理登记的车船，其车船税的纳税地点为车船的所有人或者管理人所在地。
车船税由地方税务机关负责征收。

三、纳税申报

车船税按年申报，分月计算，一次性缴纳。

1. 已缴纳车船税的车船在同一纳税年度内办理转让过户的，不另纳税，也不办理退税。

2. 在一个纳税年度内，已完税的车船被盗抢、报废、灭失的，纳税人可以凭有关机关出具的证明和完税凭证，向纳税所在地的主管税务机关申请退还自被盗抢、报废、灭失月份起至该纳税年度终了期间的税款。

> **注意**
> 失而复得的，自公安机关出具相关证明的当月起计算、缴纳车船税。

【小结】

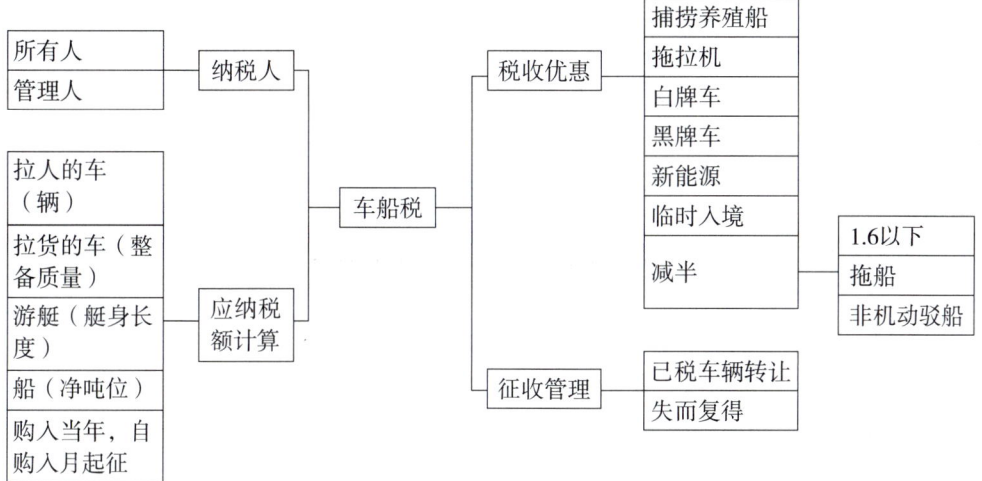

图6-5 车船税相关内容汇总

第六节　印花税法律制度

印花税是对经济活动和经济交往中书立、领受、使用的应税经济凭证所征收的一种税。

考点一　纳税人

印花税的纳税人，是指在中国境内书立、领受、使用税法所列举凭证的单位和个人。

1. 立合同人——合同的当事人，如果一份合同或应税凭证由两方或两方以上当事人共同签订，签订合同或应税凭证的各方都是纳税人，应各就其所持合同或应税凭证的计税金额履行纳税义务。

> **注意**
> 不包括合同的担保人、证人、鉴定人。

2. 立账簿人

该"账簿"指营业账簿，包括资金账簿和其他营业账簿。

3. 立据人——产权转移书据。
4. 领受人——权利证照。
5. 使用人——国外订立合同国内使用。
6. 各类电子应税凭证的签订人。

考点二　应纳税额

应纳税额＝应税凭证计税金额／件数×税率

表6-9　印花税应纳税额

序号	税目	范围	计税依据	税率
1	购销合同	包括供应、预购、采购、购销结合及协作、调剂、补偿、易货等合同	按购销金额	0.3‰

（续上表）

序号	税目	范围	计税依据	税率
2	加工承揽合同	包括加工、定做、修缮修理、印刷、广告、测绘、测试等合同	按加工或承揽收入（不包括材料）	0.5‰
3	建设工程勘察设计合同	包括勘察、设计合同	按收取的费用	0.5‰
4	建筑安装工程承包合同	包括建筑、安装工程承包合同	按承包金额	0.3‰
5	财产租赁合同	包括租赁房屋、船舶、飞机、机动车辆、机械、器具、设备等	按租赁金额	1‰，税额不足1元按1元
6	货物运输合同	包括民用航空、铁路运输、海上运输、内河运输、公路运输和联运合同	按运输收取的费用（不包括装卸费、保险费）	0.5‰
7	仓储保管合同	包括仓储、保管合同	按仓储保管费用	1‰
8	借款合同	银行及其他金融组织和借款人（不包括银行同业拆借）签订的借款合同	按借款金额（非利息）	0.05‰
9	财产保险合同	包括财产、责任、保证、信用等保险合同	按保险费收入	1‰
10	技术合同	包括技术开发、转让、咨询、服务等合同	按所载金额	0.3‰
11	产权转移书据	财产所有权、版权、商标专用权、专利权、专有技术使用权的转移书据、土地使用权出让合同、土地使用权转让合同、商品房销售合同。	按所载金额	0.5‰
12	营业账簿	资金账簿	按实收资本和资本公积合计金额	0.5‰
		其他营业账簿	按件	5元
13	权利、许可证照	房屋产权证、工商营业执照、商标注册证、专利证、土地使用证	按件	5元

一、征税范围和注意事项

1. 对发电厂与电网之间、电网与电网之间签订的购销电合同，按购销合同征收印花税。电网与用户之间签订的供用电合同不征印花税。
2. 财产租赁合同不包括企业与主管部门签订的租赁承包合同。
3. 借款合同不包括银行同业拆借合同和借款展期合同。
4. 保险合同是指财产保险合同，不包括人身保险合同。
5. "专利申请转让、非专利技术转让"属于技术合同；"专利权转让、专利实施许可"属于产权转移书据。
6. "法律、会计、审计"等合同、出版合同、委托代理合同不属于印花税列举范围，不贴印花。

注意

具有合同性质的凭证视同合同贴花（仅有凭证而无合同），既有合同又有凭证，仅就合同贴花；未按期兑现合同亦应贴花，已履行并贴花的合同，实际结算金额与合同记载金额不一致一般不再补贴印花。

7. 未按期兑现合同亦应贴花。
8. 同时书立合同和开立单据的，只就合同贴花；凡不书立合同，只开立单据，以单据作为合同使用的，其使用的单据应按规定贴花。

注意

资金账簿：只征一次，金额不变不再纳税，金额增加差额纳税。

车间、门市部、仓库设置的不记载金额的登记簿、统计簿、台账等不贴印花。

二、计税依据

1. 合同以其所记载的金额为计税依据，全额计税不得做任何扣除。
2. 载有两个或两个以上应适用不同税目税率经济事项的同一凭证，如分别记载金额的，应分别计算应纳税额，相加后按合计税额贴花；如未分别记载金额的，按税率高的计算贴花。

三、税率

印花税执行"比例税率"与"定额税率"相结合的征收方式。

【总结】房地产销售过程中涉及的税种，如表6-10所示。

表6-10 房地产销售过程中涉及的税种

税种	卖方	买方	税收优惠
增值税	√		个人转让购买2年以上，除"北上广深非普通住房"外免征
城建税	√		
教育费附加	√		个人转让购买2年以上，除北上广深非普通住房外免征
土地增值税	√		个人转让住房免征
契税		√	城镇职工第一次购买公有住房免征
印花税	√	√	
所得税	√		个人转让购买5年以上且是家庭唯一生活用房免征

考点三 税收优惠

下列情形免征印花税：

1. 财产所有人将财产赠给政府、社会福利单位、学校所立的书据；
2. 应纳税额不足1角的；
3. 无息、贴息贷款合同；
4. 商店、门市部的零星加工修理业务开具的修理单；
5. 房地产管理部门与个人订立的用于生活居住的租房合同；

注意

用于生产经营的按规定贴花。

6. 铁路、公路、航运、水路承运快件行李、包裹开具的托运单据；
7. 农林作物、牧业畜类保险合同；
8. 图书、报、刊发行单位之间，发行单位与订阅单位或个人之间书立的凭证；
9. 电话和网络购物；
10. （国有）股权转让。

注意

上市公司国有股权无偿转让，需要免征证券交易印花税的，须由企业提出申请，报证券交易所所在地国税局审批，并报国税总局备案。

【特别提示】另一部分免税政策在"征税范围"的注意事项中，须一并掌握！

考点四 征收管理

一、纳税义务发生时间：书立或领受时。

二、纳税地点：一般实行就地纳税。

三、纳税期限：书立、领受时即行贴花完税，不得延至凭证生效日期贴花。

四、缴纳方法

（一）自行贴花

1. 纳税人在书立、领受应税凭证时，自行计算应纳印花税税额，向当地纳税机关或印花税票代售点购买印花税票，在应税凭证上一次自行贴足印花并自行注销。

2. 已贴用的印花税票不得重用；已贴花的凭证，修改后所载金额有增加的，其增加部分应当补贴印花。

（二）汇贴汇缴

1. 汇贴：一份凭证应纳税额超过500元的，纳税人应向当地税务机关申请填写缴款书或完税证，将其中一联粘贴在凭证上或者税务机关在凭证上加注完税标记代替贴花。

2. 汇缴：同一类应税凭证，需频繁贴花的，纳税人应向当地税务机关申请按期汇总缴纳印花税，但最长期限不得超过1个月。

（三）委托代征

对通过国家有关部门发放、鉴证、公证或仲裁的应税凭证，税务部门可以依法委托这些部门代征印花税，发给代征单位代征委托书，明确双方的权利和义务。

【小结】

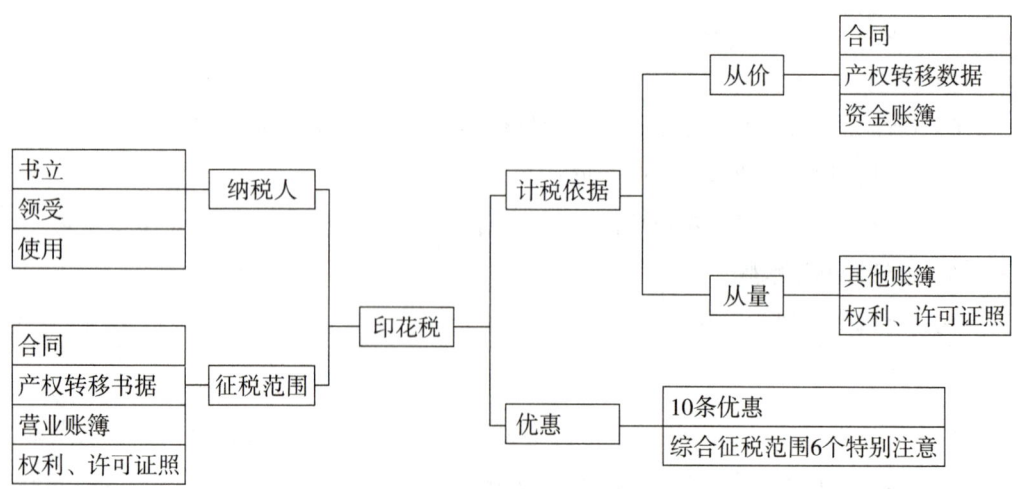

图6-6 印花税相关内容汇总

第七节 资源税法律制度

资源税是对在我国境内从事应税矿产品开采或生产盐的单位和个人征收的一种税。

考点一 纳税人与征税范围

一、纳税人

资源税的纳税人，是指在我国领域及管辖海域开采《中华人民共和国资源税暂行条例》规定的矿产品或者生产盐的单位和个人。

二、征税范围

表6-11 资源税征税范围

项目	征税	不征税
原油	天然原油	"人造"石油；开采原油过程中用于加热、修井的原油
天然气	专门或与原油同时开采	
煤炭	原煤＋"未税"原煤加工的洗、选煤	"已税"原煤加工的煤炭制品
其他非金属矿原矿	石墨、硅藻土、高岭土、萤石、石灰石、硫铁矿、磷矿、氯化钾、硫酸钾、井矿盐、湖盐、提取地下卤水晒制的盐、煤层气	
金属矿	铁、金、铜、铝土、铅锌、镍、锡矿及其他	
海盐	固体盐、液体盐	
水	河北	其他地区（2017年新增试点政策）

【理解】煤矿生产的天然气是对排空气的再利用，因此享受国家政策支持，而油田开采的天然气是开发利用的资源。

> **注意**
>
> （1）资源税只针对开采我国境内不可再生的自然资源征收，且仅限于初级矿产品或者原矿。
>
> （2）纳税人开采或者生产应税产品，自用于连续生产应税产品的，不缴纳资源税；自用于其他方面的，视同销售，缴纳资源税。

考点二 税率

一、税率形式

幅度比例税率。

> **注意**
>
> 具体税率的确定。

《资源税税目税率幅度表》中列举名称的资源品目：省级政府提出建议→财政部、国税总局核准。

《资源税税目税率幅度表》中未列举名称的资源品目：省级政府确定→财政部、国税总局备案。

1. 各税目的征税对象包括原矿、精矿（或原矿加工品）、金锭、氯化钠初级产品（包括固体和液体形态的初级产品）。

2. 资源税采用比例税率和定额税率两种形式，具体情况如下：

表6-12 资源税税率形式

征收方式	具体品目
从价定率计征（比例税率）	下列列举名称的金属矿和非金属矿（共27种）： （1）原油、天然气、煤炭 （2）石墨、硅藻土、高岭土、萤石、石灰石、硫铁矿、磷矿、氯化钾、硫酸钾、井矿盐、湖盐、提取地下卤水晒制的盐、煤层（成）气、海盐 （3）稀土、钨、钼、铁矿、金矿、铜矿、铝土矿、铅锌矿、镍矿、锡矿
	未列举名称的其他金属矿

（续上表）

征收方式	具体品目
从量定额计征（定额税率）	粘土、砂石（非金属矿）
按照从价计征为主、从量计征为辅的原则，由省级人民政府确定计征方式	未列举名称的其他非金属矿产品

3. 纳税人开采或者生产不同税目应税产品的，应当分别核算不同税目应税产品的销售额或销售数量；未分别核算或者不能准确提供不同税目应税产品的销售额或者销售数量的，从高适用税率。

4. 纳税人开采销售共伴生矿，共伴生矿与主矿产品销售额分开核算的，对共伴生矿暂不计征资源税；没有分开核算的，共伴生矿按主矿产品的税目和适用税率计征资源税。财政部、国家税务总局另有规定的，从其规定。

5. 独立矿山、联合企业收购未税矿产品的单位，按照本单位应税产品税额标准，依据收购的数量代扣代缴资源税。

其他单位收购未税矿产品，按税务机关核定的应税产品税额标准，依据收购的数量代扣代缴资源税。

考点三 应纳税额

应纳税额＝应税产品的销售额/数量×税率/单位税额

一、销售额

（一）一般情况下销售额的确定同增值税

销售额是指纳税人销售应税产品向购买方收取的全部价款和价外费用，不包括收取的增值税销项税额和运杂费用。

提示

（1）价外费用，包括价外向购买方收取的手续费、补贴、基金、集资费、返还利润、奖励费、违约金、滞纳金、延期付款利息、赔偿金、代收款项、代垫款项、包装费、包装物租金、储备费、优质费以及其他各种性质的价外收费。

（2）运杂费用是指应税产品从坑口或洗选（加工）地到车站、码头或购买方指定地点的运输费用、建设基金以及随运销产生的装卸、仓储、港杂费用。

（3）运杂费用应与销售额分别核算，凡未取得相应凭据或不能与销售额分别核算的，应当一并计征资源税。

（二）视同销售

1. 纳税人开采或者生产应税产品，自用于连续生产应税产品的，不缴纳资源税。

提示

（1）以自采原矿加工精矿产品的，在原矿移送使用时不缴纳资源税，在精矿销售或自用时缴纳资源税。

（2）纳税人以自采原矿加工金锭的，在金锭销售或自用时缴纳资源税。

（3）纳税人销售自采原矿或者自采原矿加工的金精矿、粗金，在原矿或者金精矿、粗金销售时缴纳资源税，在移送使用时不缴纳资源税。

（4）纳税人将开采的原煤自用于连续生产洗选煤的，在原煤移送使用环节不缴纳资源税；将开采的原煤加工为洗选煤销售的，应当计算缴纳资源税。煤炭销售额＝洗选煤销售额×折算率。

2. 纳税人开采或者生产应税产品，自用于连续生产应税产品以外的其他方面的，视同销售，缴纳资源税。

提示

（1）以应税产品投资、分配、抵债、赠与、以物易物等，视同销售，应依法计算缴纳资源税。

（2）纳税人将其开采的原煤加工为洗选煤自用的，视同销售洗选煤，按照规定核定其销售额。

（3）资源税实行一次课征制度，纳税人用已纳资源税的应税产品进一步加工应税产品销售的，原则上不再缴纳资源税。

注意

纳税人同时以自采未税原煤和外购已税原煤加工洗选煤的，应当分别核算；未分别核算的，全部视为以自采未税原煤加工的洗选煤征税。

3. 征税对象为原矿的，纳税人销售自采原矿加工的精矿，应将精矿销售额折算为原矿销售额缴纳资源税。

4. 征税对象为精矿时的处理

（1）纳税人开采并销售原矿的，将原矿销售额换算为精矿销售额计算缴纳资源税。

（2）纳税人将其开采的原矿加工为精矿销售的，按精矿销售额计算缴纳资源税。

（3）金矿征税对象为标准金锭，纳税人销售金原矿、金精矿的，比照上述规定换算为金锭的销售额缴纳资源税。

换算公式：

①成本法

精矿销售额＝原矿销售额＋原矿加工为精矿的成本×（1＋成本利润率）

【结论】精矿的销售额必然高于原矿的销售额。

②市场法

精矿销售额＝原矿销售额×换算比

换算比＝同类精矿单位价格÷（原矿单位价格×选矿比）

选矿比＝加工精矿耗用的原矿数量÷精矿数量

$$精矿销售额 = \frac{原矿销售额 \times 同类精矿单位价格}{原矿单位价格 \times 选矿比}$$

$$= \frac{原矿销售额 \times 同类精矿单位价格 \times 精矿精量}{原矿单位价格 \times 加工精矿耗用的原矿精量}$$

$$= 同类精矿单位价格 \times 精矿数量$$

【结论】选矿比＞1；原矿单位价格×选矿比＜同类精矿单位价格；换算比＞1。

5. 核定销售额

纳税人申报的应税产品销售额明显偏低并且无正当理由的、有视同销售应税产品行为而无销售额的，除财政部、国家税务总局另有规定外，按下列顺序确定销售额：

（1）按纳税人最近时期同类产品的平均销售价格确定；

（2）按其他纳税人最近时期同类产品的平均销售价格确定；

（3）按组成计税价格确定。

组成计税价格＝成本×（1＋成本利润率）÷（1－税率）

二、销售数量

1. 纳税人开采或者生产应税产品销售的，以实际销售数量为销售数量。
2. 纳税人开采或者生产应税产品自用的，以移送使用时的自用数量为销售数量。

> **注意**
>
> （1）纳税人不能准确提供应税产品销售数量或移送使用数量的，以应税产品的产量或按主管税务机关确定的折算比换算成的数量为计征资源税的销售数量。
>
> ——以精矿为征税对象
>
> （2）纳税人将其开采的矿产品原矿自用于连续生产精矿产品，无法提供移送使用原矿数量的，可将其精矿按选矿比折算成原矿数量。
>
> ——以原矿为征税对象

考点四 税收优惠

表6-13　资源税税收优惠

税目	条件	优惠幅度
石油天然气	稠油、高凝油、高含硫天然气	减征40%
	三次采油	减征30%
	低丰度油气田	减征20%
	深水油气田	减征30%
所有矿产品	衰竭期矿山	减征30%
	充填开采	减征50%

> **注意**
>
> 上述优惠不能叠加适用。

1. 纳税人开采或者生产应税产品过程中，因意外事故或者自然灾害等原因遭受重大损失的，由省、自治区、直辖市人民政府酌情决定减税或者免税。

2. 油田范围内运输稠油过程中用于加热的原油、天然气免征资源税。

3. 对依法在建筑物下、铁路下、水体下通过充填开采方式采出的矿产资源，资源税减征50%。

4. 对实际开采年限在15年以上的衰竭期矿山开采的矿产资源，资源税减征30%。

纳税人的减税、免税项目，应当单独核算销售额和销售数量；未单独核算或者不能准确提供销售额和销售数量的，不予减税或者免税。

考点五 征收管理

一、纳税义务发生时间

资源税由开采或者生产应税产品的单位或个人在应税产品的销售或自用环节计算缴纳。

> **提示**
> 资源税在生产（开采）销售或自用环节计算缴纳，在进口、批发、零售等环节不缴纳资源税。

表6-14 资源税纳税义务发生时间

具体情形	纳税义务发生时间
纳税人销售应税产品采取分期收款结算方式的	销售合同规定的收款日期的当天
纳税人销售应税产品采取预收货款结算方式的	发出应税产品的当天
纳税人销售应税产品采取其他结算方式的	收讫销售款或者取得索取销售款凭据的当天
纳税人自产自用应税产品的	移送使用应税产品的当天
扣缴义务人代扣代缴税款的	支付首笔货款或者首次开具支付货款凭据的当天

二、纳税地点

（一）纳税人应当向矿产品的开采地或盐的生产地缴纳资源税。

（二）纳税人在本省、自治区、直辖市范围开采或者生产应税产品，其纳税地点需要调整的，由省级地方税务机关决定。

（三）纳税人跨省开采资源税应税产品，其下属生产单位与核算单位不在同一省、自治区、直辖市的，对其开采的矿产品一律在开采地纳税。

（四）扣缴义务人代扣代缴的资源税，应当向收购地主管税务机关缴纳。

三、纳税期限

资源税的纳税期限为1日、3日、5日、10日、15日或者1个月；纳税人以1个月为一期纳税的，自期满之日起10日内申报纳税。

【小结】

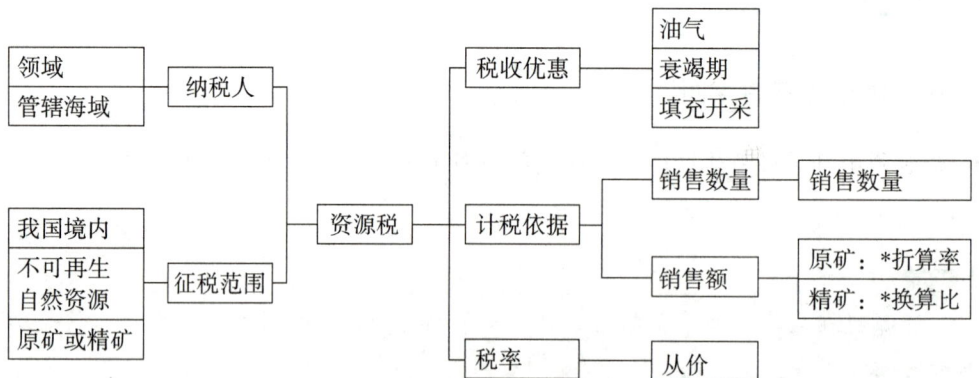

图6-7 资源税相关内容汇总

第八节 其他相关税收法律制度

考点一 城建税和教育费附加

一、纳税人： 实际缴纳增值税、消费税的单位和个人。

二、计税依据： 纳税人实际缴纳的增值税、消费税税额。

> **注意**
> 纳税人因违反增值税、消费税的有关规定而加收的滞纳金和罚款，不作为城市维护建设税的计税依据；但纳税人在被查补增值税、消费税和被处以罚款时，应同时对其城市维护建设税进行补税、征收滞纳金和罚款。

三、税率

城市维护建设税实行地区差别比例税率，一共3档（7%、5%、1%）。
教育费附加税率：3%。

> **注意**
> （1）由受托方代扣代缴、代收代缴增值税、消费税的单位和个人，其代扣代缴、代收代缴的城市维护建设税按受托方所在地适用税率执行。
> （2）流动经营等无固定纳税地点的单位和个人，在经营地缴纳增值税、消费税的，其城市维护建设税的缴纳按经营地适用税率执行。

四、应纳税额的计算

（一）应纳税额=（实际缴纳的增值税+实际缴纳的消费税）×适用税率。
（二）"进口不征，出口不退"。

考点二 关税法律制度

关税是对进出国境或关境的货物、物品征收的一种税。

一、纳税人、课税对象和税目

（一）贸易性商品的纳税人是经营进出口货物的收、发货人，包括：

1. 外贸进出口公司；
2. 工贸或农贸结合的进出口公司；
3. 其他经批准经营进出口商品的企业。

（二）物品的纳税人

1. 入境旅客随身携带的行李、物品的持有人；
2. 各种运输工具上服务人员入境时携带自用物品的持有人；
3. 馈赠物品以及其他方式入境个人物品的所有人；
4. 个人邮递物品的收件人。

注意

关税的纳税人是货物或物品的所有者，接受纳税人委托办理货物报关等有关手续的代理人，可以代办纳税手续，但不是纳税人。

（三）关税的课税对象和税目

1. 关税的课税对象是进出境的货物、物品。
2. 对从境外采购进口的原产于中国境内的货物，也应按规定（按最惠国税率）征收进口关税。
3. 关税的税目、税率都由《中华人民共和国海关进出口税则》规定，它包括三个主要部分：归类总规则、进口税率表、出口税率表。

二、应纳税额的计算

（一）进口关税的完税价格

一般贸易项下进口的货物以海关审定的成交价格为基础的到岸价格作为完税价格。

1. 应计入完税价格的项目

（1）进口货物的买方为购买该项货物向卖方实际支付或应当支付的价格；

（2）进口人在成交价格外另支付给卖方的佣金；

（3）货物运抵我国关境内输入地点起卸前的包装费、运费、保险费和其他劳务费；

（4）为了在境内生产、制造、使用或出版、发行的目的而向境外支付的与该进口货物有关的专利、商标、著作权，以及专有技术、计算机软件和资料等费用。

2. 不应计入完税价格的项目（如已计入应予扣除）

（1）向境外采购代理人支付的买方佣金；

（2）厂房、机械、设备等货物进口后进行基建、安装、装配、维修和技术服务的费用；

（3）进口货物运抵境内输入地点起卸之后的运输及其相关费用、保险费。

> **注意**
>
> 佣金、回扣、违约罚款的处理：
>
> （1）在货物成交过程中，进口人在成交价格外另支付给卖方的佣金，应计入成交价格，而向境外采购代理人支付的买方佣金则不能列入，如已包括在成交价格中应予以扣除。
>
> （2）卖方付给进口人的正常回扣，应从成交价格中扣除。
>
> （3）卖方违反合同规定延期交货的罚款，卖方在货价中冲减时，罚款不能从成交价格中扣除。

（二）出口货物的完税价格

出口货物应当以海关审定的货物售予境外的离岸价格，扣除出口关税后作为完税价格。计算公式为：

出口货物完税价格＝离岸价格÷（1＋出口税率）

（三）关税的税率种类

表6-15　关税的税率种类

种类	特点
普通税率	（1）原产于未与我国共同适用或订立最惠国税率、特惠税率或协定税率的国家或地区； （2）原产地不明。
最惠国税率	（1）原产于共同适用最惠国条款的世贸组织成员国； （2）原产于与我国签订最惠国待遇双边协定的国家； （3）原产于我国。
协定税率	原产于与我国签订含有关税优惠条款的国家。
特惠税率	原产于与我国签订含有特殊关税优惠条款的国家。
关税配额税率	配额与税率结合，配额内税率较低，配额外税率较高（限制进口）。
暂定税率	在最惠国税率的基础上，对特殊货物可执行暂定税率。

（四）税率的确定（适用何时的税率）

1. 进出口货物，应当按照收发货人或者他们的代理人申报进口或者出口之日实施的税率征税。

2. 进口货物到达前，经海关核准先行申报的，应当按照装载此货物的运输工具申报进境之日实施的税率征税。

3. 进出口货物的补税和退税，适用该进出口货物原申报进口或者出口之日实施的税率，但另有规定除外。

（五）应纳税额

表6-16 关税应纳税额计算

计算方法	适用范围	计算公式
从价税	一般的进（出）口货物	应纳税额＝应税进(出)口货物数量×单位完税价格×适用税率
从量税	进口啤酒、原油等	应纳税额＝应税进口货物数量×关税单位税额
复合税	进口广播用录像机、放像机、摄像机等	应纳税额＝应税进口货物数量×关税单位税额＋应税进口货物数量×单位完税价格×适用税率
滑准税	进口规定适用滑准税的货物；进口商品价格越高，（比例）税率越低；税率与商品进口价格反方向变动	应纳税额＝应税进口货物数量×单位完税价格×滑准税税率

注意

进口关税是计算进口增值税、消费税的基础，可以结合考核。

三、税收优惠

（一）法定减免税

1. 一票货物关税税额、进口环节增值税或者消费税税额在人民币50元以下的；
2. 无商业价值的广告品及货样；
3. 国际组织、外国政府无偿赠送的物资；
4. 进出境运输工具装载的途中必需的燃料、物料和饮食用品；
5. 因故退还的中国出口货物，可以免征进口关税，但已征收的出口关税不予退还；
6. 因故退还的境外进口货物，可以免征出口关税，但已征收的进口关税不予退还。

（二）酌情减免税（政策性减免税）

1. 在境外运输途中或者在起卸时，遭受到损坏或者损失的；
2. 起卸后海关放行前，因不可抗力遭受损坏或者损失的；
3. 海关查验时已经破漏、损坏或者腐烂，经证明不是保管不慎造成的。

四、征收管理

（一）纳税期限

进出口货物的收发货人或者代理人应当在海关签发税款缴款凭证次日起15日内，

向指定银行缴纳税款。（滞纳金：到期次日起，按日征收欠缴税额0.5‰。）

（二）海关暂不予放行的旅客携运进、出境的行李物品

1. 旅客不能当场交纳进境物品税款的；
2. 进出境的物品属于许可证件管理的范围，但旅客不能当场提交的；

【理解】《中华人民共和国海关对进出境旅客行李物品的监管办法》：带进、带出国家限制进出境物品，应提交有关主管部门签发的准许进出境的证明。

3. 进出境的物品超出自用合理数量，按规定应当办理货物报关手续或者其他海关手续，尚未办理的；
4. 对进出境物品的属性、内容存疑，需要由有关主管部门进行认定、鉴定、验核的；
5. 按规定暂不予放行的其他行李物品。

（三）税款的退还、补征与追征

1. 税款的退还，适用情形：

（1）对由于海关误征，多缴纳税款的；
（2）海关核准免验的进口货物在完税后，发现有短卸情况，经海关审查认可的；
（3）已征出口关税的货物，因故未装运出口申报退关，经海关查验属实的。

纳税人可以从缴纳税款之日起的1年内申请退税，逾期不予受理。

2. 税款的补征和追征

（1）进出口货物完税后，如发现少征或漏征税款（非因收发货人或其代理人违规），海关有权在1年内予以补征；
（2）进出口货物完税后，如因收发货人或其代理人违反规定而造成少征或漏征税款的，海关在3年内可以追缴。

【小结】

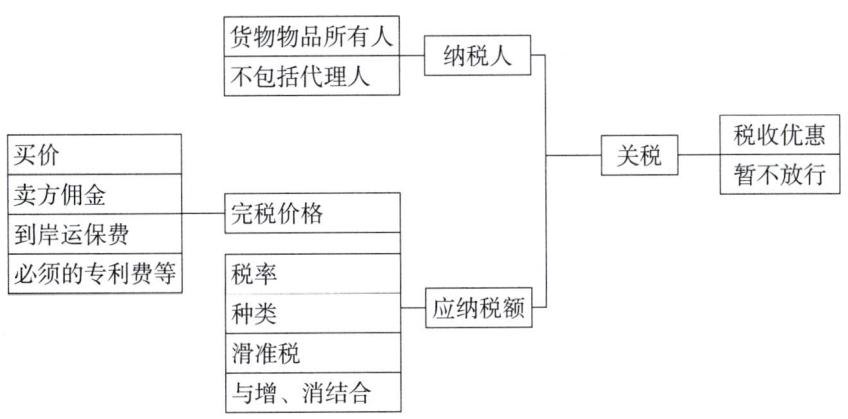

图6-8 关税相关内容汇总

考点三 环境保护税（2018年新增）

环境保护税是为了保护和改善环境，减少污染物排放，推进生态文明建设而征收的。

一、纳税人

在中国领域、中国管辖的其他海域，直接向环境排放应税污染物的企事业单位和其他生产经营者，按规定征收环境保护税，不再征收排污费。

二、征税范围

大气污染物、水污染物、固体污染物、噪声等应税污染物。
下列情形不属于应纳环境保护税：
1. 向依法设立的污水集中处理、生活垃圾集中处理场排放应税污染物的；
2. 在符合国家和地方环境保护标准的设施、场所贮存或者处置固体废物的。
超过标准，不符合标准的，应当缴纳环境保护税。

三、税率

环境保护税实行定额税率，具体情况如表6-17所示。

表6-17 环境保护税的税率

税目		计税单位	税额	备注
大气污染物		每污染当量	1.2～12元	由省、自治区、直辖市人民政府统筹考虑提出，报同级人民代表大会常务委员会决定，报全国人民代表大会常务委员会、国务院备案。
水污染物		每污染当量	1.4～14元	
固定废物	煤矸石	每吨	5元	
	尾矿	每吨	15元	
	危险废物	每吨	1000元	
	冶炼渣、粉煤灰、炉渣、其他（含半固态、液态废物）	每吨	25元	

（续上表）

税目		计税单位	税额	备注
噪声	工业噪声	超标1~3分贝	每月350元	（1）一个单位边界上有多处噪声超标，根据最高一处超标声级计算应纳税额；当沿边界长度超过100米有两个以上噪声超标，按照两个单位计算应纳税额。 （2）一个单位有不同地点作业场所的，应当分别计算应纳税额，合并计征。 （3）昼、夜均超标的环境噪声，昼、夜分别计算应纳税额，累计计征。 （4）声源一个月内超标不足15天的，减半计算应纳税额。 （5）夜间频繁突发和夜间偶然突发厂界超标噪声，按等效声级和峰值噪声两种指标中超标分贝值高的一项计算应纳税额。
		超标4~6分贝	每月700元	
		超标7~9分贝	每月1400元	
		超标10~12分贝	每月2800元	
		超标13~15分贝	每月5600元	
		超标16分贝以上	每月11200元	

四、计税依据

（一）应税污染物的计税依据

1．应税大气污染物按照污染物排放量折合的污染当量数确定。

2．应税水污染物按照污染物排放量折合的污染当量数确定。

3．应税固体废物按照固体废物的排放量确定。

4．应税噪声按照超过国家规定标准的分贝数确定。

（二）计算方法和顺序

1．有合规的自动监测设备的，按自动检测数据计算。

2．未安装自动监测设备的，按监测机构出具的合规的检测数据计算。

3．因污染物种类多等原因不具备监测条件的，按国务院环境保护主管部门规定的方法计算。

4．不能按照上述3种计算的，按省、自治区、直辖市人民政府环境保护主管部门规定的抽样测算方法核定计算。

五、应纳税额

应税大气／水／污染物的应纳税额＝污染当量数×税额；

应税固体废物的应纳税额＝排放量×税额；

应税噪声的应纳税额＝具体税额（不同分贝）。

六、税收优惠

下列情形免征环境保护税：

1．农业生产；

2．机动车、铁路机车、非道路移动机械、船舶、航空器等；

3．依法设立的城乡污水集中处理、生活垃圾集中处理场所排放相应应税污染物，不超过排放标准的；

4．纳税人综合利用固体废物，符合国家和地方环境保护标准的；

5．其他。

减征环境保护税的情形：

排放应税大气、水污染物的浓度值低于规定污染物排放标准30％的，减按75％征收；低于50％的，减按50％征收。

七、征收管理

纳税义务发生时间：纳税人排放应税污染物的当日。

按月计算，按季申报缴纳。不能固定的，可以按次申报缴纳。（15日内）

考点四　车辆购置税

车辆购置税，是对在中国境内购置规定车辆的单位和个人征收的一种税，就其性质而言，属于"直接税"的范畴。

一、纳税人

在我国境内购置规定的车辆的单位和个人。

购置：购买、进口、自产、受赠、获奖、其他（拍卖、抵债、走私、罚没等）方式取得并自用的行为。

二、征收范围

包括汽车、摩托车、电车、挂车、农用运输车。

三、应纳税额计算

（一）计税公式

应纳税额＝计税依据×税率

表6-18　车辆购置税应纳税额

情形	计税依据	应纳税额
购买自用	纳税人购买应税车辆而支付给销售者的全部价款和价外费用，不包括增值税税款	应纳税额＝计税依据×税率（10%或5%）
进口自用	计税价格＝关税完税价格＋关税＋消费税	

价外费用是指销售方价外向购买方收取的基金、集资费、违约金（延期付款利息）和手续费、包装费、储存费、优质费、运输装卸费、保管费以及其他各种性质的价外收费，但不包括销售方代办保险等而向购买方收取的保险费，以及向购买方收取的代购买方缴纳的车辆购置税、车辆牌照费。

（二）计税依据为应税车辆的计税价格（同增值税）

最低计税价格是指国家税务总局依据机动车生产企业或者经销商提供的车辆价格信息，参照市场平均交易价格核定的车辆购置税计税价格。

> **注意**
>
> （1）纳税人自产、受赠、获奖或者以其他方式取得并自用的应税车辆的计税价格，由主管税务机关参照国家税务总局规定的最低计税价格核定。
>
> （2）纳税人购买自用或者进口自用应税车辆，申报的计税价格低于同类型应税车辆最低计税价格，又无正当理由的，计税价格为最低计税价格。

四、税收优惠

（一）免征车辆购置税的情形

1. 外国驻华使领馆、国际组织驻华机构及其外交人员自用的车辆。
2. 中国人民解放军和中国人民武装警察部队列入军队武器装备订货计划的车辆。
3. 设有固定装置的非运输车辆。
4. 城市公交企业购置的公共电汽车。

5．新能源汽车。

（二）税收减免

自2017年1月1日起至12月31日止，对购置1.6升及以下排量乘用车减按7.5%的税率征收。

五、征收管理

（一）一次课征

1．车辆购置税实行一次征收制度，税款应当一次缴清。

2．购置已征车辆购置税的车辆，不再征收车辆购置税。

（二）纳税地点

1．纳税人购置需要办理车辆登记注册手续的应税车辆，应当向车辆登记注册地的主管税务机关申报纳税；

2．购置不需要办理车辆登记注册手续的应税车辆，应当向纳税人所在地的主管税务机关申报纳税。

（三）车辆购置税由国家税务局征收。

（四）纳税期限：自购买、进口、取得之日起60日内。

（五）准予申请退税的情形

1．车辆退回生产企业或经销商。

2．符合免税条件但已征税。

3．其他。

> **注意**
>
> 车辆退回的，自办理纳税申报之日起按已缴纳税款年限，每满1年扣减10%计算退税，不满1年的全额退税。

（六）纳税环节

1．纳税人应当在向公安机关车辆管理机构办理车辆登记注册前，缴纳车辆购置税。

2．纳税人应当持主管税务机关出具的完税证明或者免税证明，向公安机关车辆管理机构办理车辆登记注册手续；没有完税证明或者免税证明的，公安机关车辆管理机构不得办理车辆登记注册手续。

3．税务机关发现纳税人未按照规定缴纳车辆购置税的，有权责令其补缴；纳税人拒绝缴纳的，税务机关可以通知公安机关车辆管理机构暂扣纳税人的车辆牌照。

考点五 耕地占用税

耕地占用税,是为了合理利用土地资源,加强土地管理,保护耕地,对占用耕地建房或者从事非农业建设的单位或者个人征收的一种税。

一、征税范围

包括为建房或从事其他非农业建设而占用的国家所有和集体所有的耕地。

1. 耕地是指用于种植农作物的土地。
2. 占用鱼塘、林地、牧草地、农田水利用地、养殖水面、渔业水域滩涂及其他农用土地建房或从事其他非农业建设,也视同占用耕地,必须依法征收耕地占用税。

注意

建设直接为农业生产服务的生产设施占用前款规定的农用地的,不征收耕地占用税。

二、应纳税额计算

（一）按实际占用耕地面积执行定额税率。

（二）税率：有地区差别的幅度定额税率。

三、加征规定

经济特区、经济技术开发区和经济发达且人均耕地特别少的地区,加征不超过50%。占用基本农田的,加征50%。

四、税收优惠

（一）免征

军事设施、学校、幼儿园、养老院、医院。

注意

学校内经营性场所、教职工住房和医院内职工住房不免征。

（二）减半征收

农村居民在户口所在地占用耕地建设自用住宅。

（三）减按2元／平方米的税额征收

铁路、公路、机场、港口、航道。

五、征收管理

（一）经批准占用耕地的，为纳税人收到土地管理部门办理占用农用地手续通知的当天。

（二）未经批准占用耕地的，为纳税人实际占用耕地的当天。

（三）纳税人临时占用耕地，应当缴纳耕地占用税。纳税人在批准临时占用耕地的期限内恢复所占用耕地原状的，全额退还已经缴纳的耕地占用税。

（四）纳税地点：纳税人占用耕地或其他农用地，应当在耕地或其他农用地所在地申报纳税。耕地占用税由地方税务机关负责征收。

（五）一次性缴纳。

考点六 烟叶税

烟叶税是向收购烟叶产品的单位征收的税种，税负由烟草公司负担，征收烟叶税不会增加农民负担，按照收购金额的一定比例征收的一种税。烟叶税在烟叶收购环节征收。

一、纳税人

烟叶税的纳税人为在中华人民共和国境内收购烟叶的单位（包括受委托收购烟叶的单位）。

二、征税范围

包括：晾晒烟叶（包括名录内和名录外）、烤烟叶。

三、计税依据

收购金额＝收购价款＋价外补贴（10%）＝烟叶收购价款×（1＋10%）

四、征收管理

烟叶税的纳税义务发生时间为纳税人收购烟叶的当天；纳税人应当自纳税义务发生之日起30日内申报纳税。

对依法查处没收的违法收购的烟叶，由收购罚没烟叶的单位（而非罚没单位）按照购买金额计算缴纳烟叶税。

烟叶税由地方税务机关征收。

【理解】购进农产品，除取得增值税专用发票或者海关进口增值税专用缴款书外，按照农产品收购发票或者销售发票上注明的农产品买价（包括按规定缴纳的烟叶税）和13%的扣除率计算抵扣增值税进项税额。

【小结】

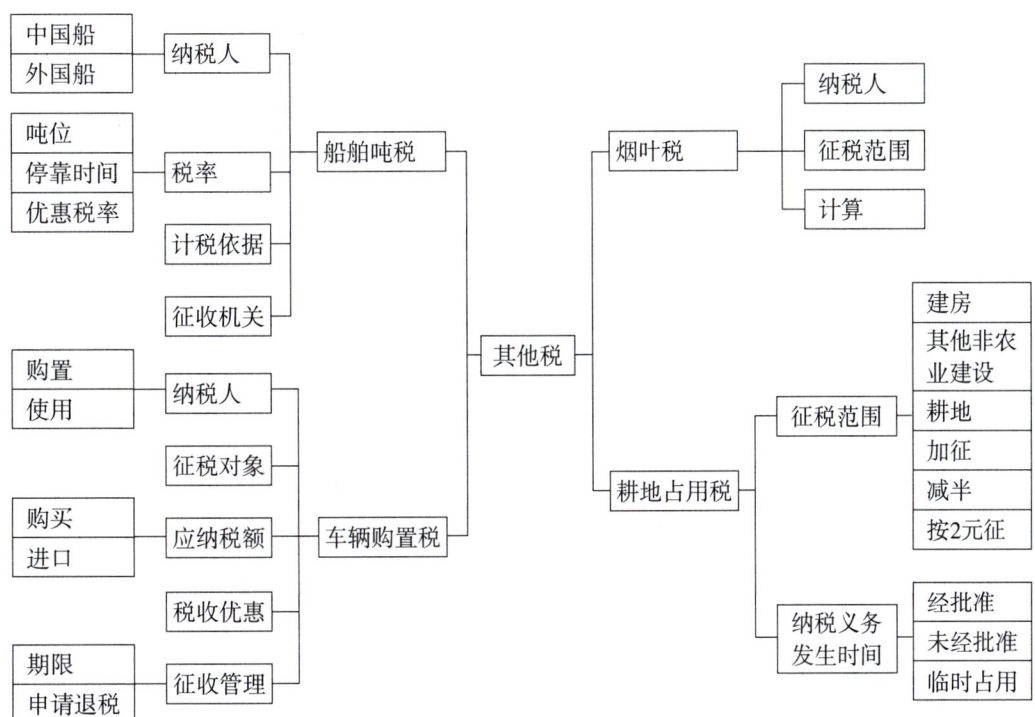

图6-9 其他税相关内容汇总

第七章 税收征收管理法律制度

第一节 税务管理

税务管理是指税收征收管理机关为了贯彻、执行国家税收法律制度，加强税收工作，协调征税关系而对纳税人和扣缴义务人实施基础性的管理制度和管理行为。主要包括税务登记管理、账簿和凭证管理、发票管理、纳税申报管理、涉水专业服务管理等。

考点一 税务登记

一、税务登记申请人

（一）从事生产、经营的纳税人

企业，企业在外地设立的分支机构和从事生产、经营的场所，个体工商户和从事生产、经营的事业单位，都应当办理税务登记。

（二）非从事生产经营但依法负有纳税义务的单位和个人

1. 国家机关、个人和无固定生产经营场所的流动性农村小商贩，不办理税务登记。
2. 其他非从事生产经营但依法负有纳税义务的单位和个人，应当办理税务登记。

（三）扣缴义务人

依法负有扣缴税款义务的扣缴义务人（国家机关除外），应当办理扣缴税款登记。

二、税务登记主管机关：县以上（含）国家税务局（分局）、地方税务局（分局）

三、"多证合一，一照一码"（2018年改）

（一）五证

企业、农民专业合作社工商营业执照＋组织机构代码证＋税务登记证＋社会保险登记证＋统计登记证。

（二）两证

个体工商户工商营业执照＋税务登记证。

在"五证"／"两证"整合的基础上，涉及企业、个体工商户、农民专业合作社登记、备案等有关事项和各类证照进一步整合到营业执照上，实现"多证合一，一照一码"。

（三）适用

自2015年10月1日起，新设立企业和农民专业合作社。

（四）申请

1．工商登记"一个窗口"统一受理申请后，申请材料和登记信息在部门间共享，各部门数据互换、档案互认。

2．各级税务机关应加强与登记机关的沟通协调，确保登记信息采集准确、完整。

3．对工商登记已采集的信息，税务机关不再重复采集；其他必要涉税的基础信息，可在登记企业办理有关涉税事宜时，及时采集，陆续补齐。

（五）登记证的使用

企业办理涉税事宜时，在完成补充信息采集后，凭加载统一代码的营业执照可代替税务登记证使用。

（六）变更

登记企业信息发生变化的，直接向税务机关申报变更。

（七）注销

已实行"多证合一，一照一码"登记模式的新设立企业和农民专业合作社办理注销登记，需先向税务主管机关申报清税；清税完毕后，由受理税务机关向纳税人统一出具《清税证明》，并将信息共享到交换平台。

考点二 账簿和凭证管理

1．从事生产、经营的纳税人应当自领取营业执照或者发生纳税义务之日起15日内，按照国家有关规定设置账簿。账簿，包括总账、明细账、日记账以及其他辅助性账簿。

2．扣缴义务人应当自扣缴义务发生之日起10日内，设置代扣代缴、代收代缴税款账簿。

3．纳税人使用电子计算机记账的，应当在使用前将会计核算软件、使用说明书及有关资料报送主管税务机关备案。

4．证、账、表及其他涉税资料应当保存10年，法律、行政法规另有规定除外。

考点三 发票管理

发票是指在购销产品、提供或者接受服务以及从事其他经营活动中,开具、收取的收付款凭证。

一、类型和适用范围

（一）发票的类型

1. 普通发票。
2. 增值税专用发票。
3. 其他发票：包括农产品收购发票/销售发票、门票、过路（过桥）费发票、定额发票、客运发票、二手车销售统一发票等。（2018年改）

（二）发票适用范围（新系统）（2018年新增）

1. 一般纳税人使用新系统开具发票：专用发票、普通发票、机动车销售统一发票、电子普通发票。

2. 小规模纳税人月销售额超过3万（一季度：9万），使用新系统开具发票：普通发票、机动车销售统一发票、电子普通发票。

3. 2017年1月1日起，启用增值税普通发票（卷票）。由纳税人自愿选择，重点在生活性服务业纳税人中推广。

4. 门票、过路过桥费、定额发票、客运发票、二手车销售统一发票继续使用。

5. 餐饮业一般纳税人购进农业生产者自产农产品，可以使用农产品收购发票，按规定计算抵扣进项税额。

6. 采取汇总纳税的金融机构

（1）省、自治区所辖第五以下分支机构：地市级机构的专用发票、普通发票、电子普通发票。

（2）直辖市、计划单列市辖区县及以下分支机构：直辖市、计划单列市的专用发票、普通发票、电子普通发票。

7. 国税、地税机关使用新系统代开专用发票和普通发票。

二、开具和使用

（一）发票的开具

1. 一般情况下收款方应向付款方开具发票，特殊情况下也可由付款方向收款方开具发票。

2. 开具发票应当按照规定的时限、顺序、栏目，全部联次一次性如实开具，并加盖发票专用章。

3. 任何单位和个人不得有下列虚开发票行为：

（1）为他人、为自己开具与实际经营业务情况不符的发票；

（2）让他人为自己开具与实际经营业务情况不符的发票；

（3）介绍他人开具与实际经营业务情况不符的发票。

（二）发票的使用和保管

1. 任何单位和个人应当按照发票管理规定使用发票，不得有下列行为：

（1）转借、转让、介绍他人转让发票、发票监制章和发票防伪专用品；

（2）知道或者应当知道是私自印制、伪造、变造、非法取得或者废止的发票而受让、开具、存放、携带、邮寄、运输；

（3）拆本使用发票；

（4）扩大发票使用范围；

（5）以其他凭证代替发票使用。

2. 已开具的发票存根联和发票登记簿，应当保存5年。

（三）开具和使用的特别规定（2018年新增）

1. 使用新系统选择相应的编码开具发票。

2. 2017年7月1日起，企业购买方取得的普通发票，"购买方纳税人识别号"一栏必须如实填写。不符合规定的，不得作为税收凭证。

3. 销售方开具发票，如实开具，不得填开与实际不符的内容。

三、发票的检查

（一）税务机关在发票检查中的权利

1. 检查印制、领购、开具、取得、保管和缴销发票的情况。

2. 调出发票查验。

3. 查阅、复制与发票有关的凭证、资料。

4. 向当事各方询问与发票有关的问题和情况。

5. 在查处发票案件时，对与案件有关的情况和资料，可以记录、录音、录像、照相和复制。

（二）调出发票查验的具体规定

1. 调出已开具的发票查验

（1）税务机关需要将已开具的发票调出查验时，应当向被查验的单位和个人开具发票换票证。

（2）发票换票证与所调出查验的发票有同等的效力，被调出查验发票的单位和个人不得拒绝接受。

2. 调出空白发票查验

税务机关需要将空白发票调出查验时，应当开具收据，经查无问题的，应当及时返还。

考点四 纳税申报

一、纳税申报方式

纳税申报的方式主要有以下几种：

1. 自行申报（传统方式）；
2. 邮寄申报（以寄出的邮戳日期为实际申报日期）；
3. 数据电文申报（以税务机关计算机网络系统收到该数据电文的时间为实际申报日期）；
4. 其他方式，实行定期定额征收方式的纳税人，可以：（1）简易申报；（2）简并征期。

二、其他要求

（一）纳税人在纳税期内没有应纳税款的，也应当按照规定进行纳税申报。

（二）纳税人享受减税、免税待遇的，在减税、免税期间应当按照规定办理纳税申报。

（三）延期申报

不可抗力——无须申请直接延期，税务机关事后查明、核准。

其他原因——纳税人提出书面申请，税务机关核准。

（四）延期申报须预缴税款

多缴——退还但不支付利息。

少缴——补交但不加收滞纳金。

考点五 涉税专业服务（2018年新增）

涉税专业服务是指涉税专业服务机构接受委托，利用专业知识和技能，就涉税事项向委托人提供的税务代理等服务。

一、涉税专业服务机构

涉税专业服务机构是指税务师事务所和从事该服务的会计师事务所、律师事务所、代理记账机构、税务代理机构、财税类咨询公司等机构。

税务师事务所，由税务机关实施行政登记管理，未经登记不得使用该名称；税务师股东占比高于50%。

二、业务范围

（一）纳税申报代理。

（二）一般税务咨询。

（三）专业税务顾问。

（四）税收策划。

（五）涉税鉴证。

（六）纳税情况审查。

（七）其他代理。

（八）其他涉税服务。

三、机构要求

（一）涉税专业服务的限制。业务范围第3～6项业务，相关文书应由税务师、注册会计师、律师签字，并承担相应责任。

税务机关所需的涉税专业服务，应当通过政府采购方式购买。

（二）税务代理委托协议。内容包括：

1. 双方名称和住址；

2. 项目和范围；

3. 委托代理的方式；

4. 期限；

5. 双方的义务及责任；

6. 费用、付款方式及付款期限；

7. 违约责任及赔偿方式；

8. 争议解决方式；

9. 其他；

10. 双方签字、盖章生效。

（三）涉税报告及文书。由双方留存备查，规定报送的，向税务机关报送。

涉税专业服务机构必须监理档案管理制度，保证税务代理档案的真实、完整。年限：不少于5年。

四、税务机关对涉税专业服务机构的监管

对于违法违规行为的机构和人员,税务机关可以:

1. 责令限期改正／予以约谈;
2. 列为重点监管对象;
3. 降低信用登记／纳入信用记录;
4. 暂停受理其所代理的涉税业务;
5. 纳入涉税服务失信名录,予以公告,不受理其代理的涉税业务;
6. 提起其他行业主管部门及协会予以相应处理。

对于违法违规行为的税务师事务所,省税务机关还可以:

1. 宣布《税务师事务所行政登记证书》无效;
2. 提请工商部门吊销营业执照;
3. 提请行业协会取消税务师职业资格证书登记、收回证书并公告。

【小结】

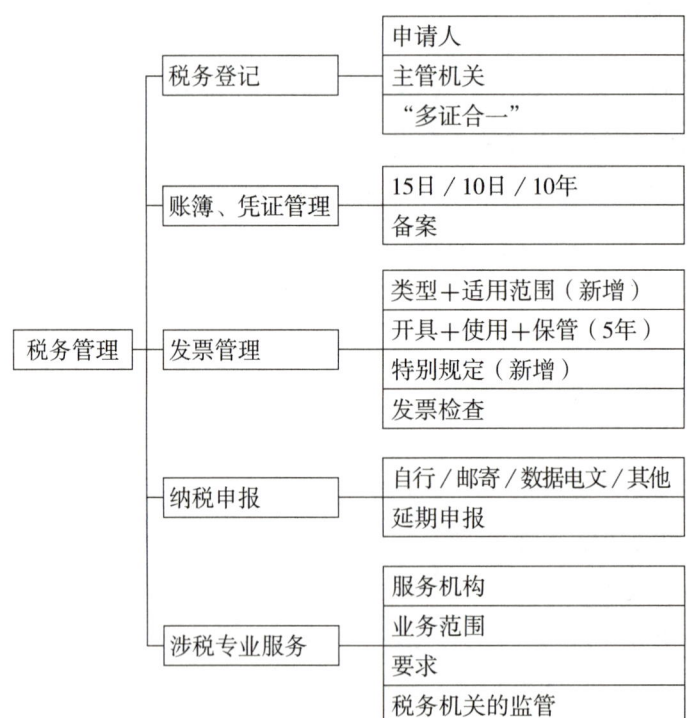

图7-1 税务管理相关内容汇总

第二节 税款征收与税务检查

 **税款征收方式**

表7-1 税款征收方式

征收方式	账簿情况	适用范围
查账征收	有账	适用于财务会计制度健全，能够如实核算和提供生产经营情况，并能正确计算应纳税款和如实履行纳税义务的纳税人
查定征收	有账，不全	能控制原材料或进销货的小型厂矿和作坊，小型生产型企业
查验征收	有账，不全	小型非生产型企业
定期定额征收	没账	适用于经主管税务机关认定和县以上税务机关（含县级）批准的个体工商户（包括个人独资企业）

 **应纳税额的核定与调整**

一、核定应纳税额的情形

核定应纳税额的情形包括以下几种：

1．依照法律、行政法规的规定可以不设置账簿的；

2．依照法律、行政法规的规定应当设置但未设置账簿的；

3．擅自销毁账簿或者拒不提供纳税资料的；

4．虽设置账簿，但账目混乱，或者成本资料、收入凭证、费用凭证残缺不全，难以查账的；

5．发生纳税义务，未按照规定的期限办理纳税申报，经税务机关责令限期申报，逾期仍不申报的；

6．纳税人申报的计税依据明显偏低，又无正当理由的。

【记忆提示】可以核定的情形要么没账，要么相当于没账。

二、核定方法

应纳税额的核定方法包括以下几种：

1．参照当地同类行业或者类似行业中经营规模和收入水平相近的纳税人的税负水平核定；

2. 按照营业收入或者成本加合理的费用和利润的方法核定；

3. 按照耗用的原材料、燃料、动力等推算或者测算核定；

4. 按照其他合理方法核定。

当其中一种方法不足以正确核定应纳税额时，可以同时采用两种以上的方法核定。

考点三 税款征收措施

具体措施：责令缴纳、责令提供纳税担保、税收保全措施、税收强制执行措施、阻止出境。

注意

（1）区分税款征收方式与税款征收措施：税款征收方式是征税的方法，税款征收措施是保证税款及时足额入库的手段。

（2）区分税款征收措施与税务行政处罚：税款征收措施属于行政强制措施，是纳税人应履行的义务不履行，国家采取的强制其履行的手段，并非处罚。

一、责令缴纳

（一）前提条件：应税未税

1. 纳税人未按照规定期限缴纳税款。
2. 扣缴义务人未按照规定期限解缴税款。
3. 纳税担保人未按照规定期限缴纳所担保的税款。
4. 未办理税务登记及临时经营的纳税人，税务机关核定其应纳税额。
5. 税务机关有根据认为纳税人有逃避缴纳税款义务的行为。

注意

上述情形1、2自欠缴税款之日起应加收滞纳金。

（二）仍不缴纳的后果

情形1、2、3、4→税收强制执行程序。

情形5→纳税担保程序。

（三）滞纳金

1. 计算公式

滞纳金＝应纳税款×滞纳天数×0.5‰

2. 滞纳天数

自纳税期限届满之次日起至实际缴纳税款之日止。（算尾不算头）

【理解】票据贴现期的计算：贴现日至汇票到期前1日。（算头不算尾）

> 注意
>
> 滞纳金与实体法纳税期限的结合考查。

二、责令提供纳税担保

（一）担保方式

保证（人保）、抵押、质押（物保）。

（二）适用纳税担保的情形

1. 税务机关有根据认为从事生产、经营的纳税人有逃避纳税义务行为，在规定的纳税期限之前经责令其限期缴纳应纳税款，在限期内发现纳税人有明显的转移、隐匿其应纳税的商品、货物以及其他财产或者应纳税收入的迹象，责成纳税人提供纳税担保的。
2. 欠缴税款、滞纳金的纳税人或者其法定代表人需要出境的。
3. 纳税人同税务机关在纳税上发生争议而未缴清税款，需要申请行政复议的。
4. 其他。

（三）纳税担保的范围

税款，滞纳金，实现税款、滞纳金的费用。

三、保全与强制执行

表7-2 保全与强制执行情况列表

措施		执行情况
批准		经县以上税务局（分局）局长批准
保全	前提	税务机关责令具有税法规定情形的纳税人提供纳税担保而纳税人拒绝或不能提供担保。
	具体措施	（1）书面通知银行冻结相当于应纳税款的存款（陷阱：冻结全部资金）； （2）扣押、查封相当于应纳税款的商品、货物或者其他财产（陷阱：全部财产）。
强制执行	前提	从事生产经营的纳税人、扣缴义务人未按照规定的期限缴纳或者解缴税款，纳税担保人未按照规定的期限缴纳所担保的税款，由税务机关责令限期缴纳，逾期仍未缴纳。
	具体措施	（1）书面通知银行从存款中扣缴税款； （2）扣押、查封、依法拍卖或者变卖相当于应纳税款的商品、货物或者其他财产，以拍卖或者变卖所得抵缴税款。 【注意】滞纳金同时强制执行。
不适用的财产		个人及其所扶养家属维持生活必需的住房和用品，单价5000元以下的其他生活用品。

税务机关采取税收保全措施的期限一般不得超过6个月。

四、阻止出境

欠缴税款的纳税人或者其法定代表人在出境前未按规定结清应纳税款、滞纳金或者提供纳税担保的，税务机关可以通知出境管理机关阻止其出境。

考点四 税务检查的职权和职责

税务机关在税务检查中的职权包括：

1. 查账权；

2. 场地检查权；

到纳税人的生产、经营场所和货物存放地检查纳税人应纳税的商品、货物或者其他财产；检查扣缴义务人与代扣代缴、代收代缴税款有关的经营情况。

> **注意**
> 不能进入生活场所。

3. 责成提供资料权；

4. 询问权；

5. 交通邮政检查权；

6. 存款账户检查权。

税务机关派出的人员进行税务检查时，应当出示税务检查证和税务检查通知书，并有责任为被检查人保守秘密；未出示税务检查证和税务检查通知书的，被检查人有权拒绝检查。

经县以上税务局（分局）局长批准可以查询从事生产经营的纳税人、扣缴义务人在银行或者其他金融机构的存款账户。

经设区的市、自治州以上税务局（分局）局长批准，可以查询案件涉嫌人员的储蓄存款。

> **注意**
> 税务机关调查税务违法案件时，对与案件有关的情况和资料，可以记录、录音、录像、照相和复制。（同发票检查）

【小结】

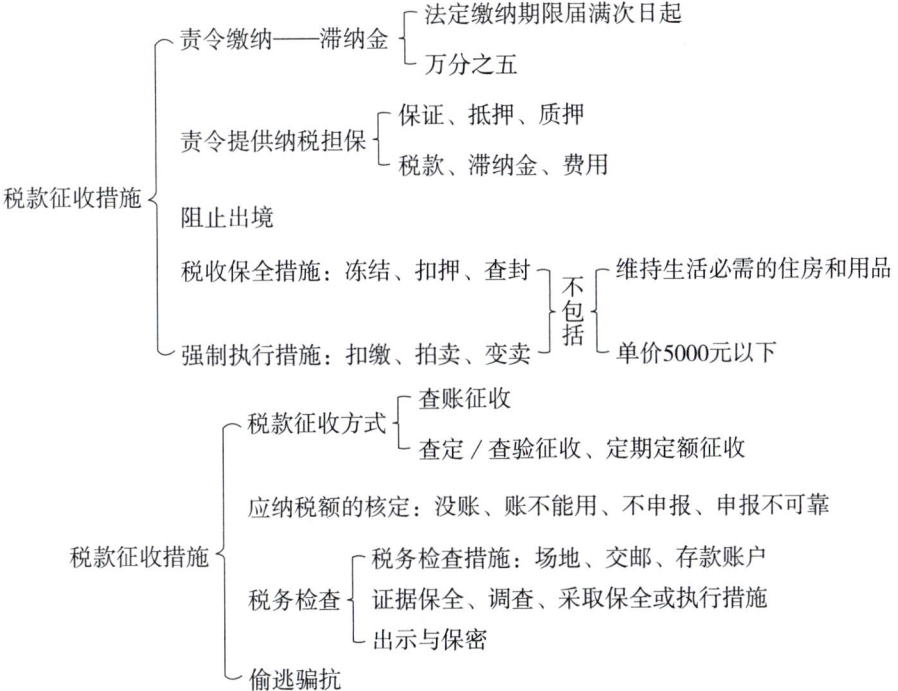

图7-2 税款征收措施汇总

第三节 税务行政复议

考点一 税务行政复议范围

税务行政复议的受理范围包括：

1. 纳税人、扣缴义务人及纳税担保人对税务机关作出的征税行为不服的。

征税行为包括确认纳税主体、征税对象、征税范围、减税、免税、退税、抵扣税款、适用税率、计税依据、纳税环节、纳税期限、纳税地点以及税款征收方式等具体行政行为和征收税款、加收滞纳金及扣缴义务人、受税务机关委托的单位和个人作出的代扣代缴、代收代缴、代征行为等。

> 注意
> （1）申请人按规定申请行政复议的，必须先交纳或者解缴税款及滞纳金，或者提供相应的担保。
> （2）申请人对税务机关作出的逾期不缴纳罚款加处罚款的决定不服的，应当先缴纳罚款和加处罚款，再申请行政复议。
> （3）申请人提出行政复议申请时不知道该具体行政行为所依据的规定的，可以在行政复议机关作出行政复议决定以前提出对该规定（不包括规章）的审查申请。

2. 行政许可、行政审批行为。
3. 发票管理行为，包括发售、收缴、代开发票等。
4. 税收保全措施、强制执行措施。
5. 税务机关作出的行政处罚行为：（1）罚款；（2）没收财物和违法所得；（3）停止出口退税权。
6. 税务机关不依法履行下列职责的行为：
   （1）开具、出具完税凭证、外出经营活动税收管理证明；
   （2）行政赔偿；
   （3）行政奖励；
   （4）其他不依法履行职责的行为。
7. 资格认定行为。
8. 不依法确认纳税担保行为。
9. 政府公开信息工作中的具体行政行为。

10. 纳税信用等级评定行为。
11. 税务机关通知出入境管理机关阻止出境行为。
12. 税务机关作出的其他具体行政行为。

考点二 税务行政复议管辖

表7-3 税务行政复议管辖

	行政机关	复议机关
一般规定	国家税务局	上一级国家税务局
	地方税务局	上一级地方税务局
		本级人民政府
	国家税务总局	国家税务总局
特殊规定	计划单列市国家税务局	国家税务总局
	计划单列市地方税务局	省地方税务局或者本级人民政府
	税务所（分局）、稽查局	其所属税务局
	两个以上税务机关	共同上一级税务机关
	税务机关与其他行政机关	共同上一级行政机关
	被撤销的税务机关	继续行使其职权的税务机关上一级税务机关
	对逾期不缴纳罚款加处罚款不服的	作出行政处罚决定的税务机关，再不服，上一级税务机关

考点三 税务行政复议申请与受理、审查与决定

一、申请与受理

申请人在知道税务机关作出具体行政行为之日起60日内提出。
复议机关在收到申请后，应当在5日内进行审查，决定是否受理。

二、审查与决定

（一）税务行政复议审查

1. 复议申请书副本送达被申请人

行政复议机构应当自受理行政复议申请之日起7日内，将行政复议申请书副本或者行政复议申请笔录复印件发送被申请人。被申请人应当自收到申请书副本或者申请笔录复印件之日起10日内提出书面答复，并提交当初作出具体行政行为的证据、依据和其他有关材料。

2．审理行政复议案件人员

行政复议机构审理行政复议案件，应当由2名以上行政复议工作人员参加。

3．审查方式

（1）行政复议原则上采用书面审查的办法。

（2）申请人提出要求或者行政复议机构认为有必要时，应当听取申请人、被申请人和第三人的意见，并可以向有关组织和人员调查了解情况。

（3）对重大、复杂的案件，申请人提出要求或者行政复议机构认为必要时，可以采取听证的方式审理。听证应当公开举行，涉及国家秘密、商业秘密、个人隐私的除外。听证人员不得少于2人，听证主持人由行政复议机构指定。（2018年改）

（二）税务行政复议决定

行政复议机构应当对被申请人的具体行政行为提出审查意见，经行政复议机关负责人批准，按照下列规定作出行政复议决定：

1．维持；

2．限期履行；

3．撤销、变更或确认违法：

（1）主要事实不清、证据不足的；

（2）适用依据错误的；

（3）违反法定程序的；

（4）超越或者滥用职权的；

（5）具体行政行为明显不当的。

4．复议机关责令被申请人重新作出具体行政行为的（2018年新增）：

（1）被申请人不得作出对申请人更为不利的决定，除非复议机关以原行为主要事实不清楚、证据不足、适用依据错误决定撤销的。

（2）被申请人应当在60日内重新作出具体行政行为，情况复杂的，可以延期，但不超过30日。

（3）申请人对被申请人重新作出的具体行政行为不服的，可以行政复议或行政诉讼。

（三）行政复议决定期限

复议机关应当自受理申请之日起60日内作出行政复议决定。情况复杂，不能在规定期限内作出行政复议决定的,经复议机关负责人批准,可以适当延长,并告知申请人和被申请人,但延长期限最多不超过30日。

(四)行政复议决定生效

行政复议书一经送达,即发生法律效力。

【小结】

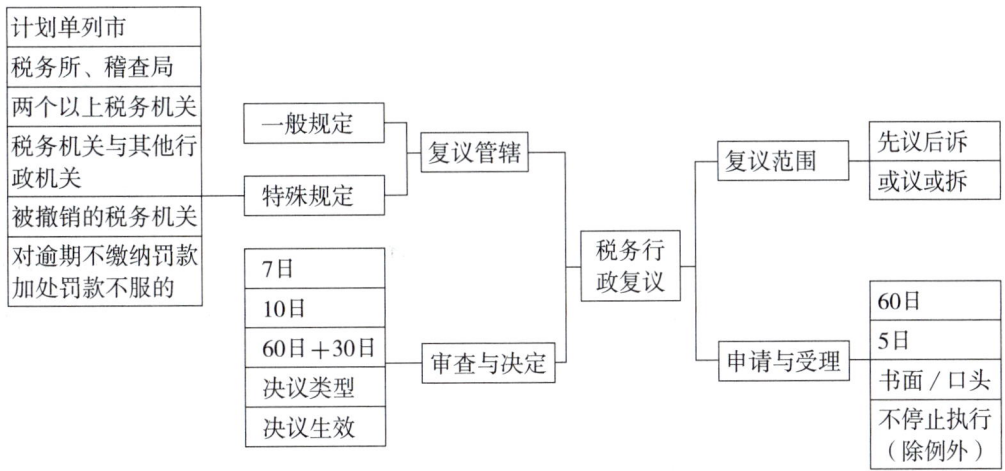

图7-3 税务行政复议相关内容汇总

第四节 税收法律责任

一、行政管理相对人违反税收法律制度的法律责任

表7-4 行政管理相对人违反税收法律制度的法律责任表

项目	违法行为	法律责任
税务管理规定	未按照规定设置、保管账簿/记账凭证/其他资料；未按照规定，报送备案资料；未将其全部银行账号向税务机关报告；未按规定安装、使用、保管税款装置	责令限期改正+罚款（2000元以下）；情节严重：罚款（2000元以上1万元以下）
	未按照规定申报、报送资料	
代扣代缴账簿/记账凭证/其他资料	未按规定设置、保管	责令限期改正+罚款（2000元以下）；情节严重：罚款（2000元以上5000元以下）
完税凭证	非法印制、转借、倒卖、变造、伪造	责令限期改正+罚款（2000元以上1万元以下）；情节严重：罚款（1万元以上5万元以下）
银行/其他金融机构	未按照规定登录税务登记证号码/未在税务登记证件中登录纳税人账户账号	责令限期改正+罚款（2000元以上2万元以下）；情节严重：罚款（2万元以上5万元以下）
税务代理人	违法违规造成纳税人未缴/少缴的	纳税人：补缴税款+滞纳金；代理人：罚款（未缴/少缴税款50%以上3倍以下）
逃税	纳税人采取转移或隐匿财产的手段，妨碍税务机关追缴欠税	追缴税款+滞纳金+罚款
	扣缴义务人应扣未扣、应收未收	追缴税款+罚款（应扣未扣、应收未收税款50%以上3倍以下）

（续上表）

项目	违法行为	法律责任
偷税	以造假或不申报等手段，不缴或少缴税款	追缴税款＋滞纳金＋罚款
抗税	暴力、威胁	
骗税	以假报出口或其他欺骗手段骗取出口退税款	追缴税款＋罚款（税款1倍以上5倍以下）＋在规定期间内停止办理退税 配合纳税人骗税的，没收违法所得＋罚款（税款1倍以下）（2018年新增）
不配合税务检查	逃避、拒绝或以其他方式阻挠税务机关检查的	责令改正＋罚款（1万元以下）； 情节严重：罚款（1万元以上5万元以下）

二、税务行政主体实施税收违法行为的法律责任

行政处分，构成犯罪的，追究刑事责任。

第八章 劳动合同与社会保险法律制度

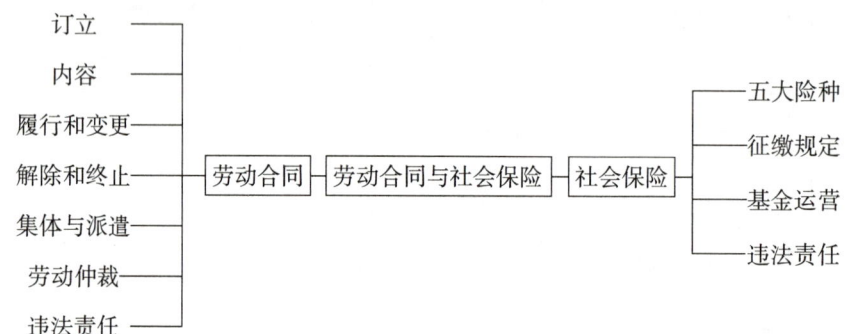

图8-1 劳动合同与社会保险

第一节 劳动合同法律制度

考点一 劳动合同概念、特征和适用范围

一、概念

劳动关系，是指劳动者与用人单位依法签订劳动合同而在劳动者与用人单位之间产生的法律关系。

劳动合同，是指劳动者与用人单位之间依法确立劳动关系，明确双方权利和义务的协议。

二、特征

主体具有特定性：劳动者、用人单位是特定唯一的。

内容具有较强的法定性：当事人双方签订劳动合同不得违反强制性规定，否则无效。

双方地位不同：签订时双方平等，签订后双方属从属关系。

三、适用范围

中国境内企业、个人组织、非企业单位、合伙组织、基金会、国家机关、事业单位、社会团体等。

> **注意**
>
> 地方各级人民政府及县级以上人民政府有关部门为安置就业困难人员提供的给予岗位补贴和社会保险补贴的公益性岗位，其劳动合同不适用《劳动合同法》有关无固定期限劳动合同的规定以及支付经济补偿的规定。（2018年新增）

考点二 劳动合同的订立

一、订立原则

劳动合同的订立包括以下原则：

1. 合法原则；
2. 公平原则；
3. 平等自愿原则；
4. 协商一致原则；
5. 诚实信用原则（双方均不得有欺诈行为）。

二、订立主体

（一）主体资格

1. 劳动者

（1）禁止用人单位招用未满16周岁的未成年人；文艺、体育、特种工艺单位招用未满16周岁的未成年人，必须依照国家有关规定，履行审批手续，并保障其接受义务教育的权利。

（2）劳动者就业，不因民族、种族、性别、宗教信仰不同而受歧视。

（3）妇女享有与男子平等的就业权利。在录用职工时，除国家规定的不适合妇女的工种或者岗位外，不得以性别为由拒绝录用妇女或者提高对妇女的录用标准。

2. 用人单位及其设立的分支机构

用人单位指具有用人权利能力和用人行为能力，运用劳动力组织生产劳动，且向劳动者支付工资等劳动报酬的单位。

用人单位设立的分支机构，依法取得营业执照或者登记证书的，可以作为用人单位与劳动者订立劳动合同；未依法取得营业执照或者登记证书的，受用人单位委托可以与劳动者订立劳动合同。

（二）用人单位的义务和责任

1. 告知义务

用人单位招用劳动者时，应当如实告知劳动者工作内容、工作条件、工作地点、职业危害、安全生产状况、劳动报酬以及劳动者要求了解的其他情况。

2. 不得扣押证件、收取财物

（1）用人单位招用劳动者，不得扣押劳动者的居民身份证和其他证件。用人单位扣押劳动者居民身份证等证件的，由劳动行政部门责令限期退还劳动者本人，并依照有关法律规定给予处罚。

（2）用人单位招用劳动者，不得要求劳动者提供担保或者以其他名义向劳动者收取财物。用人单位以担保或者其他名义向劳动者收取财物的，由劳动行政部门责令限期退还劳动者本人，并以每人500元以上2000元以下的标准对用人单位处以罚款；给劳动者造成损害的，应当承担赔偿责任。

（三）劳动者的义务

用人单位有权了解劳动者与劳动合同直接相关的基本情况，劳动者应当如实说明。

三、建立劳动关系

用人单位自用工之日起即与劳动者建立劳动关系。

注意

无论用工在先还是签合同在先，即使未签订劳动合同，劳动关系的建立都为用工之日。（实质重于形式）

四、签订劳动合同

（一）形式

建立劳动关系应当订立书面劳动合同。

例外：非全日制用工双方当事人可以订立口头协议。

（二）订立时间

1. 用人单位应当自用工之日起1个月内与劳动者订立书面劳动合同。

2. 未签订劳动合同的法律规定（根据《中华人民共和国劳动法实施条例》第五条、第六条、第七条）

表8-1 未签订劳动合同的法律规定

情形		用人单位的处理
自用工之日起1个月内	订立书面劳动合同	合法,双方依法依约继续履行劳动合同即可。
	经用人单位书面通知,劳动者不与用人单位订立书面劳动合同	用人单位: (1)应当书面通知劳动者终止劳动关系; (2)无须向劳动者支付经济补偿金; (3)应当依法向劳动者支付其实际工作时间的劳动报酬。
用工之日起超过1个月不满1年	用人单位与劳动者补订了书面劳动合同	应当依法向劳动者每月支付2倍的工资(1倍正常工资+1倍工资补偿); 起算时间为用工之日起满1个月的次日,截止时间为补订书面劳动合同的前1日。
	劳动者不与用人单位订立书面劳动合同	用人单位: (1)应当书面通知劳动者终止劳动关系; (2)应向劳动者支付经济补偿金。
用工之日起满1年	用人单位仍未与劳动者订立书面劳动合同	(1)视为自用工之日起满1年的当日已经与劳动者订立无固定期限劳动合同,应立即与劳动者补订书面劳动合同; (2)应当依法向劳动者每月支付2倍的工资;支付时限为自用工之日起满1个月的次日至满1年的前1日(共计11个月)。

> **注意**
>
> (1)用人单位自用工之日起超过1个月不满1年未与劳动者订立书面劳动合同的,应当向劳动者每月支付2倍的工资。
>
> (2)计算双倍工资的起止时间。劳动者获得双倍工资的最长期限是11个月。

(三)非全日制用工

1. 可以订立口头协议。
2. 可以与一家以上的用人单位订立劳动合同,但后订立的不能影响先订立的。
3. 不得约定试用期。
4. 任何一方都可以随时通知对方终止用工。且用人单位无须向劳动者支付经济补偿。
5. 报酬标准不得低于用人单位所在地最低小时工资标准,结算周期最长不得超过15日。

五、合同的效力

（一）生效

劳动合同是诺成合同，双方协商一致，签字盖章依法订立即生效。

（二）无效劳动合同

无效劳动合同，是指劳动合同虽然已经成立，但因违反了法律、行政法规的强制性规定而被确认为无效的劳动合同。

下列劳动合同无效或者部分无效：

1. 以欺诈、胁迫的手段或者乘人之危，使对方在违背真实意思的情况下订立或者变更劳动合同的；
2. 用人单位免除自己的法定责任、排除劳动者权利的；
3. 违反法律、行政法规强制性规定的。

对劳动合同的无效或者部分无效有争议的，由劳动争议仲裁机构或者人民法院确认。

（三）无效劳动合同的法律后果

1. 无效劳动合同，从订立时起就没有法律约束力。劳动合同部分无效，不影响其他部分效力的，其他部分仍然有效。
2. 劳动合同被确认无效，劳动者已付出劳动的，用人单位应当向劳动者支付劳动报酬。
3. 劳动合同被确认无效，给对方造成损失的，有过错的一方应当承担赔偿责任。

【小结】

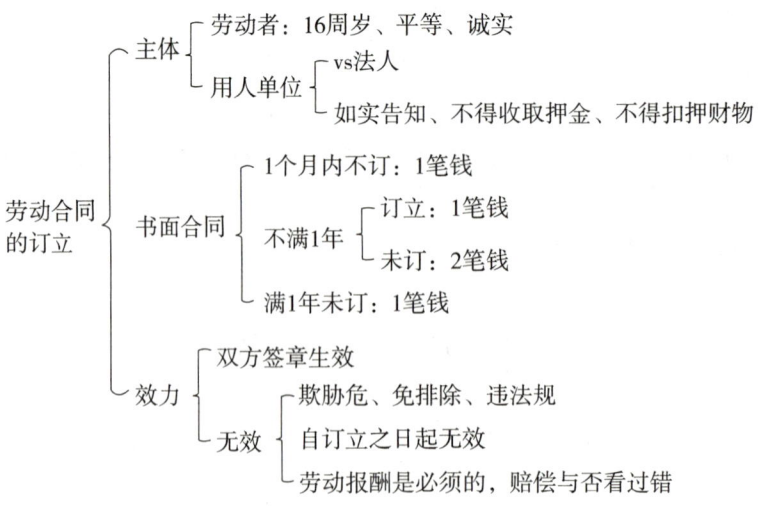

图8-2　劳动合同的订立

考点三 劳动合同的主要内容

表8-2 劳动合同的主要内容

类型	具体条款
必备条款	用人单位的名称、住所和法定代表人或者主要负责人
	劳动者的姓名、住址和居民身份证或者其他有效身份证件号码
必备条款	劳动合同期限
	工作内容和工作地点
	工作时间和休息休假
	劳动报酬
	社会保险
	劳动保护、劳动条件和职业危害防护
约定条款	试用期
	服务期
	保守商业秘密和竞业限制
	其他约定事项，例如：补充保险

一、必备条款（合同期限、休息休假与劳动报酬）

（一）合同期限

1. 种类：固定期限劳动合同、无固定期限劳动合同、以完成一定工作任务为期限的劳动合同（①以完成单项工作任务为期限的劳动合同；②以项目承包方式完成承包任务为期限的劳动合同；③因季节原因用工的劳动合同；④其他双方约定的以完成一定工作任务为期限的劳动合同）。

2. 无固定期限劳动合同

视为：用人单位自用工之日起满1年不与劳动者订立书面劳动合同的，视为用人单位自用工之日起满1年的当日已经与劳动者订立无固定期限劳动合同。

意定：用人单位与劳动者协商一致，可以订立无固定期限劳动合同。

法定：有下列情形之一，劳动者提出或者同意续订、订立劳动合同的，除劳动者提出订立固定期限劳动合同外，应当订立无固定期限劳动合同：

（1）劳动者在该用人单位连续工作满10年的。（针对已经实行劳动合同制的用人单位）

（2）用人单位初次实行劳动合同制度或者国有企业改制重新订立劳动合同时，劳动者在该用人单位连续工作满10年且距法定退休年龄不足10年的。（针对初次实行劳动合同制的用人单位以及国有企业改制。）

> **注意**
>
> （1）关于"满10年"：连续工作满10年的起始时间，应自用人单位用工之日起计算，包括《劳动合同法》施行前的工作年限。
>
> （2）关于"连续工作"：劳动者非因本人原因从原用人单位被安排到新用人单位工作，原用人单位的工作年限合并计算为新用人单位的工作年限。原用人单位已经向劳动者支付经济补偿的，新用人单位在依法解除、终止劳动合同计算支付补偿的工作年限时，不再计算原用人单位的工作年限。

【理解】劳动合同的解除和终止：在本单位连续工作满15年，且距法定退休年龄不足5年的，不得解除和终止劳动合同。

（3）连续订立2次固定期限劳动合同，且劳动者没有下述情形，续订劳动合同的（劳动者有能力、无过错）：

①严重违反用人单位的规章制度的；

②严重失职，营私舞弊，给用人单位造成重大损害的；

③劳动者同时与其他用人单位建立劳动关系，对完成本单位的工作任务造成严重影响，或者经用人单位提出，拒不改正的；

④劳动者以欺诈、胁迫的手段或者乘人之危，使用人单位在违背真实意思的情况下订立或者变更劳动合同，致使劳动合同无效的；

⑤被依法追究刑事责任的；

⑥劳动者患病或者非因工负伤，在规定的医疗期满后不能从事原工作，也不能从事由用人单位另行安排的工作的；

⑦劳动者不能胜任工作，经过培训或者调整工作岗位，仍不能胜任工作的。

> **注意**
>
> 连续订立固定期限劳动合同的次数，自2008年1月1日后续订起开始计算。

无固定期限劳动合同，是指用人单位与劳动者约定无确定终止时间的劳动合同。该合同只是"无确切终止时间"，而非"无终止时间"，一旦出现了法定情形或者双方协商一致解除的，无固定期限劳动合同同样也能够解除。

用人单位违反规定不与劳动者订立无固定期限劳动合同的，自应当订立无固定期限劳动合同之日起向劳动者每月支付2倍的工资。

> **提示**
>
> 区别于用人单位未按照法律规定期限签订书面劳动合同，此处的"2倍工资"没有最多11个月的限制。

（二）工作时间

表8-3 劳动合同的工作时间规定

工时制度	基本规定	加班
标准工时制	每天8小时或每周40小时	【注意】用人单位与工会和劳动者协商后可延长工作时间。 （1）一般：每天不超1小时； （2）特殊：每天不超3小时，每月不超36小时。
不定时工作制	每天8小时或每周40小时；每周至少休息1天	
综合计算工时制	以周、月、季、年为周期总和计算，但平均工时同标准工时制	

有下列情形之一的，延长工作时间不受上述规定的限制：

1．发生自然灾害、事故或者因其他原因，威胁劳动者生命健康和财产安全，需要紧急处理的；

2．生产设备、交通运输线路、公共设施发生故障，影响生产和公众利益，必须及时抢修的；

3．法律、行政法规规定的其他情形。

（三）休息、休假

休息：包括工作日内的间歇时间、工作日间的休息时间和公休假日（周末）。

休假：法定假日、年休假。

1．职工在年休假期间享受与正常工作期间相同的工资收入。

2．年休假能否休？

能：机关、团体、企业、事业单位、民办非企业单位、有雇工的个体工商户等单位的职工连续工作（而非在该单位工作）1年以上的，享受带薪年休假。

不能享受当年的带薪年休假的情形：

（1）职工依法享受寒暑假，其休假天数多于年休假天数的；

（2）职工请事假累计20天以上且单位按照规定不扣工资的；

（3）累计工作满1年不满10年的职工，请病假累计2个月以上的；

（4）累计工作满10年不满20年的职工，请病假累计3个月以上的；

（5）累计工作满20年以上的职工，请病假累计4个月以上的。

3．年休假怎么休？

（1）职工累计工作已满1年不满10年的，年休假5天；已满10年不满20年的，年休假10天；已满20年的，年休假15天。

（2）国家法定休假日、休息日不计入年休假的假期。

（3）年休假在1个年度内可以集中安排，也可以分段安排，一般不跨年度安排；单位因生产、工作特点确有必要跨年度安排职工年休假的，可以跨1个年度安排。

（4）职工新进用人单位且符合享受带薪年休假条件的，当年度年休假天数按照在本单位剩余日历天数折算确定，折算后不足1整天的部分不享受年休假。

> **注意**
>
> （1）累计工作年限是指劳动者自参加工作以来的工作年限总和。
>
> （2）剩余年休假天数=（当年度在本单位剩余日历天数÷365天）×职工本人全年应当享受的年休假天数。

（四）劳动报酬

1. 正常支付

（1）应当以法定货币支付，不得以实物、有价证券代替。

（2）必须在约定日期支付，遇休息日、休假日提前支付。

（3）至少每月支付一次。

（4）对完成一次性临时劳动或某项具体工作的劳动者，用人单位应在其完成劳动任务后即支付。

（5）用人单位拖欠或者未足额支付劳动报酬的，劳动者可以依法向当地人民法院申请支付令，人民法院应当依法发出支付令。

2. 特殊情况下的工资支付

（1）加班时间、补休与加班工资

表8-4 加班时间、补休与加班工资

加班时间	是否可以补休做补偿	加班工资支付标准
日标准工作时间以外延长工作时间（晚上加班）	×	150%
休息日工作（周末加班）	√	200%
法定休假日工作（如春节加班）	×	300%

> **注意**
>
> （1）用人单位安排加班不支付加班费的，由劳动行政部门责令限期支付加班费；逾期不支付的，责令用人单位按应付金额50%以上100%以下的标准向劳动者加付赔偿金。
>
> （2）劳动者在法定休假日和婚丧假期间以及依法参加社会活动期间，用人单位应当依法支付工资。

（3）在部分公民放假的节日期间（如妇女节、青年节），对参加社会活动或单位组织庆祝活动和照常工作的职工，单位应支付工资报酬，但不支付加班工资。如果该节日恰逢星期六、星期日，单位安排职工加班工作，则应当依法支付休息日的加班工资（200%）。

（2）最低工资制度

①最低工资不包括加班工资、补贴、津贴和保险。

②最低工资的具体标准由省、自治区、直辖市人民政府规定，报国务院备案。用人单位支付劳动者的工资不得低于当地最低工资标准。低于发放的，责令限期支付差额；逾期不支付，加付赔偿金（应付金额50%以上100%以下）。

③劳动合同履行地与用人单位注册地不一致的，最低工资标准、劳动保护、劳动条件、职业危害防护和本地区上年度职工月平均工资标准等事项，按照劳动合同履行地的有关规定执行；用人单位注册地的标准高于劳动合同履行地的标准，且用人单位与劳动者约定按照用人单位注册地的有关规定执行的，从其约定。

（3）扣工资

因劳动者本人原因给用人单位造成经济损失的，用人单位可按照劳动合同的约定要求其赔偿经济损失。经济损失的赔偿，可从劳动者本人的工资中扣除。但"每月"扣除的部分不得超过劳动者当月工资的20%。若扣除后的剩余工资部分低于当地月最低工资标准，则按最低工资标准支付。

> **注意**
>
> 每月扣除的部分≤20%；实际发放工资≥当地月最低工资标准。

【小结】

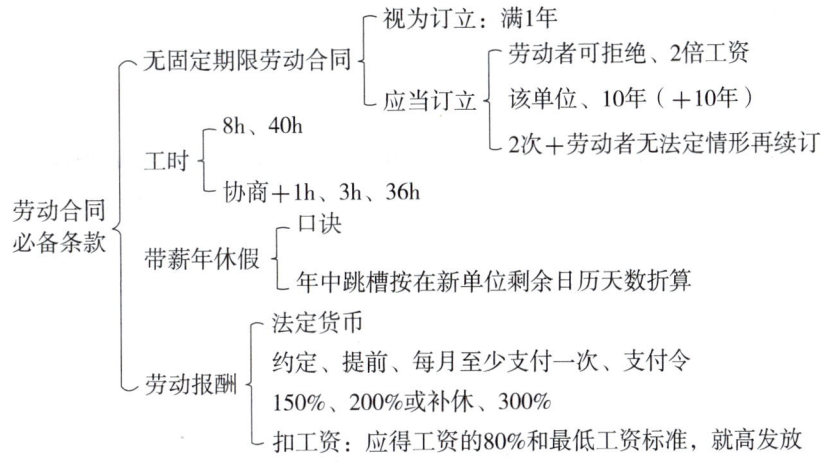

图8-3 劳动合同的必备条款

二、约定条款（试用期、服务期、竞业限制）

（一）试用期

属于劳动合同约定条款，双方可以约定，也可以不约定试用期。

1. 试用期期限

表8-5　试用期期限

适用情形	试用期期限
（1）劳动合同期限＜3个月 （2）以完成一定工作任务为期限的劳动合同 （3）非全日制用工	不得约定试用期
3个月≤劳动合同期限＜1年	约定的试用期应当≤1个月
1年≤劳动合同期限＜3年	约定的试用期应当≤2个月
（1）3年≤劳动合同期限 （2）无固定期限劳动合同	约定的试用期应当≤6个月

注意

（1）同一用人单位与同一劳动者只能约定一次试用期。

（2）试用期包含在劳动合同期限内；劳动合同仅约定试用期的，试用期不成立，该期限为劳动合同期限。

（3）用人单位违反试用期规定的责任，由劳动行政部门责令改正；违法约定的试用期已经履行的，由用人单位以劳动者试用期满月工资为标准，按已经履行的超过法定试用期的期间向劳动者支付赔偿金。

2. 试用期工资的强制性规定

劳动者在试用期的工资不得低于本单位相同岗位最低档工资或者劳动合同约定工资的80%，并不得低于用人单位所在地的最低工资标准。

（二）服务期

1. 服务期的适用范围

用人单位为劳动者提供专项培训费用，对其进行专业技术培训的，可以与该劳动者订立协议，约定服务期。

服务期超过合同期的，合同期顺延，双方另有约定，从其约定。

> **注意**
>
> 服务期的特征如下：
>
> （1）对劳动者提供的是专业技术培训，包括专业知识和职业技能培训；
>
> （2）培训的形式可以是脱产的，半脱产的，也可以是不脱产的；
>
> （3）培训费用的数额比较大；
>
> （4）服务期的年限可以由劳动合同双方当事人协议确定；
>
> （5）约定服务期，不影响按照正常的工资调整机制提高劳动者在服务期期间的劳动报酬。

2. 劳动者违约责任

（1）劳动者违反服务期约定的，应当按照约定向用人单位支付违约金。

（2）违约金数额不得超过用人单位提供的培训费用。

（3）用人单位要求劳动者支付的违约金不得超过服务期尚未履行部分所应分摊的培训费用。

3. 解除劳动合同后的违约金问题

（1）服务期满，劳动合同期亦满，劳动者解除劳动关系无须支付违约金。

（2）劳动合同期满，服务期未满，劳动合同应顺延，若劳动者解除劳动关系则需支付违约金。

（3）为防止可能出现的规避赔偿责任，若劳动者因违纪等重大过错行为而被用人单位解除劳动关系，用人单位仍有权要求其支付违约金。

（4）用人单位与劳动者约定了服务期，由于用人单位过错导致劳动者解除劳动合同的，不属于违反服务期的约定，用人单位不得要求劳动者支付违约金。

表8-6 解除劳动合同后的违约金支付情况表

情形		劳动者是否支付违约金
用人单位提出解除劳动合同	劳动者存在下列法定过错情形： （1）严重违反用人单位的规章制度的； （2）严重失职，营私舞弊，给用人单位造成重大损害的； （3）同时与其他用人单位建立劳动关系，对完成本单位的工作任务造成严重影响，或者经用人单位提出，拒不改正的； （4）以欺诈、胁迫的手段或者乘人之危，使用人单位在违背真实意思的情况下订立或者变更劳动合同的； （5）被依法追究刑事责任的。	√
	劳动者并无法定过错情形。	×

（续上表）

情形		劳动者是否支付违约金
劳动者提出解除劳动合同	用人单位存在下列法定过错情形： （1）未按照劳动合同约定提供劳动保护或者劳动条件的； （2）未及时足额支付劳动报酬的； （3）未依法为劳动者缴纳社会保险费的； （4）规章制度违反法律、法规的规定，损害劳动者权益的； （5）以欺诈、胁迫的手段或者乘人之危，使劳动者在违背真实意思的情况下订立或者变更劳动合同的； （6）在劳动合同中免除自己的法定责任、排除劳动者权利的； （7）违反法律、行政法规强制性规定的； （8）法律、行政法规规定劳动者可以解除劳动合同的其他情形。	×
	用人单位并无法定过错情形。	√

（三）保守商业秘密和竞业限制

1. 适用人群

竞业限制的人员限于用人单位的高级管理人员、高级技术人员和其他负有保密义务的人员，而非所有的劳动者。

2. 竞业限制补偿金

竞业限制补偿金是用人单位对劳动者履行竞业限制义务的经济补偿，不能包含在工资中，只能在劳动关系结束（终止或解除）后，在竞业限制期内，由用人单位按月支付，数额由双方约定。

注意

> 用人单位要求劳动者签订竞业限制条款，必须给予相应的经济补偿，否则该条款无效。

3. 竞业限制期限

竞业限制期限不得超过2年，超过2年的，超过部分无效。

4. 违约责任

劳动者违反竞业限制约定的，应当按照约定向用人单位支付违约金，给用人单位造成损失的应当承担赔偿责任。

5. 司法解释

（1）当事人在劳动合同或保密协议中约定了竞业限制，但未约定经济补偿，劳动者履行了义务，要求用人单位按照劳动者在合同解除或终止前12个月平均工资的30%（低于合同履行地最低工资标准的，按最低工资标准）按月支付经济补偿的，人民法院应予支持。

（2）当事人在劳动合同或者保密协议中约定了竞业限制和经济补偿，当事人解除劳动合同时，除另有约定外，用人单位要求劳动者履行竞业限制义务，或者劳动者履行了竞业限制义务后要求用人单位支付经济补偿的，人民法院应予支持。

（3）当事人在劳动合同或者保密协议中约定了竞业限制和经济补偿，劳动合同解除或者终止后，因用人单位的原因导致3个月未支付经济补偿，劳动者请求解除竞业限制约定的，人民法院应予支持。

（4）在竞业限制期限内，用人单位请求解除竞业限制协议时，人民法院应予支持，在解除竞业限制协议时，劳动者请求用人单位额外支付劳动者3个月的竞业限制经济补偿的，人民法院应予支持。

（5）劳动者违反竞业限制约定，向用人单位支付违约金后，用人单位要求劳动者按照约定继续履行竞业限制义务的，人民法院应予支持。

【总结】

表8-7　用人单位与劳动者的竞业限期约定表

	用人单位	劳动者	竞业限制约定
订立时	约定补偿金		有效
	未约定补偿金		无效
	约定的竞业限制期限超过2年的		超过部分无效
履行时	向法院主张解除	可额外要求3个月补偿金	解除
	单位原因不支付补偿金时间不满3个月	可要求单位支付已履行的竞业限制期间的补偿金	有效
	单位原因导致3个月不支付补偿金	可请求法院解除；可要求单位支付已履行的竞业限制期间的补偿金	解除
	要求劳动者支付违约金、赔偿金后可要求劳动者继续履行竞业限制协议	不履行竞业限制协议（先）	有效

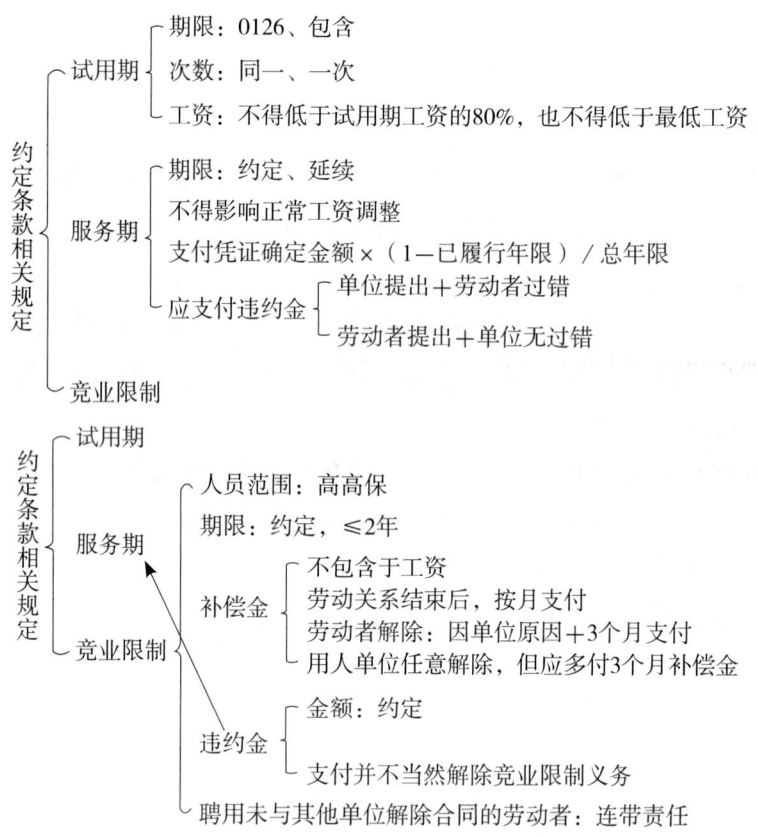

图8-4 约定条款相关规定

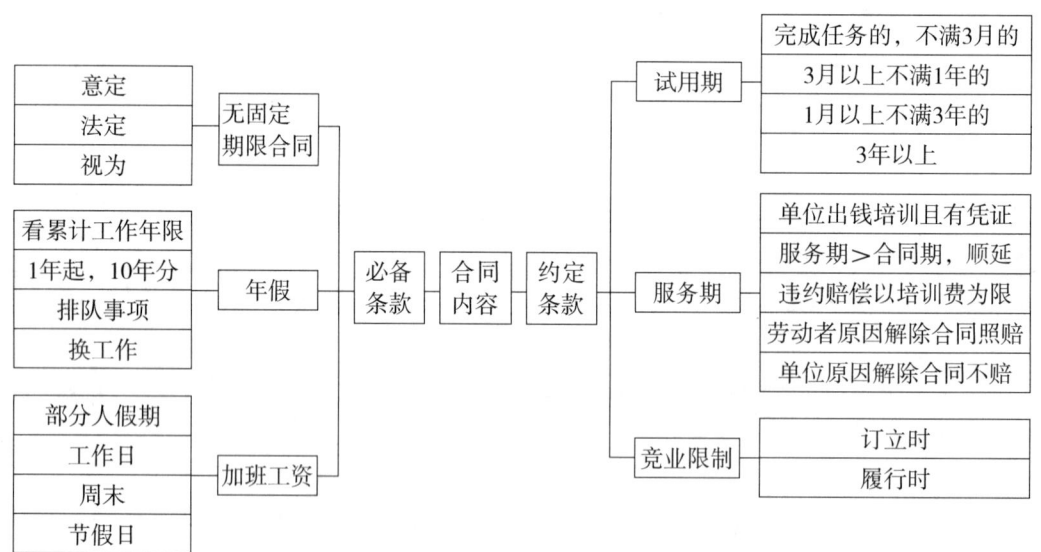

图8-5 劳动合同的主要内容

考点四 劳动合同的履行和变更

一、劳动合同的履行

《劳动合同法》对劳动合同的履行的规定如下：

1. 用人单位拖欠或者未足额支付劳动者报酬的，劳动者可以依法向当地人民法院申请支付令，人民法院应当依法发出支付令。

2. 劳动者拒绝用人单位管理人员违章指挥、强令冒险作业的，不视为违反劳动合同。

3. 用人单位变更名称、法定代表人、主要负责人或者投资人等事项，不影响劳动合同的履行。

4. 用人单位发生合并、分立等情况，原劳动合同继续有效，劳动合同由承继其权利和义务的用人单位继续履行。

5. 单位制定的合法有效的劳动规章制度是劳动合同的组成部分，对用人单位和劳动者均具有法律约束力。

6. 单位在制定、修改或者决定有关"劳动报酬、工作时间、休息休假、劳动安全卫生、保险福利、职工培训、劳动纪律以及劳动定额管理"等直接涉及劳动者切身利益的规章制度和重大事项时，应当经职工代表大会或全体职工讨论。

7. 用人单位的规章制度未经公示或者未对劳动者告知，该规章制度对劳动者不生效。

二、劳动合同的变更

用人单位与劳动者协商一致，可以变更劳动合同约定的内容。

变更劳动合同应当采用书面形式；变更劳动合同未采用书面形式，但已经实际履行了口头变更的劳动合同超过1个月，且变更后的劳动合同内容不违反法律、行政法规、国家政策以及公序良俗，当事人以未采用书面形式为由主张劳动合同变更无效的，人民法院不予支持。

考点五 劳动合同的解除和终止

一、劳动合同的解除

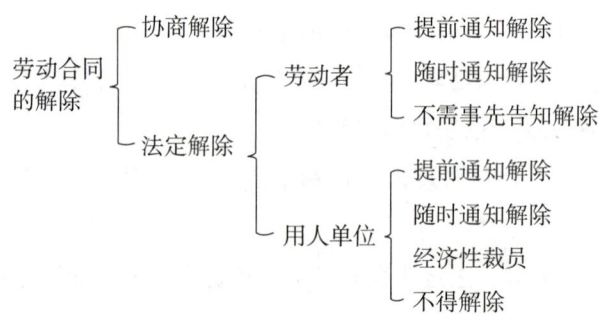

图8-6 劳动合同的解除

（一）协商解除（意定解除）

表8-8 劳动合同的协商解除

类型	适用情形	是否支付经济补偿金
用人单位提出解除劳动合同	双方平等自愿；	√
劳动者主动辞职	协商一致。	×

（二）法定解除

1. 劳动者可单方面解除劳动合同的情形

表8-9 劳动者可单方面解除劳动合同的情形

类型	适用情形	是否支付经济补偿金
提前通知解除（不想干）	（1）劳动者提前30日以书面形式通知用人单位； （2）劳动者在试用期内提前3日通知用人单位。 【提示】如果劳动者没有履行通知程序，属于违法解除，因此对用人单位造成损失的，劳动者应对用人单位的损失承担赔偿责任。	×
随时通知解除（没法干）	（1）用人单位未按照劳动合同约定提供劳动保护或者劳动条件的； （2）用人单位未及时足额支付劳动报酬的； （3）用人单位未依法为劳动者缴纳社会保险费的； （4）用人单位的规章制度违反法律、法规的规定，损害劳动者权益的；	√

（续上表）

类型	适用情形	是否支付经济补偿金
随时通知解除（没法干）	（5）用人单位以欺诈、胁迫的手段或者乘人之危，使劳动者在违背真实意思的情况下订立或者变更劳动合同的； （6）用人单位在劳动合同中免除自己的法定责任、排除劳动者权利的； （7）用人单位违反法律、行政法规强制性规定的。 【提示】劳动者无须提前通知用人单位解除劳动合同（什么时候想走什么时候说就行）。	√
不需事先告知解除	（1）用人单位以暴力、威胁或者非法限制人身自由的手段强迫劳动者劳动的； （2）用人单位违章指挥、强令冒险作业危及劳动者人身安全的。	√

2. 用人单位可以单方面解除劳动合同的情形

表8-10　用人单位可以单方面解决劳动合同的情形

类型	适用情形	是否支付经济补偿金
随时通知解除（不能用）	（1）劳动者在试用期间被证明不符合录用条件的； （2）劳动者严重违反用人单位的规章制度的； （3）劳动者严重失职，营私舞弊，给用人单位造成重大损害的； （4）劳动者同时与其他用人单位建立劳动关系，对完成本单位的工作任务造成严重影响，或者经用人单位提出，拒不改正的； （5）劳动者以欺诈、胁迫的手段或者乘人之危，使用人单位在违背真实意思的情况下，订立或者变更劳动合同的； （6）劳动者被依法追究刑事责任的。	×
无过失性辞退（没法用）	有下列情形之一的，用人单位提前30日以书面形式通知劳动者本人或者额外支付劳动者1个月工资后，可以解除劳动合同： （1）劳动者患病或者非因工负伤，在规定的医疗期满后不能从事原工作，也不能从事由用人单位另行安排的工作的；	√

（续上表）

类型	适用情形	是否支付经济补偿金
无过失性辞退（没法用）	（2）劳动者不能胜任工作，经过培训或者调整工作岗位，仍不能胜任工作的； （3）劳动合同订立时所依据的客观情况发生重大变化，致使劳动合同无法履行，经用人单位与劳动者协商，未能就变更劳动合同内容达成协议的。	√
经济性裁员（没办法）	（1）经济性裁员的适用情形： ①依照《中华人民共和国企业破产法》规定进行重整的； ②生产经营发生严重困难的； ③企业转产、重大技术革新或者经营方式调整，经变更劳动合同后，仍需裁减人员的； ④其他因劳动合同订立时所依据的客观经济情况发生重大变化，致使劳动合同无法履行的。 （2）特别程序： ①需要裁减人员20人以上或者裁减不足20人但占企业职工总数10%以上的，用人单位提前30日向工会或者全体职工说明情况，听取工会或者职工的意见后，裁减人员方案经向劳动行政部门报告，可以裁减人员； ②裁减人员不足20人且占企业职工总数不足10%的，无须执行上述程序。 （3）裁减人员时，应当优先留用下列人员： ①与本单位订立较长期限的固定期限劳动合同的； ②与本单位订立无固定期限劳动合同的； ③家庭无其他就业人员，有需要扶养的老人或者未成年人的。 （4）用人单位裁减人员后，在6个月内重新招用人员的，应当通知被裁减的人员，并在同等条件下优先招用被裁减的人员。	√

二、劳动合同的终止

劳动合同的终止主要是基于某种法定事实的出现，一般不涉及双方意思表示，法定情形出现，双方劳动关系消灭。

劳动合同终止的情形如下：

表8-11 劳动合同终止的情形

情形		是否支付经济补偿金
劳动合同期满	用人单位维持或提高原条件续订而劳动者拒绝	×
	用人单位决定不续订或降低条件续订（不留用）	√
劳动者开始依法享受基本养老保险待遇的		×
劳动者达到法定退休年龄的		×
劳动者死亡，或者被人民法院宣告死亡或者宣告失踪的		×
用人单位被依法宣告破产的（不营业）		√
用人单位被吊销营业执照、责令关闭、撤销或者用人单位决定提前解散的（不营业）		√

三、劳动合同解除和终止的限制性规定

有以下情形之一的，不得解除和终止劳动合同：

1. 从事接触职业病危害作业的劳动者未进行离岗前职业健康检查，或者疑似职业病病人在诊断或者医学观察期间的；
2. 在本单位患职业病或者因工负伤并被确认丧失或者部分丧失劳动能力的；
3. 患病或者非因工负伤，在规定的医疗期内的；
4. 女职工在孕期、产期、哺乳期的；
5. 在本单位连续工作满15年，且距法定退休年龄不足5年的；
6. 法律、行政法规规定的其他情形。

注意

解除是一方或者双方，主动、人为地提前结束合同；终止是出现法定事由后，被动地提前或如期结束合同。

四、劳动合同解除和终止的经济补偿

区分竞业限制补偿金、经济补偿金、违约金、赔偿金与代通知金。

表8-12 竞业限制补偿金、经济补偿金、违约金、赔偿金与代通知金

	适用条件	性质	支付主体
竞业限制补偿金	单位与劳动者有竞业限制约定	法定＋约定（竞业限制约定生效的必要条件）	单位

（续上表）

	适用条件	性质	支付主体
经济补偿金	劳动关系的解除和终止过程中除劳动者主动辞职或试用期外，劳动者无过错	法定（不以过错为条件，无惩罚性，是一项社会义务）	单位
违约金	劳动者违反了服务期和竞业禁止的规定（仅上述两项可约定）	法定＋约定（以过错为构成要件，具有惩罚性和赔偿性）	劳动者
赔偿金	用人单位和劳动者由于自己的过错给对方造成损害	法定＋约定（以过错为构成要件，具有惩罚性和赔偿性）	单位或劳动者
代通知金	无过失性辞退替代提前1个月的通知时间	法定（仅起到替代作用）	单位

1. 应当支付经济补偿金的情形

（1）由用人单位提出解除劳动合同并与劳动者协商一致而解除劳动合同的。

（2）劳动者符合随时通知解除和不需事先通知即可解除劳动合同规定情形而解除劳动合同的。

（3）用人单位符合提前30日以书面形式通知劳动者本人或者额外支付劳动者1个月工资后，可以解除劳动合同规定情形而解除劳动合同的。

（4）用人单位符合可裁减人员规定而解除劳动合同的。

提示

（1）（2）（3）（4）为劳动合同的解除须支付补偿金的情形。

（5）除用人单位维持或者提高劳动合同约定条件续订劳动合同，劳动者不同意续订的情形外，劳动合同期满终止固定期限劳动合同的。

（6）用人单位被依法宣告破产、被吊销营业执照、责令关闭、撤销或者用人单位提前解散而终止劳动合同的。

（7）以完成一定工作任务为期限的劳动合同因任务完成而终止的。

（8）其他。

提示

（5）（6）（7）（8）为劳动合同终止应支付补偿金的情形。

【总结】1.非试用期；2.非劳动者主动提出（不得已除外）；3.非劳动者过错。除此之外用人单位均需履行自己的社会义务。

2. 经济补偿的支付标准

计算公式：经济补偿金＝工作年限×月工资

（1）确定工作年限

按劳动者在本单位工作的年限，每满1年支付1个月工资的标准向劳动者支付。6个月以上不满1年的，按1年计算；不满6个月的，向劳动者支付半个月工资标准的经济补偿。

劳动者非因本人原因从原单位被安排到新单位的，劳动者在原单位的工作年限合并计入新单位的工作年限。除非原单位已经支付经济补偿金。

（2）确定月工资

当地最低工资标准≤月平均工资≤所在地区上年度职工月平均工资3倍。

【特别注意】对月工资超过所在地区上年度职工月平均工资3倍的职工，支付经济补偿的年限最高不超过12年。

> 注意
>
> 地方各级人民政府及县级以上人民政府有关部门为安置就业困难人员提供的给予岗位补贴和社会保险补贴的公益性岗位，其劳动合同不适用《劳动合同法》有关无固定期限劳动合同的规定以及支付经济补偿的规定。

五、劳动合同解除和终止的法律后果

劳动合同解除和终止后，用人单位和劳动者不再履行劳动合同，双方劳动关系消灭。

1. 手续

（1）劳动合同解除或终止的，用人单位应当在解除或者终止劳动合同时出具解除或者终止劳动合同的证明，并在15日内为劳动者办理档案和社会保险关系转移手续。

（2）用人单位应当在解除或者终止劳动合同时向劳动者支付经济补偿金的，在办结工作交接时支付。

2. 用人单位对已经解除或者终止的劳动合同文本，至少保存2年备查。

3. 违法解除或终止劳动合同的法律责任

（1）用人单位违反规定解除或者终止劳动合同，劳动者要求继续履行劳动合同的，用人单位应当继续履行；劳动者不要求继续履行劳动合同或者劳动合同已经不能继续履行的，用人单位应当依照《劳动合同法》规定的经济补偿金标准的2倍向劳动者支付赔偿金，支付了赔偿金的，不再支付经济补偿金。

（2）劳动者违法解除劳动合同，给用人单位造成损失的，应当承担赔偿责任。

【小结】

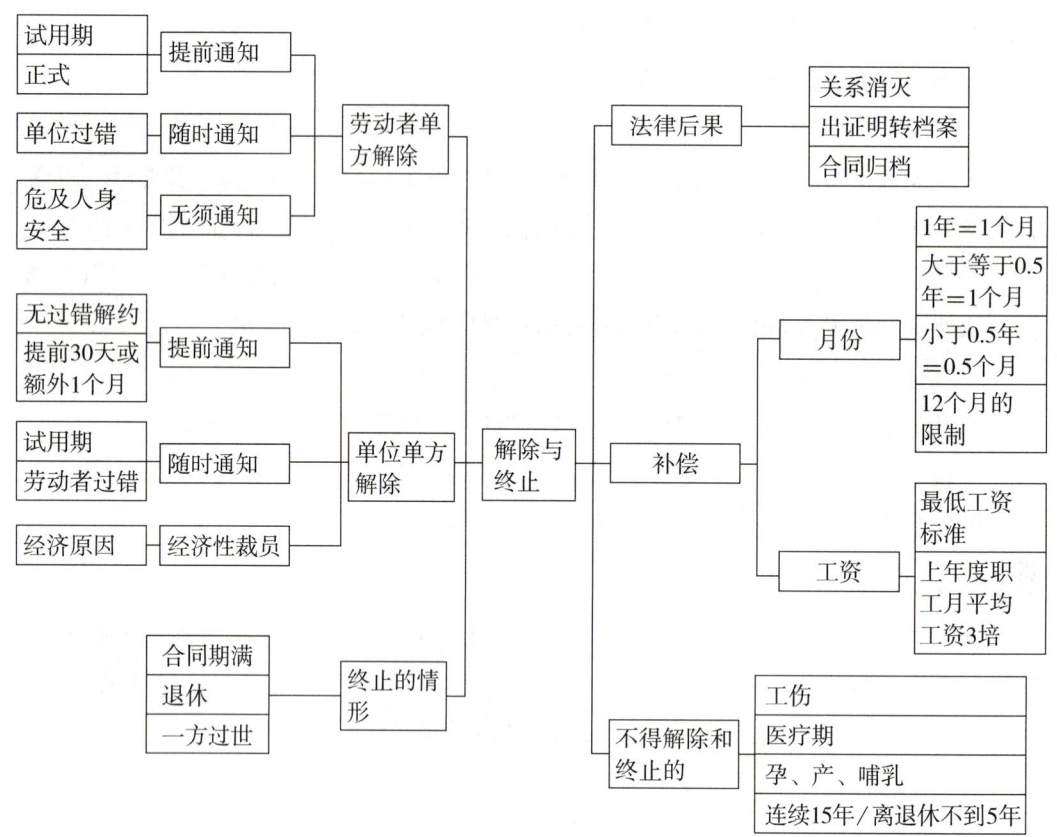

图8-7 劳动合同的解除与终止

考点六 集体合同与劳务派遣

一、集体合同

集体合同包括集体合同、专项集体合同、行业性集体合同、区域性集体合同。

（一）订立主体

工会与企业、在上级工会指导下的劳动者代表与企业。

（二）订立程序

1．合同内容由双方派代表协商。

> 注意
>
> 双方的代表人数应当对等，每方至少3人，并各确定1名首席代表。

2．协商一致的合同草案应当提交职工代表大会或者全体职工讨论。

3．讨论会议应当有2/3以上职工代表或者职工出席，且须经全体职工代表半数以上或者全体职工半数以上同意，方获通过。

4．通过后，由双方首席代表签字。

（三）合同生效

集体合同订立后，应当报送劳动行政部门，劳动行政部门自收到集体合同文本之日起15日内未提出异议的，集体合同即行生效。

（四）各种标准的关系：两个不低于

1．集体合同中劳动报酬和劳动条件等标准不得低于当地人民政府规定的最低标准。

2．单位与劳动者订立的劳动合同中劳动报酬和劳动条件等标准不得低于集体合同规定的标准。

（五）争议的解决

因履行集体合同发生争议，经协商解决不成的，工会可以依法申请仲裁、提起诉讼。

二、劳务派遣（人事外包、人才租赁）

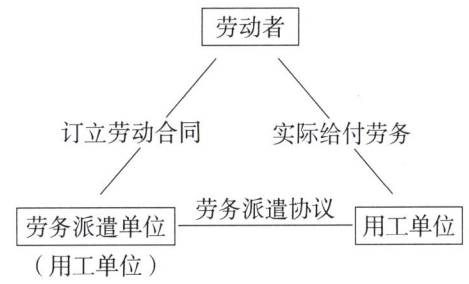

图8-8　劳务派遣

（一）劳务派遣的适用范围

1．劳动合同用工是我国企业的基本用工形式，劳务派遣用工是补充形式，只能在临时性（存续时间不超过6个月）、辅助性或者替代性的工作岗位上实施。

2．用人单位不得设立劳务派遣单位向本单位或者所属单位派遣劳动者，用工单位不得将被派遣劳动者再派遣到其他用人单位。

3．劳务派遣单位不得以非全日制用工形式招用被派遣劳动者。

4．用工单位使用的被派遣劳动者数量不得超过其用工总量（订立劳动合同的人数＋派遣用工的人数）的10%。派遣员工／（正式员工＋派遣员工）≤10%。

（二）对劳务派遣单位（劳务输出单位、用人单位）的要求

1．劳务派遣单位与被派遣劳动者订立的劳动合同，除应当载明劳动合同必备的条

款外，还应当载明被派遣劳动者的用工单位以及派遣期限、工作岗位等情况。

2. 劳务派遣单位应当与被派遣劳动者订立2年以上的固定期限劳动合同，按月支付劳动报酬。

3. 被派遣劳动者在无工作期间，劳务派遣单位应当按照所在地人民政府规定的最低工资标准，向其按月支付报酬。

4. 劳务派遣单位应当将劳务派遣协议的内容告知被派遣劳动者，不得克扣用工单位按协议支付给劳动者的劳动报酬。

（三）对用工单位（劳务输入单位）的要求

1. 用工单位应当根据工作岗位的实际需要与劳务派遣单位确定派遣期限，不得将连续用工期限分割订立数个短期劳务派遣协议。

2. 用工单位不得将被派遣劳动者再派遣到其他单位。

> **注意**
> 劳务派遣单位和用工单位均不得向被派遣劳动者收取费用。

（四）劳动者权利

1. 享有与用工单位的劳动者同工同酬的权利。

2. 有权在劳务派遣单位或者用工单位依法参加或者组织工会，维护自身的合法权益。

3. 劳务派遣单位与被派遣劳动者之间是劳动合同关系，"劳务派遣单位"应承担向劳动者依法支付解除或终止劳动合同后的经济补偿金或者赔偿金的义务。

考点七 劳动争议的解决

一、劳动争议的范围

劳动争议包括：

1. 因确认劳动关系发生的争议；
2. 因订立、履行、变更、解除和终止劳动合同发生的争议；
3. 因除名、辞退和辞职、离职发生的争议；
4. 因工作时间、休息休假、社会保险、福利、培训以及劳动保护发生的争议；
5. 因劳动报酬、工伤医疗费、经济补偿金或者赔偿金等发生的争议；
6. 法律、法规规定的其他劳动争议。

二、劳动争议的解决原则和方法

原则：根据事实，遵循合法、公正、及时、着重调解的原则，依法保护当事人的合法权益。

方法：协商和解、调解、劳动仲裁、劳动诉讼。

1. 劳动者可以与单位协商，也可以请工会或者第三方共同与单位协商，达成和解协议。

2. 当事人不愿协商、协商不成或者达成和解协议后不履行的，可以向调解组织申请调解。

3. 不愿调解、调解不成或者达成调解协议后不履行的，可以向劳动争议仲裁委员会申请仲裁。

4. 对仲裁裁决不服的，除《中华人民共和国劳动争议调解仲裁法》另有规定的以外，自收到仲裁裁决书之日起15日内，可以向人民法院提起诉讼。

> **注意**
>
> 劳动仲裁是向人民法院提起诉讼的必经前置程序。区别于一般经济仲裁的一裁终局原则。

此处的"调解"与劳动仲裁程序中的调解不同，主要区别见下表：

表8-13 劳动调解与劳动仲裁中的调解程序对比

	劳动调解	劳动仲裁中的调解程序
与劳动仲裁的关系	与劳动仲裁并列，均为劳动争议解决方法之一。	劳动仲裁的必经程序（仲裁庭在作出裁决前，应当先行调解）。
调解主体	劳动争议调解组织，如企业劳动争议调解委员会，依法设立的基层人民调解组织，在乡镇、街道设立的具有劳动争议调解职能的组织。	劳动仲裁的仲裁庭。

三、劳动调解程序

劳动调解应遵循以下程序：

1. 当事人申请劳动争议调解可以书面申请，也可以口头申请。

2. 经调解达成协议的，应当制作调解协议书，调解协议书由双方当事人签名或者盖章，经调解员签名并加盖调解组织印章后生效。

3. 进一步申请劳动仲裁

（1）达成调解协议后，一方当事人在协议约定期限内不履行调解协议的，另一方当事人可以依法申请劳动仲裁。

（2）自劳动争议调解组织收到调解申请之日起15日内未达成调解协议的，当事人可以依法申请劳动仲裁。

四、劳动仲裁

（一）经济仲裁与劳动仲裁

表8-14　经济仲裁与劳动仲裁

	经济仲裁	劳动仲裁
是否以仲裁协议有效存在为前提	√	×
与诉讼的关系	或裁或审	先裁后审
仲裁机构与行政机构的关系	完全独立	由人民政府决定设立
仲裁机构不按行政区划层层设立	√	√
地域管辖	×	劳动合同履行地/用人单位所在地
申请仲裁的时效	除另有规定，适用民事诉讼时效的规定	（1）当事人知道或者应当知道其权利被侵害之日起1年； （2）拖欠劳动报酬的，劳动关系存续期间不受仲裁时效限制；劳动关系终止的，自终止之日起1年
是否收费	√	×
能否口头申请	×	√
公开仲裁	×	√
开庭审理	√	√
回避制度	√	√
裁决和调解的关系	可以先行调解	应当先行调解
一裁终局	√	终局裁决的劳动争议： （1）劳动者不服，15日内起诉； （2）用人单位不能提起劳动诉讼；裁决符合撤销情形的，可以申请撤销 其他劳动争议：15日内起诉
强制执行	人民法院	
收费	√	×

（二）劳动仲裁的参加人

1. 当事人

（1）劳务派遣单位或者用工单位与劳动者发生争议的，劳务派遣单位和用工单位为共同当事人。

（2）劳动者与个人承包经营者发生争议，申请仲裁时，应当将发包的组织和个人承包经营者作为当事人。

（3）发生争议的用人单位被吊销营业执照、责令关闭、撤销以及用人单位决定提前解散、歇业，不能承担相关责任的，依法将其出资人、开办单位或主管部门作为共同当事人。

2. 当事人代表

发生争议的劳动者一方在10人以上，并有共同请求的，劳动者可以推举3至5名代表参加仲裁活动。

3. 代理人

（1）当事人可以委托代理人参加仲裁活动。

（2）丧失或者部分丧失民事行为能力的劳动者，由其法定代理人代为参加仲裁活动，无法定代理人的，劳动争议仲裁委员会为其指定。

（3）劳动者死亡的，由其近亲属或者代理人参加仲裁活动。

4. 第三人——有利害关系，可以申请参加或由劳动争议仲裁委员会通知其参加。

举例：老赵在与北京保卫萝卜有限责任公司签订的劳动合同中约定了竞业限制条款。后老赵离职，萝卜公司未按期支付竞业限制补偿金。老赵遂进入萝卜公司的竞争对手北京保卫土豆有限责任公司中担任相同职务，给萝卜公司造成一定损失。萝卜公司认为老赵违反了竞业限制条款，拟申请劳动仲裁。在本案中萝卜公司与老赵为当事人，土豆公司为有利害关系的第三人。

（三）劳动仲裁机构：劳动争议仲裁委员会

1. 不按区划层层设立。
2. 组成人员应当是单数。

（四）劳动仲裁管辖

1. 劳动争议由劳动合同履行地或者用人单位所在地的劳动争议仲裁委员会管辖。
2. 双方当事人分别向两地申请仲裁的，由劳动合同履行地的劳动争议仲裁委员会管辖。

> **注意**
>
> 此处与民事诉讼共同管辖权不同，民事诉讼为原告（同一当事人）分别向两个以上有管辖权的法院起诉，这种情况下遵循"立案在先"原则。

（五）仲裁程序

1. 申请和受理

（1）仲裁时效

劳动争议申请仲裁的时效期间为1年，从当事人知道或者应当知道其权利被侵害之日起计算。

劳动关系存续期间因拖欠劳动报酬发生争议的,劳动者申请仲裁不受1年仲裁时效期间的限制;但是,劳动关系终止的,应当自劳动关系终止之日起1年内提出。

(2)仲裁时效的中止和中断

表8-15　仲裁时效的中止和中断

	事由	效果
仲裁时效的中断（主观原因）	(1)当事人一方向对方主张权利; (2)当事人一方向有关部门请求权利救济; (3)对方当事人同意履行义务。	从中断时起,仲裁时效重新计算。
仲裁时效的中止（客观原因）	不可抗力或者其他正当理由。	从中止时效的原因消除之日起,仲裁时效期间继续计算。

> 注意
> 劳动仲裁时效的中止同样适用最后6个月的规定。

(3)仲裁申请

可以书面申请也可以口头申请。

(4)仲裁受理

劳动争议仲裁委员会收到仲裁申请之日起5日内决定是否受理,受理的告知申请人;不受理的,须书面通知申请人并告知理由。

对劳动争议仲裁委员会不予受理或者逾期未作出决定的,申请人可就该争议向人民法院提起诉讼。

2. 开庭和裁决

仲裁委员会应当在受理仲裁申请之日起5日内组成仲裁庭,开庭日前5日内,将开庭日期、地点书面通知双方当事人,当事人可以在开庭3日前请求延期。仲裁庭裁决劳动争议,应当自受理之日起45日内结束,需要延期的,不得超过15日。逾期未作出裁决的,当事人可以提起诉讼。

上述规定中"3日""5日"指工作日;"15日""45日"指自然日。

基本制度:

(1)劳动争议仲裁公开进行,但当事人协议不公开进行或者涉及国家秘密、商业秘密、个人隐私的除外。

(2)执行仲裁庭制。劳动争议仲裁的仲裁庭由3名仲裁员组成,设首席仲裁员;简单劳动争议案件可以由1名仲裁员独任仲裁。

（3）执行回避制度。仲裁员有下列情形的，应当回避，当事人也有权以口头或者书面方式提出回避申请：是本案当事人或者当事人、代理人的近亲属的；与本案有利害关系的；与本案当事人、代理人有其他关系，可能影响公正裁决的；私自会见当事人、代理人，或者接受当事人、代理人请客送礼的。

（4）和解与调解。当事人申请劳动争议仲裁后，可以自行和解；达成和解协议的，可以撤回仲裁申请，也可以请求仲裁庭根据和解协议制作调解书。

仲裁庭在作出裁决前，应当（而非"可以"）先行调解，调解达成协议的，仲裁庭应当制作调解书，调解书由仲裁员签名，加盖劳动争议仲裁委员会印章，送达双方当事人。调解书经双方当事人签收后，发生法律效力。调解不成或者调解书送达前，一方当事人反悔的，仲裁庭应当及时作出裁决。

（5）下列劳动争议，除法律另有规定外，仲裁裁决为"终局裁决"，裁决书自作出之日起发生法律效力：追索劳动报酬、工伤医疗费、经济补偿金或者赔偿金，不超过当地月最低工资标准12个月金额的争议；因执行国家的劳动标准在工作时间、休息休假、社会保险等方面发生的争议。

【记忆提示】（1）涉及钱的，看是否超过当地月最低工资标准12个月；（2）合同必备条款争议。

注意

> 劳动者对劳动仲裁的终局裁决不服可以直接向法院提起诉讼；用人单位对终局裁决不服只能向法院申请撤销该裁决，而不能直接起诉。

（6）劳动仲裁裁决的一般规定：

裁决应当按照多数仲裁员的意见作出，少数仲裁员的不同意见应当记入笔录；仲裁庭不能形成多数意见时，裁决应当按照首席仲裁员的意见作出。

裁决书的签名：裁决书由仲裁员签名，加盖劳动争议仲裁委员会印章；对裁决持不同意见的仲裁员，可以签名，也可以不签名。

劳动仲裁裁决的生效：当事人对终局裁决情形之外的其他劳动争议案件的仲裁裁决不服的，可以自收到仲裁裁决书之日起15日内提起诉讼；期满不起诉的，仲裁裁决书发生法律效力。

【总结】劳动诉讼申请范围：

（1）劳动者对劳动争议的终局裁决不服的，可以自收到仲裁裁决书之日起"15日内"提起诉讼。

（2）当事人对非终局裁决争议不服的，可以自收到仲裁裁决书之日起"15日内"提起诉讼。

（3）终局裁决被人民法院裁定撤销的，当事人可以自收到裁定书之日起"15日内"提起诉讼。

3．执行

（1）仲裁庭对追索劳动报酬、工伤医疗费、经济补偿金或者赔偿金的案件，根据当事人的申请，可以裁决"先予执行"，移送人民法院执行，劳动者申请先予执行的，可以不提供担保。

仲裁庭裁决先予执行的，应当符合以下条件：当事人之间权利义务关系明确；不先予执行将严重影响申请人的生活。

（2）生效不履行可以申请人民法院强制执行。

【小结】

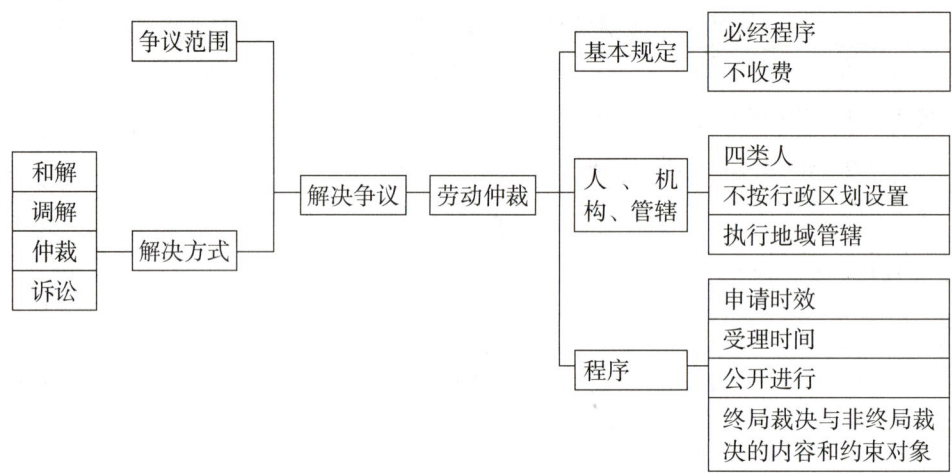

图8-9 劳动争议的解决

考点八 违反《劳动合同法》的法律责任

一、用人单位违法责任

（一）订立合同

不订立合同、不订立无固定期限合同、试用期不符合规定、扣押证件、收取财物。

（二）履行合同

用人单位有下列情形之一的，由劳动行政部门责令限期支付劳动报酬、加班费或者经济补偿金；劳动报酬低于当地最低工资标准的，应当支付其差额部分；逾期不支付的，责令用人单位按应支付金额"50%以上100%以下"的标准向劳动者加付赔偿金：

1．未按照劳动合同的约定或者国家规定及时足额支付劳动者劳动报酬的；

2. 低于当地最低工资标准支付劳动者工资的；
3. 安排加班不支付加班费的；
4. 解除或者终止劳动合同，未按照法律规定向劳动者支付经济补偿的。

【记忆提示】履行合同中未支付劳动者应得的报酬。

（三）解除和终止合同

> 注意
>
> 违法解除或终止合同，与合法解除或终止合同但逾期不支付补偿金在处罚上的区别。

（四）其他（仅了解）

二、劳动者违法责任

要点：1. 劳动者有过错；
2. 给用人单位造成损失。

【小结】

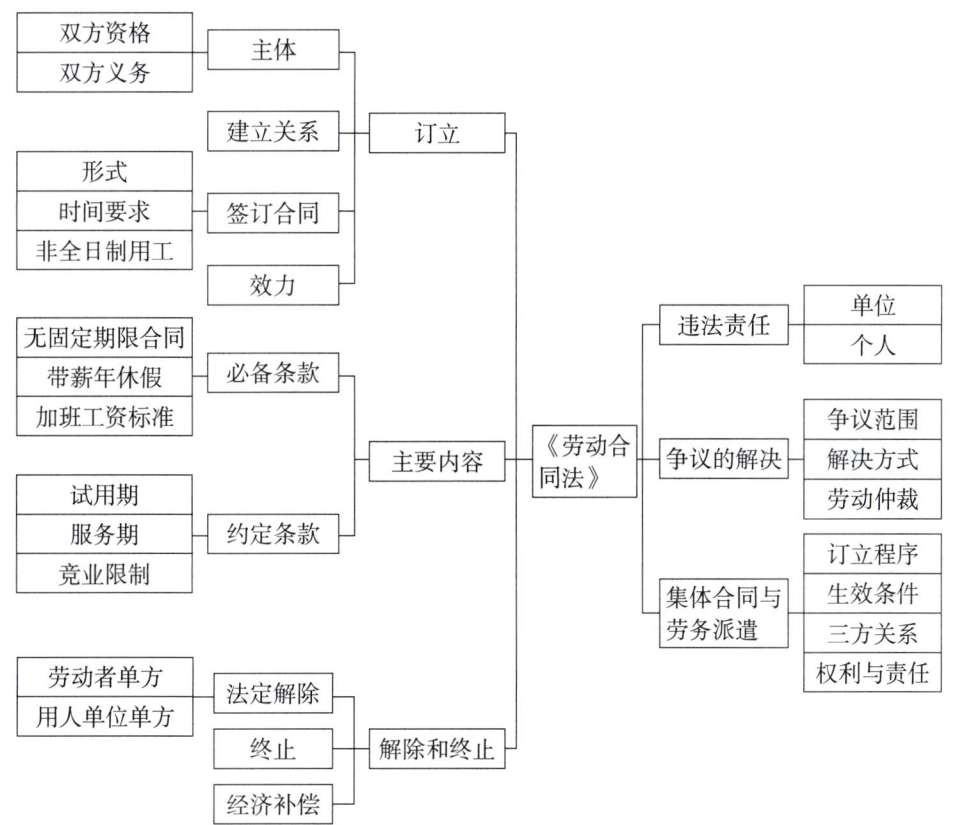

图8-10 《劳动合同法》相关内容汇总

第二节 社会保险法律制度

考点一 社保的种类及基本原则

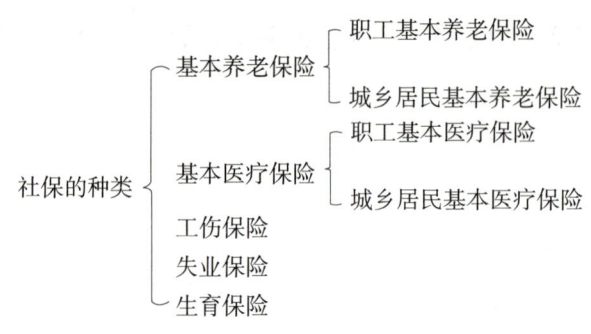

图8-11 社保的种类

1. 需要单位及个人共同缴纳的保险：基本养老保险、基本医疗保险以及失业保险。
2. 只需单位缴纳的保险：工伤保险及生育保险。
3. 2017年6月底，启动生育保险和职工基本医疗保险合并实施试点（12个城市）工作，限期1年。

考点二 基本养老保险

一、覆盖范围

表8-16 基本养老保险的覆盖范围

种类	对象	参加地点
职工基本养老保险	包括：所有类型的企业及其职工（包括实行企业化管理的事业单位及其职工）	企业所在地
	不包括：公务员和参照公务员管理的工作人员，其养老办法由国务院规定	
	【注意】灵活就业人员可以参加"基本养老保险"和"基本医疗保险"，由个人缴纳保险费。	户籍地
城乡居民基本养老保险	年满16周岁的非在校学生；非公务员；非职工	户籍地

【提示】大体上与基本医疗保险相同（除公务员和在校生部分）。

> **注意**
> （1）根据国务院《关于机关事业单位工作人员养老保险制度改革的决定》的规定，对公务员实行社会统筹与个人账户相结合的基本养老保险制度，建立职工年金。
> （2）在校学生无基本养老保险，但可通过学校缴纳基本医疗保险，属于城乡居民基本医疗保险的覆盖范围。
> （3）无雇工的个体工商户、未在用人单位参加基本养老保险的非全日制从业人员以及其他灵活就业人员可以参加职工基本养老保险，由个人缴纳职工基本养老保险费。

二、基本养老保险基金的组成：用人单位＋个人缴费＋政府补贴

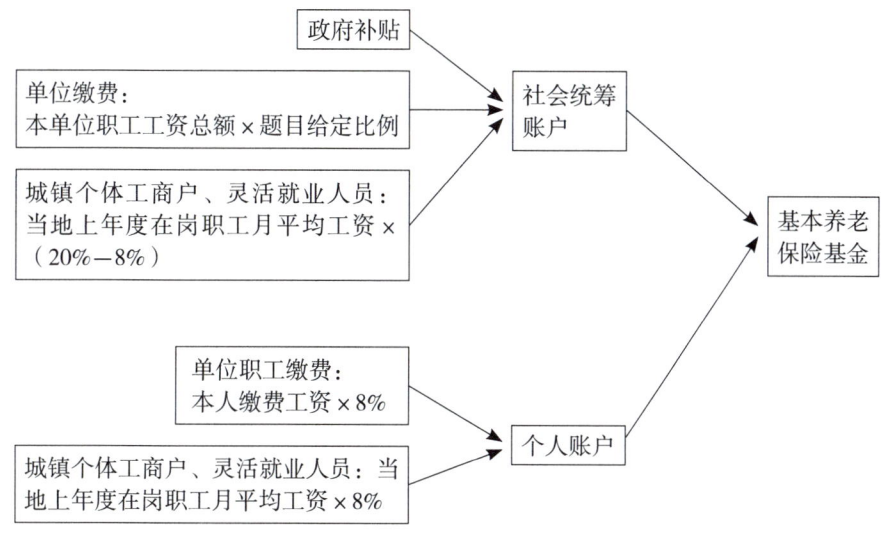

图8-12　基本养老保险基金的组成

（一）社会统筹：用人单位缴纳的；灵活就业人员缴纳基数的12%

（二）个人账户：职工个人缴纳的；灵活就业人员缴纳基数的8%

1. 不得提前支取。

2. 个人账户记账利率不得低于银行定期存款利率，免征利息税。

3. 参加职工基本养老保险的个人死亡后，其个人账户中的余额可以全部依法继承。

4. 个人跨统筹地区就业的，其基本养老保险关系随本人转移，缴费年限累计计算；个人达到法定退休年龄时，基本养老金分段计算，统一支付。

> **注意**
> 政府补贴部分——基本养老保险基金出现支付不足时。

三、缴费计算

（一）单位缴费

原缴费比例超过企业工资总额20%的省（区、市）→降至20%；

单位缴费比例为20%且基本养老保险基金累计结余额可支付月数高于9个月的→降至19%。

> **注意**
> 阶段性降低，有效期2年。

（二）个人缴费

1. 比例：8%。

2. 工资基数

一般情况：职工本人上年度月平均工资（新职工第一年以起薪当月工资作为缴费基数）。

特殊情况：

（1）过低

低于当地职工月平均工资60%的，按当地职工月平均工资的60%作为缴费基数。

（2）过高

高于当地职工月平均工资300%的，按当地职工月平均工资的300%作为缴费基数。

计算公式：个人养老账户月存储额＝本人月缴费工资×8%

3. 个人缴费不计征个人所得税，在计算个人所得税的应税收入时，应当扣除个人缴纳的养老保险费。

（三）灵活就业人员缴费

缴费基数：当地上年度在岗职工月平均工资。

比例：20%（其中的8%计入个人账户）。

（四）机关事业单位缴费

机关事业单位缴纳基本养老保险费的比例为本单位工资总额的20%。

四、职工基本养老保险享受条件

（一）年龄条件：达到法定退休年龄

表8-17 法定退休年龄

适用范围	性别	退休年龄
一般情况	男	60
一般情况	女	50
一般情况	女干部	55
从事井下、高温、高空、特别繁重体力劳动或其他有害身体健康工作的	男	55
从事井下、高温、高空、特别繁重体力劳动或其他有害身体健康工作的	女	45
因病或非因工致残，由医院证明并经劳动鉴定委员会确认完全丧失劳动能力的	男	50
因病或非因工致残，由医院证明并经劳动鉴定委员会确认完全丧失劳动能力的	女	45

注意

上述第三种情况，不足退休年龄可以领取病残津贴，所需资金从基本养老保险中支付。

（二）缴费年限：累计缴费满15年

达到法定退休年龄时累计缴费满15年——按月领取养老金。

五、职工基本养老保险待遇

（一）基本养老保险金

由统筹养老金和个人账户养老金组成，按月支付。

（二）丧葬补助金和遗属抚恤金

1．参加基本养老保险的个人，因病或非因工死亡的，其遗属可以领取丧葬补助金和抚恤金。

2．同时符合领取基本养老保险丧葬补助金、工伤保险丧葬补助金、失业保险丧葬补助金条件，遗属只能选择领取其一。

3．参保个人死亡后，其个人账户中的余额可以全部依法继承。

（三）病残津贴

参保人未达到法定退休年龄时因病或非因工致残完全丧失劳动能力的，可以领取病残津贴，所需资金从基本养老保险基金中支付。

【理解】因工致残的，在评定伤残等级后可以领取病残津贴，由工伤保险基金支付。

【小结】

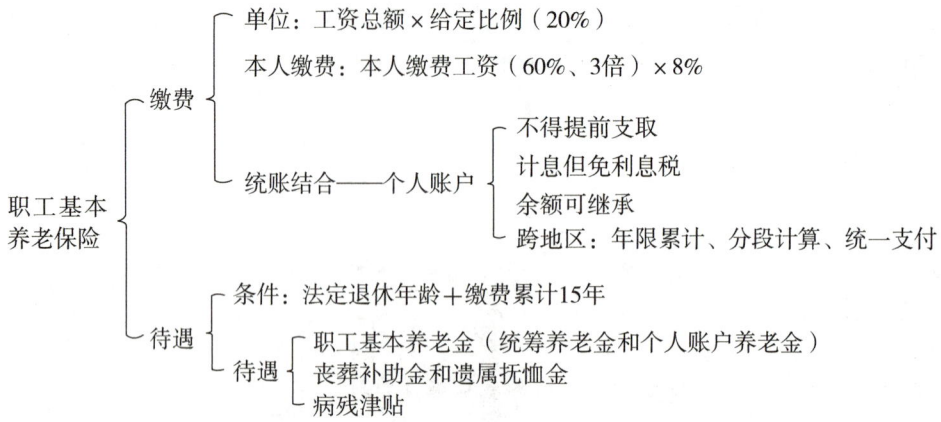

图8-13 职工基本养老保险的内容

考点三 基本医疗保险

一、职工基本医疗保险费的缴纳

基本医疗保险也采用"统账结合"模式，即分别设立社会统筹基金和个人账户基金。

（一）单位缴费

1. 单位缴费率一般为职工工资总额的6%左右。
2. 用人单位缴纳的基本医疗保险费分为两部分，一部分用于建立统筹基金，一部分划入个人账户；用人单位缴费部分划入个人账户的具体比例，一般为30%左右。

（二）个人缴费

1. 个人缴费率一般为本人工资收入的2%。
2. 个人账户存储额依法计付利息。
3. 个人跨统筹地区就业的，其基本医疗保险关系随本人转移，缴费年限累计计算。

（三）退休人员基本医疗保险费的缴纳

参加职工基本医疗保险的个人，达到法定退休年龄时累计缴费达到国家规定年限的，退休后不再缴纳基本医疗保险费；未达到国家规定缴费年限的，可以缴费至国家规定年限。

目前对最低缴费年限没有全国统一的规定，由各统筹地区根据本地情况确定。

二、职工基本医疗费用的结算

（一）享受条件——定点、定围

1. 参保人员必须到基本医疗保险的定点医疗机构就医购药或定点零售药店购买

药品。

2. 参保人员在看病就医过程中所发生的医疗费用必须符合基本医疗保险药品目录、诊疗项目、医疗服务设施标准的范围和给付标准。

> **提示**
> 急诊、抢救除外。

（二）支付标准

1. 支付区间：当地职工年平均工资10%（起付线）~年平均工资6倍（封顶线）。
2. 支付比例：90%。

> **注意**
> 自付费部分由四部分组成：（1）起付线以下的部分；（2）区间内自己负担的比例部分；（3）封顶线以上的部分；（4）非定点、定围部分。

三、基本医疗保险基金不支付的医疗费用

下列医疗费用不属于基本医疗保险基金支付范围：

1. 应当从工伤保险基金中支付的；
2. 应当由第三人负担的；
3. 应当由公共卫生负担的；
4. 在境外就医的。

> **提示**
> 医疗费应当由第三人负担，第三人不支付或者无法确定第三人的，由基本医疗保险基金先行支付，然后向第三人追偿。

四、医疗期

医疗期：职工因患病或非因工负伤停止工作，治病休息，但不得解除劳动合同的期限。

停工留薪期：因工负伤。

（一）医疗期期间——3~24个月

根据累计工作年限和本单位工作年限的不同，享受的期间不同。

1. 实际工作年限10年以下的，在本单位工作年限5年以下的为3个月；5年以上的为6个月。
2. 实际工作年限10年以上的，在本单位工作年限5年以下的为6个月；5年以上10

年以下的为9个月；10年以上15年以下的为12个月；15年以上20年以下的为18个月；20年以上的为24个月。

表8-18 医疗期期间的计算

实际工作年限（年）	本单位工作年限（年）	享受医疗期（月）	累计计算期（月）	
<10	<5	3	6	医疗期×2
	≥5	6	12	
≥10	<5	6	12	医疗期+6
	≥5，<10	9	15	
	≥10，<15	12	18	
	≥15，<20	18	24	
	≥20	24	30	

【出处】原劳动部发布的《企业职工患病或非因工负伤医疗期规定》。教材此处的以下全部理解为"不满"。

注意

（1）医疗期从病休第一天开始累计计算。

（2）病休期间，公休、假日和法定节日包括在内。

（3）看清题目问的是医疗期还是累计计算期。

（4）医疗期制度并不完善，某些问题勿深究。

【课外阅读】《劳动部办公厅关于因病或非因工负伤医疗期管理等若干问题的请示的复函》："由于医疗期制度试行时间不长，尚待进一步完善，请你们在实践中根据当地实际情况予以总结完善。"

（二）医疗期待遇

1. 医疗期内工资标准最低为当地最低工资的80%。

2. 医疗期内不得解除劳动合同。

3. 医疗期内合同期满，合同必须延续至医疗期满，职工在此期间仍然享受医疗期内待遇。

4. 对医疗期满尚未痊愈者，或者医疗期满后不能从事原工作，也不能从事用人单位另行安排的工作，被解除劳动合同的，用人单位需按经济补偿规定给予其经济补偿。

【小结】

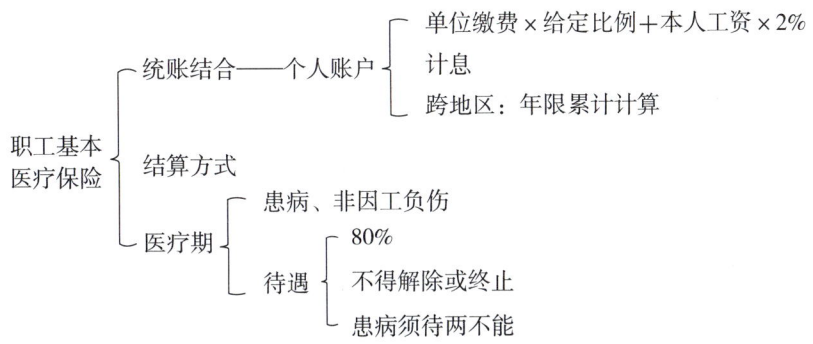

图8-14 职工基本医疗保险的内容

考点四 工伤保险

一、工伤保险费的缴纳

工伤保险费由用人单位缴纳，职工不缴纳。

国家根据不同行业的工伤风险程度确定行业的差别费率，并根据使用工伤保险基金、工伤发生率等情况在每个行业内确定费率档次。

二、工伤认定与劳动能力鉴定

（一）工伤认定

1. 应当认定——与工作有直接因果关系

（1）在工作时间和工作场所内，因工作原因受到事故伤害的；

（2）工作时间前后在工作场所内，从事与工作有关的预备性或收尾性工作受到事故伤害的；

（3）在工作时间和工作场所内，因履行工作职责受到暴力等意外伤害的；

（4）患职业病的；

（5）因工外出期间，由于工作原因受到伤害或者发生事故下落不明的；

（6）在上下班途中，受到非本人主要责任的交通事故或者城市轨道交通、客运轮渡、火车事故伤害的。

2. 视同工伤——与工作有间接因果关系

（1）在工作时间和工作岗位，突发疾病死亡或者在48小时内经抢救无效死亡的；

（2）在抢险救灾等维护国家利益、公共利益活动中受到伤害的；

（3）原在军队服役，因战、因公负伤致残，已取得革命伤残军人证，到用人单位后旧伤复发的。

3．不认定工伤——自找

职工因下列情形之一导致本人在工作中伤亡的，不认定为工伤：

（1）故意犯罪；

（2）醉酒或者吸毒；

（3）自残或者自杀。

（二）劳动能力鉴定

1．劳动功能障碍分十个伤残等级，最重为一级。

2．生活自理障碍分为三个等级。

3．自劳动能力鉴定结论作出之日起1年后，工伤职工或者其近亲属、所在单位或者经办机构认为伤残情况发生变化的，可以申请劳动能力复查鉴定。

三、工伤保险待遇

（一）工伤医疗待遇

1．停工留薪期工资福利待遇

（1）工资福利待遇不变，由所在单位按月支付；

（2）生活不能自理需要护理，费用由所在单位负责；

（3）时间一般不超过12个月；特殊情况需延长，延长期不超过12个月；

（4）评定伤残等级后，停止享受停工留薪期待遇，转为享受伤残待遇；

（5）停工留薪期满后仍需治疗，继续享受工伤医疗待遇。（负责到底）

2．其他工伤医疗待遇：医疗费用；住院伙食补助、交通食宿费；康复性治疗费。

（二）辅助器具装配费

（三）伤残待遇

1．一次性伤残补助金。

2．生活护理费。

3．伤残津贴。

> **注意**
>
> 一级至四级伤残津贴由工伤保险支付，五级、六级伤残津贴由用人单位支付，七至十级伤残只有一次性伤残补助金而无伤残津贴。

4．一次性工伤医疗补助金和一次性伤残就业补助金。

（四）工亡待遇

前提条件：职工因工死亡和伤残职工在停工留薪期内因工伤原因导致死亡。

1. 丧葬补助金：6个月工资。
2. 供养亲属抚恤金。
3. 一次性工亡补助金。

上一年度全国城镇居民人均可支配收入的20倍。

注意

一至四级伤残，停工留薪期满死亡，可以享受1、2。

表8-19 伤残津贴、一次性工伤医疗补助金、伤残就业补助金

伤残等级	能否解除劳动合同		领取内容
一至四级	×		伤残津贴（工伤保险基金负担）
五至六级	本人提出：√		（1）一次性工伤医疗补助金（工伤保险基金负担） （2）一次性伤残就业补助金（用人单位负担）
	本人未提出：×		（1）能适当工作：工资 （2）难以安排工作：伤残津贴（用人单位负担）
七至十级	劳动合同期满：√ 本人提出：√		（1）一次性工伤医疗补助金（工伤保险基金负担） （2）一次性伤残就业补助金（用人单位负担）
	其他情形：×		正常工作、正常领取工资

四、劳动合同的解除和终止

工伤职工劳动合同的解除和终止：

1. 一级至四级伤残，保留劳动关系，退出劳动岗位；
2. 五级、六级伤残，经职工本人提出，可以与用人单位解除或者终止劳动关系；
3. 七级至十级伤残，劳动合同期满终止或者职工本人提出，可以解除劳动合同；
4. 解除或终止劳动关系的，由工伤保险基金支付一次性工伤医疗补助金，由用人单位支付一次性伤残就业补助金。

五、工伤期间应由用人单位支付的费用

职工工伤期间，用人单位应支付以下费用：

1. 治疗工伤期间的工资福利；
2. 五级、六级伤残职工按月领取的伤残津贴；
3. 终止或者解除劳动合同时，应当享受的一次性伤残就业补助金。

六、特别规定

1. 工伤职工有下列情形之一，停止享受工伤保险待遇：

（1）丧失享受待遇条件的；

（2）拒不接受劳动能力鉴定的；

（3）拒绝治疗的。

2. 因工致残享受伤残津贴的职工达到退休年龄并办理退休手续后，停发伤残津贴，改为享受基本养老保险待遇。被鉴定为一级至四级伤残的职工，基本养老保险待遇低于伤残津贴的，由工伤保险基金补足差额。

3. 职工所在用人单位未依法缴纳工伤保险费，发生工伤事故的，由用人单位支付工伤保险待遇。用人单位不支付的，从工伤保险基金中先行支付，由用人单位偿还。用人单位不偿还的，社会保险经办机构可以追偿。

4. 由于第三人的原因造成工伤，第三人不支付工伤医疗费用或者无法确定第三人的，由工伤保险基金先行支付。工伤保险基金先行支付后，有权向第三人追偿。

【总结】医疗期、停工留薪期待遇：

表8-20 医疗期、停工留薪期待遇

	医疗期	停工留薪期
适用范围	因病或非因工负伤	因工负伤
期间	根据累计工作年限及本单位工作年限确定	12个月＋12个月
工资待遇	当地最低工资的80%	不变
期满后未康复	支付经济补偿后可解除合同	继续享受工伤医疗待遇
合同解除	支付经济补偿后可解除合同	一级至四级不得解除；五级、六级经本人提出可以解除；七级至十级合同期满或经本人提出可以解除

【小结】

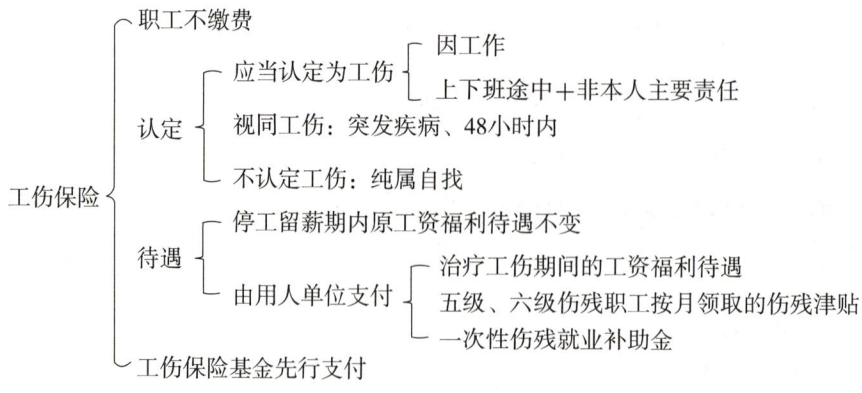

图8-15 工伤保险的内容

考点五 失业保险

一、失业保险费的缴纳

单位：从2015年3月1日起，失业保险费率暂由本单位工资总额的3%降至2%。2016年5月1日起，失业保险总费率在2015年已降低1个百分点基础上可以阶段性降至1%~1.5%。2017年1月1日至2018年4月30日，失业保险总费率为1.5%的降至1%，单位及个人的费率应当统一，个人费率不超过单位费率。

个人：不超过0.5%。

> **注意**
> 阶段性降低，有效期2年。

二、失业保险待遇

（一）享受条件（必须同时满足）

1. 失业前用人单位和本人已经缴纳失业保险费满1年。
2. 非因本人意愿中断就业。
3. 已经进行失业登记，并有求职要求。

（二）领取期限

表8-21 失业保险金领取期限

缴费期限（年）	领取期限（月）
≥1，<5	12
≥5，<10	18
≥10	24

> **注意**
> （1）失业保险金领取期限自办理失业登记之日起计算。
> （2）重新就业后再失业的，缴费年限重新计算；领取期限与前次失业应当领取而尚未领取的期限合并计算，最长不超过24个月。
> （3）失业人员因当期不符合失业保险金领取条件的，原有缴费时间予以保留，重新就业并参保的，缴费时间累计计算。
> （4）职工跨统筹地区就业的，其失业保险关系随本人转移，缴费年限累计计算。

（三）发放标准

不低于当地最低生活保障标准，不高于当地最低工资标准。

（四）失业保险待遇

1. 失业保险金。
2. 享受基本医疗保险待遇。

> **注意**
> 失业人员应当缴纳的基本医疗保险费从失业保险金中支付，个人不缴纳基本医疗保险费。

3. 死亡补助：失业人员领取失业保险金期间死亡，向遗属发放一次性丧葬补助金和抚恤金，由失业保险基金支付。
4. 职业介绍与职业培训补贴。

三、停止领取的情形（有其一）

有以下情形之一，停止领取失业保险金：

1. 重新就业的；（就业）
2. 应征服兵役的；（当兵）
3. 移居境外的；（移民）
4. 享受基本养老保险待遇的；（退休）
5. 无正当理由，拒不接受当地人民政府指定部门或者机构介绍的适当工作或者提供的培训的。（无求职需求）

【小结】

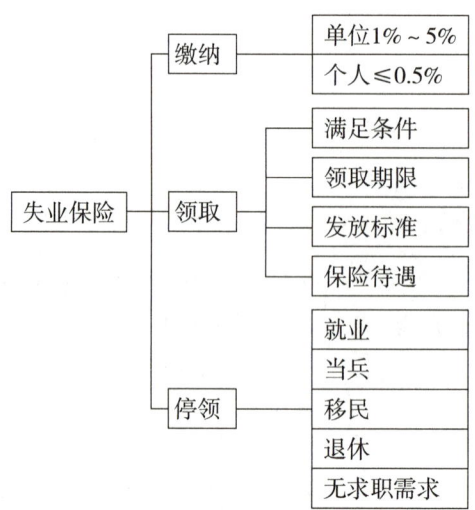

图8-16 失业保险的内容

【五险相关内容总结】

表8-22　五险内容总结

类型	单位缴费	个人缴费	计入个人账户	领取条件（支付条件）
职工基本养老保险	本单位职工工资总额×19%（20%）	个人养老账户月存储额＝本人月缴费工资×8%	个人部分	达退休年龄；缴费满15年
职工基本医疗保险	本单位职工工资总额×6%	个人医疗保险账户月储存额＝单位缴费数额×30%＋本人工资×2%	个人部分	定点医院、目录内；区间内、按比例
工伤保险	本单位职工工资总额×题目给定的缴费率	×	×	因工受伤、致残、死亡
失业保险	本单位工资总额×题目给定的单位缴费率（1%~1.5%）	本人工资×（题目给定的总费率－题目给定的单位缴费率）＝本人工资×题目给定的个人缴费率（≤0.5%）	×	缴费满1年；非本人意愿中断就业；已登记想求职

考点六　社保的征缴

一、社会保险登记

（一）五证

工商营业执照、组织机构代码证、税务登记证、社会保险登记证、统计登记证。

（二）登记

新成立的企业：办理工商注册登记时同步完成社保登记。

未纳入"五证合一"登记制度的单位：到社保经办机构办理社保登记，领取社保登记证，并逐步采用统一社会信用代码进行登记证管理。

（三）个人社会保险登记

职工：用人单位自用工之日起30日内为其职工向社保经办机构申办社保登记。

（四）变更和注销

企业登记信息变更或注销后，社保经办机构应依据工商部门的交换数据及时更新企业的社会保险登记信息。

> 注意
> 已参加社会保险的企业办理工商注销登记后，仍需到社会保险经办机构办理注销登记。

灵活就业人员：自行向社保经办机构申办。

> 注意
> 国家建立全国统一的个人社会保障号码。个人社会保障号码为公民身份号码。

二、社会保险费用的缴纳

单位：自行申报、足额缴纳，非因不可抗力等法定事由不得缓缴、减免。

职工：由单位代扣代缴，并按月告知本人。

灵活就业人员：自行缴纳。

三、社会保险费征收机构的权利和义务

1. 社会保险费征收机构应当依法按时足额征收社会保险费，并将缴费情况定期告知用人单位和个人。

2. 用人单位未按规定申报应当缴纳的社会保险费数额的，按照该单位上月缴费额的110%确定应当缴纳数额；缴费单位补办申报手续后，由社会保险费征收机构按照规定结算。

3. 用人单位未按时足额缴纳社会保险费时：

（1）用人单位未按时足额缴纳社会保险费的，由社会保险费征收机构责令其限期缴纳或者补足。

（2）用人单位逾期仍未缴纳或者补足社会保险费的，社会保险费征收机构可以向银行和其他金融机构查询其存款账户；并可以申请县级以上有关行政部门作出划拨社会保险费的决定，书面通知其开户银行或者其他金融机构划拨社会保险费。

（3）用人单位账户余额少于应当缴纳的社会保险费的，社会保险费征收机构可以要求该用人单位提供担保，签订延期缴费协议。

（4）用人单位未足额缴纳社会保险费且未提供担保的，社会保险费征收机构可以

申请人民法院扣押、查封、拍卖其价值相当于应当缴纳社会保险费的财产，以拍卖所得抵缴社会保险费。

考点七 社保基金管理运营

1. 按险种分别建账，分别核算，执行国家统一的会计制度。
2. 专款专用，不得侵占挪用。
3. 社保基金存入财政专户，通过预算实现收支平衡。
4. 用途

允许：保证安全的前提下，按国务院规定投资运营实现保值增值。

禁止：违规投资运营；平衡其他政府预算；兴建、改建办公场所；支付人员经费、运行费用、管理费用；挪作其他用途。

5. 社会保障基金

国家设立全国社会保障基金，由中央财政预算拨款以及国务院批准的其他方式筹集的资金构成，用于社会保障支出的补充、调剂。

考点八 违反《社会保险法》的法律责任

表8-23 违反《社会保险法》的法律责任

违法行为		法律责任
用人单位	不登记	责令限期改正； 逾期不改正的，处应缴社会保险费1倍以上3倍以下罚款； 对主管及责任人处500元以上3000元以下罚款。
	不缴费	责令限期缴纳，并按日加收0.05%的滞纳金； 逾期仍不缴纳的，处欠缴数额1倍以上3倍以下罚款。
	不出解除劳动关系证明	责令改正；给劳动者造成损害的，承担赔偿责任。
	骗保	责令退回； 处骗取金额2倍以上5倍以下罚款。

【小结】

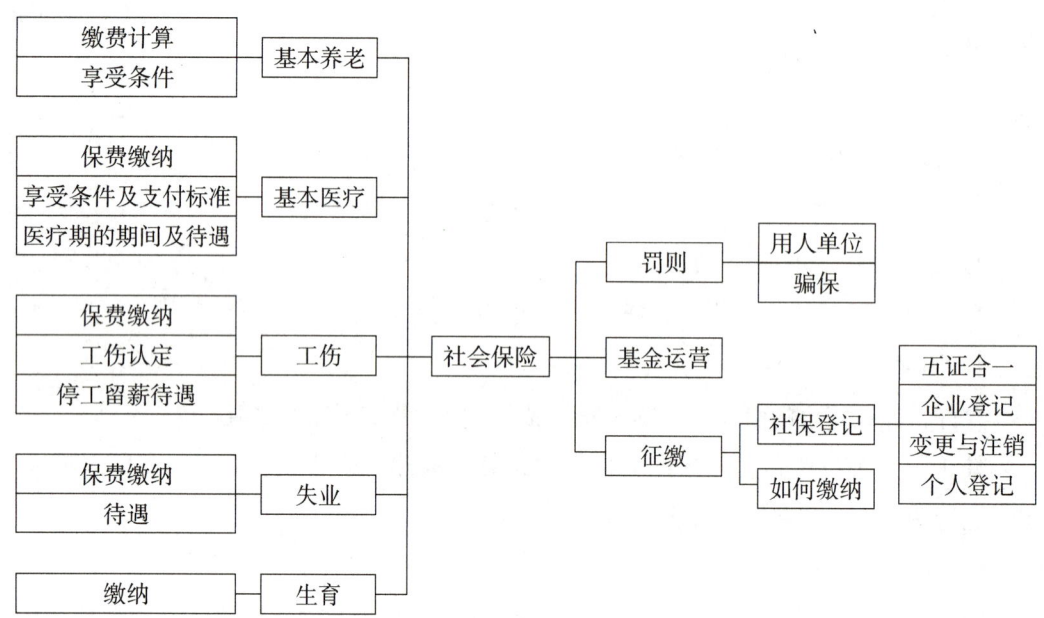

图8-17 社会保险的内容

考前速记手册
经济法基础

会计专业技术资格考试辅导教材研究院 编著

SPM 南方出版传媒·广东人民出版社
·广州·

目 录

第一章 总 论 …………………………………………………………………… 1

第二章 会计法律制度 …………………………………………………………… 23

第三章 支付结算法律制度 ……………………………………………………… 63

第四章 增值税、消费税法律制度 ……………………………………………… 94

第五章 企业所得税、个人所得税法律制度 …………………………………… 124

第六章 其他税收法律制度 ……………………………………………………… 148

第七章 税收征收管理法律制度 ………………………………………………… 175

第八章 劳动合同与社会保险法律制度 ………………………………………… 189

第一章 总 论

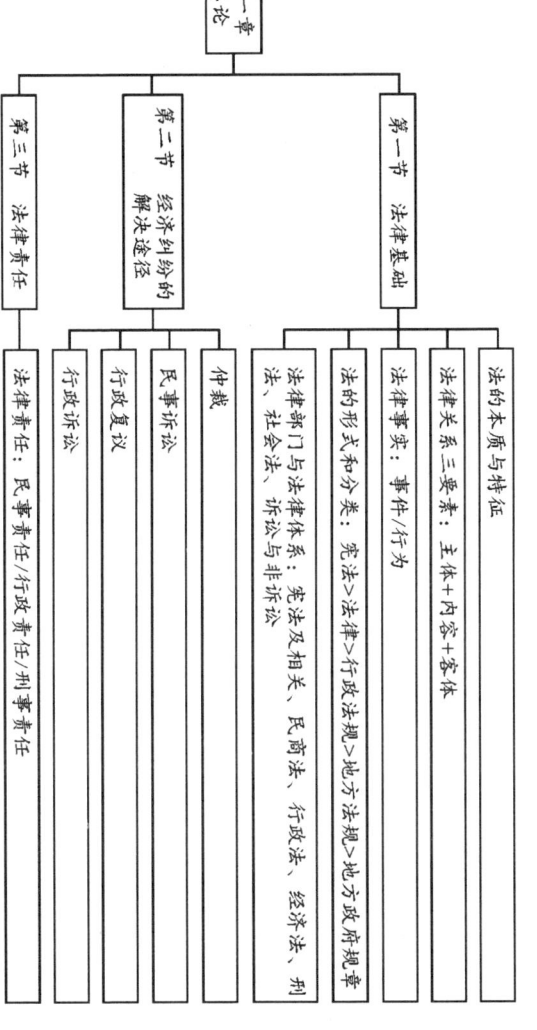

- 第一节 法律基础
  - 法的本质与特征
  - 法律关系三要素：主体+内容+客体
  - 法律事实：事件/行为
  - 法的形式和分类
  - 法律部门与法律体系：宪法>法律>行政法规>地方法规>地方政府规章
  - 宪法、法律及相关、民商法、行政法、经济法、社会法、诉讼与非诉讼
  - 仲裁
  - 民事诉讼
  - 行政复议
  - 行政诉讼
- 第二节 经济纠纷的解决途径
- 第三节 法律责任
  - 法律责任：民事责任/行政责任/刑事责任

考点一 法的特征

特征	基本释义
国家意志性	法是经过国家制定或认可才得以形成的规范。
国家强制性	法凭借国家强制力的保证而获得普遍遵行的效力。
规范性+利益导向性	法是确定人们在社会关系中的权利和义务的行为规范,通过规定人们的权利和义务来分配利益,从而影响人们的动机和行为,进而影响社会关系,实现统治阶级的意志和要求,维持社会秩序。
明确公开性+可预测性+普遍适用性	1. 法是明确而普遍适用的规范; 2. 可预测性:法具有明确的内容,能使人们预知自己或他人一定行为的法律后果; 3. 普遍适用性:凡是在国家权力管辖和法律调整的范围、期限内,对所有社会成员(包括统治阶级和被统治阶级)及其活动都普遍适用。

考点二 法律关系的主体（至少有两个）

自然人	包括：公民+外国人+无国籍人		
组织	法人组织	营利法人	有限责任公司
			股份有限公司
			其他企业法人
		非营利法人	事业单位
			社会团体
			基金会
			社会服务机构

(续上表)

组织	法人组织	机关	
		特别法人	农村集体经济组织
			城镇农村合作经济组织
			基层群众性自治组织
	非法人组织	个人独资企业	
		合伙企业	
		不具法人资格的专业服务机构	
国家	在国内，国家是国家财产所有权唯一和统一的主体；在国际法上，国家是国际法关系的主体。		

考点三　民事行为能力与刑事责任能力

民事行为能力	界定标准
无民事行为能力人	不满8周岁（Y<8）；"（完全）不能"辨认自己行为的精神病人。
限制民事行为能力人	8周岁以上不满18周岁（8≤Y<18）；"不能完全"辨认自己行为的精神病人。
完全民事行为能力人	年满18周岁（Y≥18）；16周岁以上不满18周岁但以自己的劳动收入为主要生活来源（16≤Y<18）。

刑事责任	界定标准
应当负刑事责任	已满16周岁（≥16）； 精神病人在精神正常时犯罪（或尚未完全丧失辨认或控制行为）。
不负刑事责任	不满14周岁（Y＜14）； 经鉴定为不能控制自己行为的精神病人其造成危害的结果。
从轻或者减轻处罚	14周岁以上不满18周岁（14≤Y＜18）（应当）； 已满75周岁，故意犯罪（可以）、过失犯罪（应当）； 尚未完全丧失辨认或者控制自己行为能力的精神病人犯罪的。

考点四 法律关系的客体

法律关系的客体		明细	举例
物	自然物		土地、矿藏
	人造物		建筑、机器
	一般等价物		货币和有价证券
	没有固定形态的		天然气、电力
人身		物质形态	人的部分
		精神利益	—
非物质财富		知识产品（智力成果）	著作、发明
		道德产品	荣誉称号、嘉奖表彰
行为		积极行为	—
		消极行为	—

考点五 法律事实

法律事实	分类	举例
法律事件	绝对事件（自然现象）	自然灾害；生、老、病、死；意外事故
	相对时间（社会现象）	战争；重大政策的改变
法律行为	合法行为与违法行为	—
	积极行为与消极行为	表现积极不积极
	意思表示行为	—
	非表示行为	拾得遗失物、发现埋藏物

(续上表)

法律事实	分类		举例
法律行为	单方行为		遗嘱、行政命令
	多方行为		—
	要式行为与非要式行为		—
	自主行为与代理行为		—
	有偿行为和无偿行为		—
	主法律行为和从法律行为		买卖+保证合同

经济法基础

考点六 法的形式

	形式	制定机关	注意要点	名称规律
	宪法	全国人大	国家根本大法，具有最高的法律效力	
	法律	全国人大：基本法律及其常委会：非基本法律	全国人大及其常委会有权就有关问题作出规范性决议或者决定，与法律具有同等地位和效力	××法
法规	行政法规	国务院	通常冠以条例、办法、规定等名称	××条例
	地方性法规（自治条例和单行条例）	地方人大及其常委会	省；省会、特区、设区的市（1+3）	××地方 ××条例

（续上表）

形式		制定机关	注意要点	名称规律
特别行政区的法		全国人大	在特别行政区实施的全国性法律，要在基本法或其附件中明确列出，除此以外不在特别行政区实施	××特别行政区基本法
规章	部门规章	国务院各部委	—	××办法 ××条例 实施细则
	地方政府规章	地方人民政府	政府规章除不得与宪法、法律和行政法规相抵触外，还不得与上级和同级地方性法规相抵触	××地方 ××办法

11

经济法基础

(续上表)

形式	制定机关	注意要点	名称规律
国际条例	属于国际法,而不属于国内法的范畴,国家机关、社团企业、事业单位和公民也有约束力。	但我国签订和加入的国际条约对我国的	
效力排序	宪法>法律>行政法规>地方性法规>同级地方政府规章		

考点七 经济纠纷的解决途径

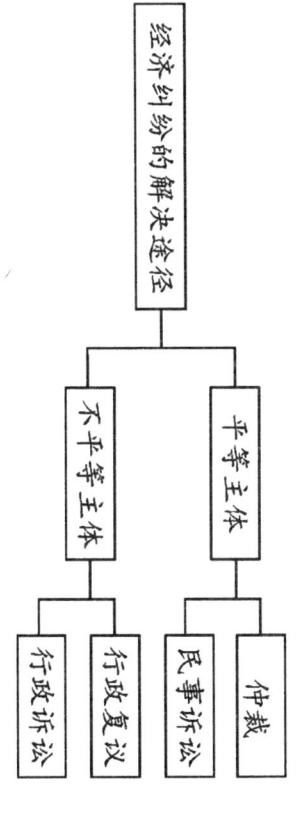

考点八 民事诉讼、仲裁、行政复议

	仲裁	民事诉讼	行政复议
适用	合同关系、财产关系	财产关系、人身关系	不平等主体（外部、具体）
收费	√	√	×
审判制度	一裁终局	两审终审	—
合议（仲裁）庭组成	1名或3名	3名以上单数	—
回避制度	√	√	√
开庭	√	√	×
公开	×	√	—

(续上表)

	仲裁	民事诉讼	行政复议
级别管辖	×	√	找上级
地域管辖	×	√	找上级
法律文件生效	裁决：作出 调解书：签收	一审：送达15日不上诉 二审为终审判决	送达
向法院申请强制执行	被执行人住所地法院；被执行财产所在地法院	判决、裁定：一审法院或被执行财产所在地法院 其他：被执行人住所地法院或被执行财产所在地法院	—

考点九 诉讼管辖

一、一般地域管辖（普通管辖）

原告就被告

二、被告就原告

下列民事诉讼案件由原告住所地人民法院管辖：

（1）对不在中华人民共和国领域内居住的人提起的有关身份关系的民事诉讼；

（2）对下落不明或者宣告失踪的人提起的有关身份关系的民事诉讼；

（3）对被采取强制性教育措施或者被监禁的人提起的民事诉讼。

三、特殊管辖

纠纷	管辖法院	
合同纠纷	合同履行地	
保险合同纠纷	保险标的所在地	
票据纠纷	票据支付地	
运输合同纠纷	运输始发地、目的地	
侵权行为	侵权行为实施地	被告住所地
	侵权结果发生地	
交通事故请求损害赔偿	事故发生地或者车辆、船舶最先到达地、航空器最先降落地	

(续上表)

纠纷	管辖法院
公司设立、确认股东资格、分配利润、解散等纠纷	公司住所地
海事、海商案件	略

四、专属管辖

纠纷类型	专属管辖法院
因不动产纠纷提起的诉讼	不动产所在地法院
因港口作业中发生纠纷提起的诉讼	港口所在地法院
因继承遗产纠纷提起的诉讼	(1) 被继承人死亡时住所地法院 (2) 主要遗产所在地法院

五、协议管辖

合同或者其他财产权益纠纷的当事人可以书面协议选择被告住所地、合同履行地、合同签订地、原告住所地、标的物所在地等与争议有实际联系的地点的法院管辖，但不得违反《民事诉讼法》对级别管辖和专属管辖的规定。

六、共同管辖（选择管辖）

"立案在先"原则

经济法基础

考点十　诉讼时效

诉讼时效期间	起算点	具体规定
普通诉讼时效期间	知道或者应当知道权利被侵害时	3年
最长诉讼时效期间	权利被侵害之日	20年

诉讼时效		事实	规定
中止		不可抗力	自中止时效的原因消除之日起满6个月，诉讼时效期间届满
		无民事行为能力人、限制民事行为能力人没有法定代理人或者法定代理人死亡、丧失民事行为能力、丧失代理权	
		继承开始后未确定继承人或者遗产管理人	
		权利人被义务人或者其他人控制	

（续上表）

诉讼时效	事实	规定
中断	权利人向义务人提出履行请求的	诉讼时效期间重新计算
	义务人同意履行义务的	
	权利人提起诉讼或者仲裁的	

经济法基础

考点十一 法律责任

法律责任	民事责任（11类）		停止侵害；排除妨碍；消除危险；返还财产；恢复原状；修理、重作、更换；继续履行；赔偿损失；支付违约金；消除影响、恢复名誉；赔礼道歉
	行政责任	行政处罚	警告；罚款；没收违法所得、没收非法财物；责令停产停业；暂扣或吊销许可证、暂扣或吊销执照；行政拘留等
		行政处分	警告、记过、记大过、降级、撤职、开除
	刑事责任	主刑	管制、拘役、有期徒刑、无期徒刑、死刑
		附加刑	罚金、剥夺政治权利、没收财产、驱逐出境

第二章 会计法律制度

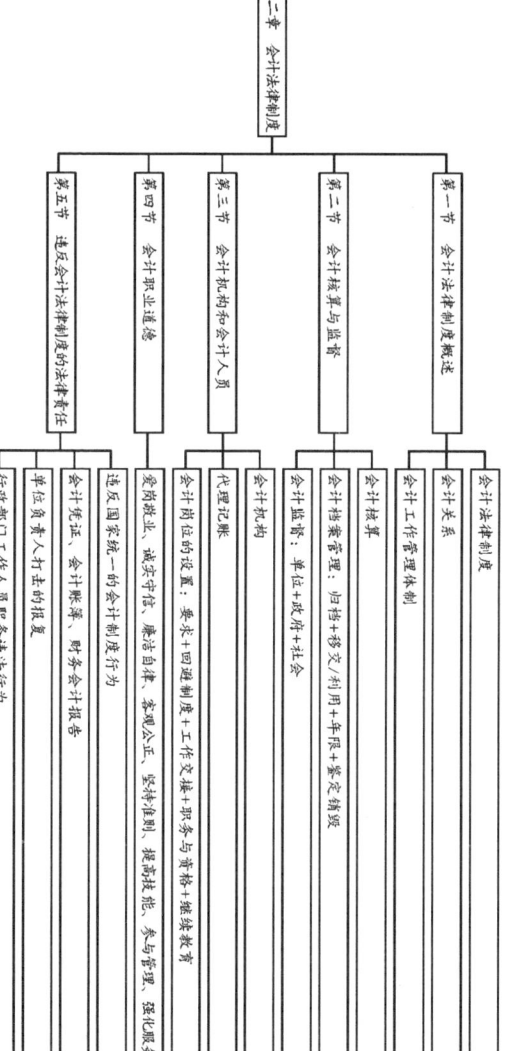

- 第一节 会计法律制度概述
  - 会计法律制度
  - 会计关系
  - 会计工作管理体制
- 第二节 会计核算与监督
  - 会计核算
  - 会计档案管理：归档+移交/利用+年限+鉴定销毁
  - 会计监督：单位+政府+社会
- 第三节 会计机构和会计人员
  - 会计机构
  - 会计机构的设置：专职+可避制度+工作交接+职务与资格+继续教育
  - 代理记账
- 第四节 会计职业道德
  - 爱岗敬业、诚实守信、廉洁自律、客观公正、坚持准则、提高技能、参与管理、强化服务
- 第五节 违反会计法律制度的法律责任
  - 违反国家统一的会计制度行为
  - 会计凭证、会计账簿、财务会计报告
  - 单位负责人打击报复
  - 行政部门工作人员滥用职务违法行为

经济法基础

考点一 会计法律制度

会计法律制度	概念	是指国家权力机关和行政机关制定的关于会计工作的法律、法规、规章和规范性文件的总称,简称会计法规。
	实质	是调整会计关系的法律规范。
	适用范围	国家机关、社会团体、公司、企业、事业单位和其他组织(以下统称单位)办理会计事务。
会计关系	概念	是指会计机构和会计人员在办理会计事务过程中,以及国家在管理会计工作过程中发生的经济关系。
	主体	会计机构和会计人员。
	客体	与会计工作相关的具体事务。

（续上表）

会计工作管理体制	行政管理	国务院财政部门主管全国的会计工作。县级以上地方各级人民部门管理本行政区域内的会计工作。
	单位内部管理	单位负责人对本单位的会计工作和会计资料的真实性、完整性负责。

考点二 会计核算

会计核算	概念	1. 是以货币为主要计量单位,运用专门的会计方法,对生产经营活动或预算执行过程及其结果进行连续、系统、全面的记录、计算、分析,定期编制并提供财务会计报告和其他一系列内部管理所需的会计资料,为经营决策和宏观经济管理提供依据的一项会计活动。 2. 会计核算是会计工作的基本职能之一,是会计工作的重要环节。
	基本要求	1. 依法建账; 2. 根据实际发生的经济业务进行会计核算; 3. 保证会计资料的真实和完整; 4. 正确采用会计处理方法; 5. 正确使用会计记录文字; 6. 使用电子计算机进行会计核算必须符合法律规定。

（续上表）

会计核算	内容（经济业务）	1. 款项和有价证券的收付； 2. 财物的收发、增减和使用； 3. 债权债务的发生和结算； 4. 资本、基金的增减； 5. 收入、支出、费用、成本的计算； 6. 财务成果的计算和处理； 7. 应该进行会计核算的其他经济业务事项。
	会计年度	以年度为单位进行会计核算的时间区域，是反映单位财务状况、核算经营成果的时间界限（公历1月1日至12月31日）
	记账本位币	单位进行会计核算业务时所使用的货币。（财务报告：人民币；业务收支：可用外币）

经济法基础

考点三 会计资料

会计资料	概念	1. 主要是指会计凭证、会计账簿、财务会计报告等会计核算专业资料； 2. 是会计核算的重要成果； 3. 是投资者做出投资决策、经营者进行经营管理、国家进行宏观调控的重要依据。		
	质量要求	真实性	会计资料所反映的内容和结果应当同单位实际发生的经济业务的内容及结果一致。	
		完整性	构成会计资料的各项要素都必须齐全、如实、全面地记录和反映经济业务发生情况，便于会计资料使用者全面、准确地了解经济活动情况。	
	真实和完整是会计资料最基本的质量要求，是会计工作的生命。			

考点四 会计凭证和会计账簿

概念		是指具有一定格式,用以记录经济业务事项发生和完成情况,明确经济责任,并作为记账凭证的书面证明,是会计核算的重要会计资料。
会计凭证	分类	原始凭证	又称单据,是指在经济业务发生时,由业务经办人员直接取得或者填制,用以表明某项经济业务已经发生或完成情况并明确有关经济责任的一种原始凭据,如发票。
		记账凭证	原始凭证是会计核算的原始依据,来源于实际发生的经济业务事项。 办称传票,是指对经济业务事项按其性质加以归类,确定会计分录,并据以登记会计账簿的凭证。
			具有分类归纳原始凭证和满足登记会计账簿需要的作用。

(续上表)

	概念	是指全面记录和反映一个单位经济业务事项,把大量分散的数据或者资料进行归纳整理,逐步加工成有用会计信息的簿籍,它是编制财务会计报告的重要依据。	
会计账簿	种类	总账	也称总分类账,是根据会计科目开设的账簿,用于分类登记单位的全部经济业务事项。订本账+活页账。
		明细账	也称明细分类账,是根据总账科目所属的明细科目设置的,用于分类登记某一类经济业务事项,提供有关明细核算资料。活页账。
		日记账	是一种特殊的序时明细账,它是按照经济业务事项发生的时间先后顺序逐笔地进行登记的账簿(现金日记账+银行存款日记账)。订本账。
		其他辅助账簿	也称备查账簿,是为备忘备查而设置的。

（续上表）

	基本要求
会计账簿	1. 必须依据经过审核的会计凭证登记会计账簿； 2. 登记会计账簿必须按照记账规则进行； 3. 任何单位都不得在法定会计账簿之外私设会计账簿。
账务核对	又称账账核对、账表核对、账证核对或对账，是保证会计账簿记录质量的重要程序。
财产清查	通过定期或不定期、全面或部分地对各项财产物资进行如实盘点和对库存现金、银行存款、债权债务进行清查核实的一种制度。

考点五 财务会计报告

企业财务会计报告	概念	是指单位对外提供的，反映单位某一特定日期财务状况和某一会计期间经营成果、现金流量等会计信息的文件。	
	内容	会计报表	资产负债表
			利润表
			现金流量表
			相关附表
		会计报表附注	
		财务情况说明书	
	分类	年度	会计报表+附注
		半年度	会计报表+附注

（续上表）

分类		会计报表
	季度 月度	会计报表
企业财务会计报告要求		1. 反映的会计信息应当真实、完整； 2. 及时提供； 3. 应当由企业负责人和主管会计工作的负责人、会计机构负责人（会计主管人员）签名并盖章，设总会计师的，总会计师签名并盖章； 4. 国有企业、国有控股的或者占主导地位的企业，应当至少每年一次向本企业的职工代表大会公布财务会计报告； 5. 财务会计报告须经注册会计师审计的，审计报告随同财务会计报告一并对外提供； 6. 接受企业财务会计报告的组织或者个人，在企业财务会计报告未正式对外披露前，应当对其内容保密。

经济法基础

考点六 会计档案

一、会计档案的内容

会计档案	概念	是指单位在进行会计核算等过程中接收或形成的，记录和反映单位经济业务事项的，具有保存价值的文字、图表等各种形式的会计资料。【学堂点睛】各单位的预算、计划、制度等不属于会计档案。	
	要求	真实、完整、可用、安全。	
	归档范围	会计凭证	原始凭证
			记账凭证
		会计账簿	总账
			明细账
			日记账

34

（续上表）

会计档案归档范围		
会计账簿		固定资产卡片
		其他
财务报告		月度
		季度
		半年度
		年度
其他		银行存款余额调节表
		银行对账单
		纳税申报表
		会计档案移交清册

（续上表）

会计档案	归档范围	其他	会计档案管理清册
			会计档案销毁清册
			会计档案鉴定意见书
			其他
	归档要求	可仅电子保存的会计档案要求（除此之外，纸质保存）	来源真实有效，由计算机等电子设备形成和传输
			会计核算系统能够准确、完整、有效接收和读取归档格式的会计资料，能够输出符合国家标准规范的会计凭证、会计账簿、财务会计报表等会计资料，设定了经办、审核、审批等必要的审签程序
			能够有效接收、管理、利用电子会计档案，符合电子档案的长期保管要求，并建立了电子会计档案与相关联的其他纸质会计档案的检索关系

（续上表）

会计档案	归档要求	采取有效措施，防止电子会计档案被篡改
		建立电子会计档案备份制度
		不属于具有永久保存价值或者其他重要保存价值的会计档案
		可仅电子保存的会计档案要求（除此之外，纸质保存）
		按照归档范围和归档要求，负责定期将应当归档的会计资料整理立卷，编制会计档案保管清册。
	移交	当年形成的会计档案，在会计年度终了后，可由单位会计管理机构临时保管一年，再移交单位档案管理机构保管。
		应当编制会计档案移交清册，按规定办理移交手续。
	利用	在进行会计档案查阅、复制、借出时履行登记手续，严禁篡改和损坏。

(续上表)

会计档案	保管	永久、定期（10/30年）
	鉴定和销毁	保管期满但未结清的债权债务原始凭证和涉及其他未了事项的会计凭证不得销毁。

二、单位分立或合并情况下的会计档案处置

情况	对象	处置方式
分立续存	续存方	统一保管
	其他方	查阅+复制

（续上表）

情况	对象	处置方式
分立解散	协商后一方	统一保管
	其他方	查阅+复制
业务移交	原单位	保管
	承接方	查阅+复制
未结清事项	业务相关方	保管
合并后解散	合并后单位	统一保管
合并后续存	原单位	保管

三、企业和其他组织会计档案保管期限

档案名称		保管期限	备注
会计凭证	原始凭证	30年	—
	记账凭证	30年	—
会计账簿	总账	30年	—
	明细账	30年	—
	日记账	30年	—
	固定资产卡片	—	固定资产清理后保管5年
	其他	30年	—
财务报告	月度	10年	—
	季度	10年	—

（续上表）

财务报告	半年度	10年	——
	年度	永久	——
其他	银行存款余额调节表	10年	——
	银行对账单	10年	——
	纳税申报表	10年	——
	会计档案移交清册	30年	——
	会计档案管理清册	永久	——
	会计档案销毁清册	永久	——
	会计档案鉴定意见书	永久	——
	其他	——	——

四、财政总预算、行政单位、事业单位和税收会计档案保管期限

	档案名称	保管期限			备注
		财政总预算	行政事业单位	税收会计	
会计凭证	国家金库编送的各种报表及缴库退库凭证	10年	—	10年	—
	各收入机关编送的报表	10年	—	—	—
	行政单位和事业单位的各种会计凭证	—	30年	—	包括：原始凭证、记账凭证、传票汇总表
	财政总预算拨款凭证和其他会计凭证	30年	—	—	包括：拨款凭证、其他会计凭证

（续上表）

档案名称	保管期限			备注
	财政总预算	行政事业单位	税收会计	
日记账	—	30年	30年	—
总账	30年	—	30年	—
税收日记账（总账）	—	30年	30年	—
会计账簿 明细分类、分户账或登记簿	30年	30年	30年	—
行政单位和事业单位固定资产卡片	—	—	—	固定资产报废清理后保管5年

(续上表)

档案名称		保管期限			备注
		财政总预算	行政事业单位	税收会计	
财务会计报告	政府综合财务报告	永久	—	—	下级财政、本级部门和单位报送的保管2年
	部门财务报告	—	永久	—	所属单位报送的保管2年
	财政总决算	永久	—	—	下级财政、本级部门和单位报送的保管2年
	部门决算	—	永久	—	所属单位报送的保管2年

（续上表）

档案名称	保管期限			备注
	财政总预算	行政事业单位	税收会计	
税收年报（决算）	—	—	永久	
国家金库年报（决算）	10年	—	—	
基本建设拨、贷款年报（决算）	10年	—	—	
行政单位和事业单位会计月、季度报表	—	10年	—	所属单位报送的保管2年
财务会计报告				
税收会计报表	—	—	10年	所属税务机关报送的保管2年

（续上表）

档案名称	保管期限			备注
	财政总预算	行政事业单位	税收会计	
其他会计资料				
银行存款余额调节表	10年	10年	—	—
银行对账单	10年	10年	10年	—
会计档案移交清册	30年	30年	30年	—
会计档案保管清册	永久	永久	永久	—
会计档案销毁清册	永久	永久	永久	—
会计档案鉴定意见书	永久	永久	永久	—

考点七 单位内部会计监督

单位内部会计监督	概念	各单位的会计机构、会计人员依据法律法规制度规定，通过会计手段对本单位经济活动的合法性、合理性和有效性进行监督
	主体	各单位的会计机构、会计人员
	对象	单位经济活动
	要求	各单位应当根据实际情况建立、健全本单位内部会计监督制度。是指单位为实现控制目标，通过制定制度、实施措施和执行程序，对经济活动的风险进行防范和管控。
内部控制（单位）	概念	
	原则	1. 全面性　2. 重要性　3. 制衡性 4. 适应性　5. 成本效益

(续上表)

内部控制	原则 (小企业)	1. 风险导向 3. 实质重于形式	2. 适应性 4. 成本效益
	措施	1. 不相容职务分离控制 3. 会计系统控制 5. 预算控制 7. 绩效考评控制	2. 授权审批控制 4. 财产保护控制 6. 运营分析控制
	方法 (行政事业单位)	1. 不相容岗位相互分离 3. 归口管理 5. 财产保护控制 7. 单据控制	2. 内部授权审批控制 4. 预算控制 6. 会计控制 8. 信息内部公开

考点八 政府监督

政府监督	概念	是指财政部门代表国家对各单位和单位中相关人员的会计行为实施的监督检查,以及对发现的违法会计行为实施行政处罚。
	财政部门	国务院财政部门+国务院财政部门派出机构+县级以上人民政府财政部门
	监督内容	1. 是否依法设置会计账簿; 2. 会计资料是否真实、完整; 3. 会计核算是否合法合规; 4. 会计人员是否具备专业能力和职业道德。

依法对有关单位的会计资料实施监督检查的部门及其工作人员对在监督检查中知悉的国家秘密和商业秘密负有保密的义务。

经济法基础

考点九 社会监督

审计报告	概念	1. 是指注册会计师根据审计准则的规定,在执行审计工作的基础上,对被审计单位财务报表发表审计意见的书面文件。 2. 注册会计师应当就财务报表是否在所有重大方面按照适用的财务报告编制基础编制并实现公允反映形成审计意见。
	要素	1. 标题; 2. 收件人; 3. 引言段; 4. 管理层责任; 5. 注册会计师责任; 6. 审计意见; 7. 注册会计师签名和盖章; 8. 会计师事务所名称、地址和盖章; 9. 报告日期。

（续上表）

种类		
审计报告	标准审计报告	无保留意见审计报告	不含说明段、强调事项段、其他事项段和其他任何修饰性用语的。
	非标准审计报告	无保留意见审计报告	包含其他报告责任段，不含强调事项段、其他事项段的。
		无保留意见审计报告	带强调事项段或其他事项段的。
		非无保留意见审计报告	是指当注册会计师认为财务报表在所有重大方面按照适用的财务报告编制基础编制并实现公允反映时发表的审计意见。
审计意见	无保留意见		
	非无保留意见	保留意见	1. 在获取充分、适当的审计证据后，注册会计师认为错报单独或汇总起来对财务报表影响重大，但不具有广泛性；

(续上表)

审计报告	审计意见	非无保留意见		
		保留意见	2. 注册会计师无法获取充分、适当的审计证据以作为形成审计意见的基础,但认为未发现的错报(如存在)对财务报表可能产生的影响重大,但不具有广泛性。	
		否定意见	在获取充分、适当的审计证据以作为形成审计意见的基础,但认为未发现的错报(如存在)对财务报表可能产生的影响重大且具有广泛性。	
		无法表示意见	如果无法获取充分、适当的审计证据以作为形成审计意见的基础,但认为未发现的错报(如存在)对财务报表可能产生的影响重大且具有广泛性。	

考点十 会计机构与代理记账

会计机构		是指各单位办理会计事务的职能部门。
代理记账	概念	是指代理记账机构接受委托办理会计业务。
	业务范围	1. 审核原始凭证，填制记账凭证，登记会计账簿，编制财务会计报告等； 2. 对外提供财务会计报告； 3. 向税务机关提供税务资料； 4. 其他。
	要求	财务会计报告经代理记账机构负责人和委托人负责人签名并盖章后，按照有关法律、法规和国家统一的会计制度的规定对外提供。

考点十一　会计岗位

会计岗位	出纳人员不得兼任稽核、会计档案保管和收入、支出、费用、债权债务账目的登记工作。
	计划地轮换。
	具备专业能力，遵守职业道德。
	追究关于会计职务刑事责任的人员，不得再从事会计工作。
回避制度	国家机关、国有企业、事业单位应当实行
	单位领导人的直系亲属不得担任本单位的会计机构负责人（主管）
	会计机构负责人（主管）直系亲属不得担任出纳

（续上表）

	由会计机构负责人（主管）监交
	会计机构负责人（主管）交接，由单位负责人监交，必要时主管单位可以派人会同监交
工作交接	按移交清册逐项移交；接替人员逐项核点收
	交接完毕后，交接双方和监交人要在移交清册上签名或者盖章
	移交清册一般应当填制一式三份，交接双方各执一份，存档一份
	接替人员应当继续使用移交的会计账簿
	移交人员对所移交的会计凭证、会计账簿、会计报表和其他有关资料的合法性、真实性承担法律责任

经济法基础

考点十二 会计专业职务与会计专业技术资格

职务	要求
会计师	取得中级会计资格+符合规定
	取得初级会计资格+大专毕业+会计员2年+符合规定
	取得初级会计资格+中专毕业+会计员4年+符合规定
	取得初级会计资格+会计员5年+符合规定
会计员	不符合以上条件的

考点十三 会计法律制度与会计职业道德

	法律制度	职业道德
性质	强制执行，具有很强的他律性	依靠自觉性，具有很强的自律性
作用范围	侧重于调整会计人员的外在行为和结果的合法化，具有较强的客观性	不仅调整会计人员的外在行为，还调整会计人员内在的精神世界
表现形式	通过一定的程序由国家立法部门或行政管理部门制定、颁布的，其表现形式是具体的、明确的、正式形成文字的成文规定	出自于会计实践，其表现形式既有成文的业实践，也有不成文的规范

(续上表)

	法律制度	职业道德
实施保障机制	依靠国家强制力保证其贯彻执行	主要依靠道德教育、社会舆论、传统习俗和道德评价来实现
评价标准	以法律规定为评价标准	以道德评价为标准
内容	《会计法》	爱岗敬业、诚实守信、廉洁自律、客观公正、坚持准则、提高技能、参与管理、强化服务

考点十四 法律责任

违反国家统一的会计制度行为的法律责任

违法行为	单位	主管+责任人	国家工作人员	会计人员
不依法设置会计账簿	责令限期改正+罚款（3000以上5万以下）	罚款（2000以上2万以下）	罚款+行政处分	情节严重的，5年内不得从事会计工作
私设会计账簿				
填制、取得的原始凭证不合规				
登记的会计账簿不合规				
随意变更会计处理方法				
向不同的会计资料使用者提供的财务会计报告编制依据不一致				

(续上表)

违法行为	单位	主管+责任人	国家工作人员	会计人员
未按照规定使用会计记录文字、记账本位币	责令限期改正+罚款（3000以上5万以下）	罚款（2000以上2万以下）	罚款+行政处分	情节严重的，5年内不得从事会计工作
未按照规定保管会计资料，致使会计资料毁损、灭失				
未按照规定建立并实施单位内部会计监督制度、拒绝依法实施的监督，不如实提供有关会计资料及有关情况的				
其他				
责令限期改正：县级以上人民政府财政部门；构成犯罪的，依法追究刑事责任。				

有关会计凭证、会计账簿、财务会计报告的法律责任

违法行为	单位	主管+责任人	国家工作人员	会计人员	构成犯罪
伪造、变造会计凭证、会计账簿，编制虚假财务会计报告	通报+罚款（5000以上10万以下）	罚款（3000以上5万以下）	罚款+撤职/开除的行政处分	5年内不得从事会计工作	依法追究刑事责任；情节严重的：有期徒刑/拘役（5年以下），并处或单处罚金（2万以上20万以下）
隐匿或者故意销毁依法应当保存的会计凭证、会计账簿、财务会计报告					

经济法基础

(续上表)

违法行为	单位	主管+责任人	国家工作人员	会计人员	构成犯罪
授意、指使、强令会计机构、人员进行1、2项违法行为的	—	罚款(5000以上5万以下)	罚款+降级/撤职/开除的行政处分	—	依法追究刑事责任
予以通报：县级以上人民政府财政部门					

第三章 支付结算法律制度

考点一 支付结算工具

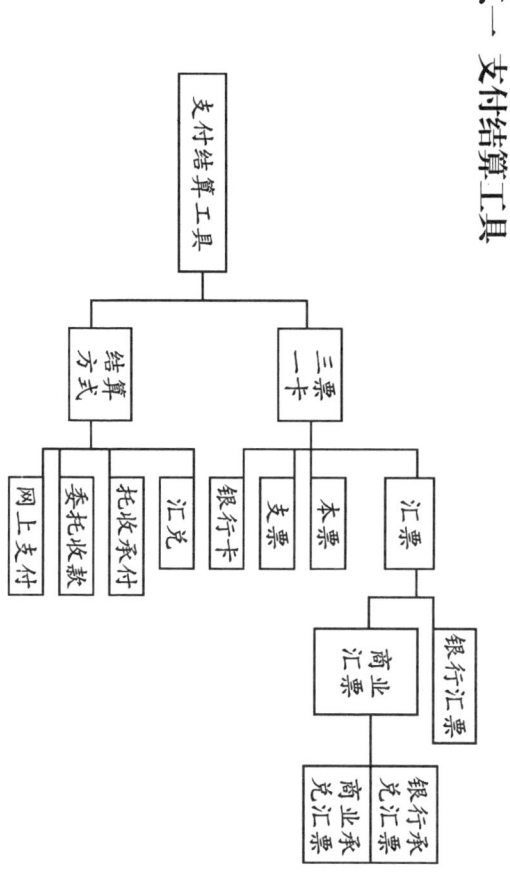

1. 伪造，是指无权限人假冒他人或虚构他人名义签章的行为。伪造人不承担"票据责任"，而应追究其"（民事、行政或）刑事责任"。

2. 变造，是指无权更改票据内容的人，对票据上签章以外的记载事项加以改变的行为。

3. 更改：

（1）出票金额、出票日期、收款人名称不得更改，更改的票据无效；更改的结算凭证，银行不予受理。

（2）对票据和结算凭证上的其他记载事项，原记载人可以更改，更改时应当由原记载人在更改处签章证明。

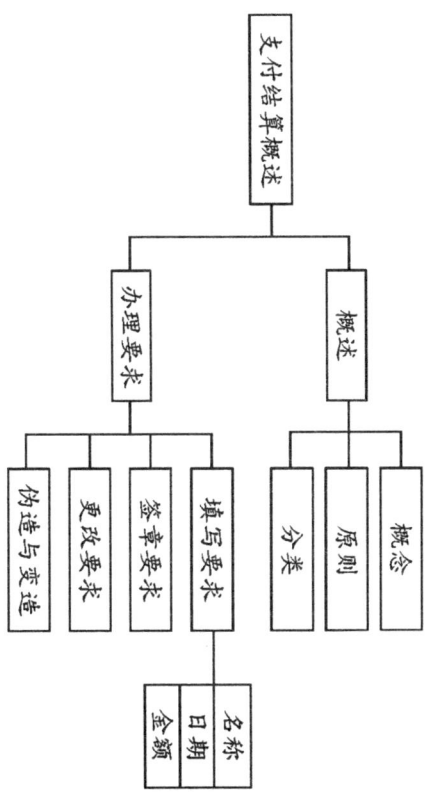

经济法基础

考点二 银行结算账户

程序		内容
开立	核准类	1. 基本存款账户； 2. 临时存款账户（验资、增资除外）； 3. 预算单位专用存款账户； 4. QFII专用存款账户。
	备案类	除核准类账户外的。
	生效	自正式开立之日起3个工作日，方可使用该账户办理付款业务；但是，注册验资的临时存款账户转为基本存款账户、因借款转存开立的一般存款账户除外。
变更		5个工作日内向开户行办理；开户行2个工作日内向中国人民银行当地分支行报备。

（续上表）

程序		内容
撤销	法定	1. 被撤并、解散、宣告破产或关闭的； 2. 注销、被吊销营业执照的； 3. 因迁址需要变更开户银行的； 4. 其他。
	强制	应撤未销的，银行发出通知之日起30日内办理销户，逾期视同自愿销户。
管理		1. "实名开立"银行结算账户； 2. 不得出租、出借银行结算账户和利用银行结算账户套取银行信用或洗钱。

经济法基础

考点三 单位银行结算账户

单位银行结算账户	基本存款账户	证明文件	营业执照正本+法定代表人身份证+（法定代表人授权书+代办人员身份证）
		开户要求	一个单位只能开立一个基本存款账户
		使用范围	日常经营活动的资金收付，以及存款人的工资、奖金和现金的支取
	一般存款账户	开户要求	开立一般存款账户没有数量限制
		使用范围	借款转存、借款归还和其他结算
	专用存款账户	基本建设资金	对应专用存款账户需要支取现金的，应在开户时报中国人民银行当地分支行批准
		更新改造资金	

68

（续上表）

单位银行结算账户	专用存款账户	金融机构存放同业资金	对应专用存款账户需要支取现金的，应在开户时报中国人民银行当地分支行批准
		政策性房地产开发资金	
		财政预算外资金	
		证券交易结算资金	对应专用存款账户不得支取现金
		期货交易保证金	
		信托基金	

经济法基础

（续上表）

单位银行结算账户	专用存款账户	粮、棉、油收购资金	对应专用存款账户支取现金应按照国家现金管理的规定办理
		住房基金	
		社会保障基金	
		党、团、工会设在单位的组织机构经费	
		单位银行卡备用金	该账户不得办理现金收付业务
		收入汇缴资金	收入汇缴账户除向其基本存款账户或者预算外资金财政专用存款账户划缴款项外，只收不付，不得支取现金

（续上表）

专用存款账户	业务支出资金	业务支出账户除从其基本存款账户拨入款项外，只付不收，其现金支取必须按照国家现金管理的规定办理
单位银行结算账户预算单位零余额账户	开户要求	一个基层预算单位开设一个零余额账户
	使用规定	1. 预算单位零余额账户用于财政授权支付； 2. 可以办理转账、"提取现金"等结算业务； 3. 可以向本单位按账户管理规定保留的相应账户划拨工会经费、住房公积金及提租补贴，以及财政部门批准的特殊款项； 4. 不得违反规定向本单位其他账户和上级主管单位、所属下级单位账户划拨资金。

(续上表)

单位银行结算账户	临时存款账户	证明文件	有基本户的要提供开户许可证
		使用规定	1. 临时存款账户的有效期最长不得超过2年；2. 临时存款账户支取现金，应按照国家现金管理的规定办理；3. 注册验资的临时存款账户在验资期间只收不付。
	异地银行结算账户	适用范围	1. 营业执照注册地与经营地不在同一行政区域（跨省、市、县）需要开立基本存款账户的；2. 办理异地借款和其他结算需要开立一般存款账户的；3. 存款人因附属的非独立核算单位或派出机构发生的收入汇缴或业务支出需要开立专用临时存款账户的；4. 异地临时经营活动需要开立临时存款账户的；5. 自然人根据需要在异地开立个人银行结算账户的。

考点四 个人银行结算账户（2018年调整）

	Ⅰ类户	Ⅱ类户	Ⅲ类户
银行可提供的产品和服务种类	1. 存款； 2. 购买投资理财产品等金融产品； 3. 转账； 4. 消费和缴费支付； 5. 支取现金。	1. 存款； 2. 购买投资理财产品等金融产品； 3. 限额的消费和缴费； 4. 限额向非绑定账户转出资金； 5. 非绑定账户资金转入； 6. 放贷+还贷（不限额）。 【学堂点睛】限额：日累计1万，年累计20万。	1. 限额的消费和缴费； 2. 限额向非绑定账户转出资金； 3. 经确认身份，非绑定账户资金转入。 【学堂点睛】限额：余额不超过1000元，日累计5000元，年累计10万。

经济法基础

考点五 票据

票据	概念	指出票人依法签发的，约定自己或者委托付款人在见票时或者指定的日期向收款人或持票人无条件支付一定金额的有价证券。		
	分类	汇票	银行汇票	出票银行签发的，由其在见票时按照实际结算金额无条件支付给收款人或者持票人的票据。
			商业汇票	概念：是出票人签发的，委托付款人在指定日期无条件支付确定的金额给收款人或者持票人的票据。
				分类：（电子）银行承兑汇票 / （电子）商业承兑汇票
		银行本票	出票人（银行）签发的，承诺自己在见票时无条件支付确定的金额给收款人或持票人的票据。	

74

（续上表）

票据	分类			概念
	支票	概念		出票人签发的，委托办理支票存款业务的银行在见票时无条件支付确定的金额给收款人或者持票人的票据。
		分类	现金支票	只能用于支取现金。
			转账支票	只能用于转账。
			普通支票	可以用于支取现金，也可用于转账。在普通支票左上角划两条平行线的划线支票只能用于转账。
	汇票+支票：出票人+付款人+收款人			
	银行本票：出票人+收款人			
当事人	基本			承兑人，背书人，被背书人，保证人
	非基本			

75

（续上表）

	特征	完全有价、文义、无因、金钱债权、要式、流通		
票据	功能	汇兑、支付、结算、信用、融资		
	权利	付款请求权	收款人/最后的被背书人	
		追索权	收款人/最后被背书人/保证人/背书人	
		丧失补救	挂失止付	已承兑的商业汇票；支票；填明"现金"字样和代理付款人的银行汇票；填明"现金"字样的银行本票。
			公示催告	挂失止付后的3日内；公示催告的期间：60~90日
			普通诉讼	

（续上表）

票据			
权利	时效		票据2年，支票6个月，追索权6个月，再追索权3个月
	提示付款	见票即付的汇票	出票日起1个月
		远期商业汇票	到期日起10日
		银行本票	出票日起2个月
		支票	出票日起10日
	追索	被追索人	出票人、背书人、承兑人和保证人
		内容	金额+利息+费用

考点六 票据行为（是指以在票据上签名或盖章为权利义务成立要件的法律行为。）

一、出票

	必须记载事项	银行汇票	商业汇票	本票	支票
出票	表明"××票"字样	√	√	√	√
	无条件支付的委托	承诺	√	承诺	√
	出票金额	√	√	√	√（可补记）
	付款人名称	√	√	×	√
	收款人名称	√	√	√	×（可补记）
	出票人签章	√	√	√	√
	出票日期	√	√	√	√

二、背书

背书			
种类	转让背书		被背书人有权代背书人行使委托的票据权利,但被背书人不得再背书转让票据权利。
	非转让背书	委托收款背书	
		质押背书	为担保债务而在票据上设定质权,被背书人依法这变现其质权时,可以行使票据权利。
必须记载事项	背书人签章,委托收款背书和质押背书还应当记载"委托收款""质押"字样。		
注意	条件背书:条件无效;部分背书:背书无效。		

三、承兑

承兑	承兑仅适用于商业汇票。	
	必须记载事项	"承兑"字样,签章。
	提示承兑	见票即付:无需提示;定期付款:到期日前提示;见票后定期付款:出票日起1个月内。
	付款人3日内承兑/拒绝承兑。	
	承兑不得附有条件,承兑附有条件的,视为"拒绝承兑"。	

四、保证

保证	保证人是票据债务人以外的人;保证人为两人以上的,保证人之间承担连带责任。
	国家机关、以公益为目的的事业单位,社会团体,企业法人的分支机构和职能部门作为票据保证人的,票据保证无效。
	必须记载事项	表明"保证"的字样;保证人签章。
	保证不得附有条件,附有条件的,"不影响"对汇票的保证责任。

经济法基础

考点七 银行卡

<table>
<tr><td rowspan="7">银行卡</td><td>概念</td colspan="4"><td colspan="4">是指经批准由商业银行（含邮政金融机构）向社会发行的具有消费信用、转账结算、存取现金等全部或部分功能的信用支付工具。</td></tr>
<tr><td rowspan="6">分类</td><td rowspan="6">是否透支</td><td rowspan="3">信用卡</td><td>贷记卡</td><td>先透支，后还款</td><td rowspan="2">对信用卡溢缴款是否计付利息及其利率标准，由发卡机构自主确定</td></tr>
<tr><td rowspan="2">准贷记卡</td><td>先存入备用金，备用金不足支付时可以透支</td></tr>
<tr><td>按中国人民银行规定的同期同档次存款利率及计息办法计付利息</td></tr>
<tr><td rowspan="2">借记卡</td><td>转账卡（含储蓄卡）</td><td rowspan="2">不得透支</td><td rowspan="2"></td></tr>
</table>

（续上表）

分类			
是否透支	借记卡	专用卡	不得透支
		储值卡	不得透支
			不计息
			按中国人民银行规定的同期同档次存款利率及计息办法计付利息
按币种	人民币卡+外币卡		
按发行对象	单位卡（商务卡）+个人卡		
按信息载体	磁条卡+芯片（IC）卡		

申领	单位卡	条件：开立基本存款账户
	个人卡	条件：18岁+申请表签字+身份证复印件+（证明+担保）
注销		发卡行受理注销之日起45天后，被注销信用卡账户方能销户
挂失		向发卡银行或代办银行申请挂失

(续上表)

银行卡			
	单位人民币卡		不得存取现金(从基本户进出),不得透支
	信用卡	预借现金	现金提取(日限:1万)+现金转账+现金充值
		非现金交易	免息还款期(银行记账日至到期还款日)/最低还款额待遇
	计息与收费	信用卡	透支利率:上限=日利率万分之五,下限=上限×0.7
	清算市场		申请条件:注册资本不低于10亿元人民币
			目前中国银联股份有限公司是唯一的银行卡清算机构
	银行卡收单		收单机构规定:实名制+与特约商户签订协议+本地化经营和管理,不得跨省

84

（续上表）

银行卡	收单服务费	收单机构向商户收取	实行市场调节价
	发卡行服务费	发卡机构向收单机构收取	借记卡：不高于0.35%（封顶13元）
			贷记卡：不高于0.45%
	网络服务费	银行卡清算机构向发卡机构收取	不高于0.0325%（封顶3.25元）
		银行卡清算机构向收单机构收取	不高于0.0325%（封顶3.25元）

经济法基础

考点八 网上支付

网上支付	网上银行	企业网上银行	账户信息查询+支付指令+B2B网上支付+批量支付
		个人网上银行	账户信息查询+人民币转账+银证转账+外汇买卖+账户管理+B2C网上支付
	第三方支付	金融型支付企业	不可担保	银联商务、快钱、易宝支付、汇付天下、拉卡拉等
		互联网支付企业	可担保	支付宝、财付通等

86

考点九 结算方式和其他支付工具

结算方式和其他支付工具			
汇兑	概念		是汇款人委托银行将其款项支付给收款人的结算方式。
	分类		信汇+电汇。
	适用范围		单位+个人。
	汇款人对汇出银行尚未汇出的款项可以申请撤销。		
托收承付	概念		是根据购销合同由收款人发货后委托银行向异地付款人收取款项,由付款人向银行承认付款的结算方式。
	适用范围	主体限制	必须是国企、供销社以及经营管理较好,并经开户银行审查同意的城乡集体所有制工业企业
		内容限制	必须是商品交易或因商品交易而产生的劳务供应款项。代销、寄销、赊销款项,不得办理。

经济法基础

（续上表）

结算方式和其他支付工具	托收承付	适用范围	金额限制：每笔金额起点为1万元（新华书店为1000元）。
			合同限制：双方在购销合同上订明使用托收承付结算方式。
			凭证限制：收款人办理托收，必须具有商品确已发运的证件。
		承付期	验单付款：3天；验货付款：10天。
	委托收款	概念	是收款人委托银行向付款人收取款项的结算方式。
		适用范围	单位+个人；同城+异地。
	国内信用证	概念	指银行依照申请人的申请开立的，对相符交单予以付款的承诺。（人民币计价+不可撤销）

88

（续上表）

国内信用证	适用范围	国内企事业单位之间，只限于转账，不得支取现金。	
	付款期限	最长不超过1年。	
	当事人	申请人+受益人+开证行+通知行+交单行+转让行+保兑行+议付行。	
结算方式和其他支付工具	预付卡	概念	是指发卡机构以特定载体和形式发行的，可在发卡机构之外购买商品或服务的预付价值。
		分类	记名	限额5000元；可挂失；可赎回（购后3个月）；无有效期；需要身份证。	购买：单位5000/个人50000以上转账；充值：5000以上转账。
			不记名	限额1000元；不可挂失；不可赎回；有效期不得低于3年；1万以上要身份证。

经济法基础

考点十 结算纪律与法律责任

一、签发空头支票和无理拒付的法律责任

签发空头支票	罚款：票面金额5%但不低于1000元；赔偿金：支票金额2‰。		
无理拒付	付款人	罚款：票据金额万分之七日息	
	银行机构	没收违法所得	并处罚款：违法所得1倍以上5倍以下（违法所得5万以上的）
			并处罚款：5万以上50万以下（违法所得不足5万）

二、违反账户规定行为的具体处罚规定

违反银行账户结算管理制度事项	经营性存款人处罚金额	非经营性存款人处罚金额
1. 法定代表人或主要负责人、存款人地址以及其他开户资料的变更事项未在规定期限内通知银行	1000元	1000元
2. 违反规定开立银行结算账户		
3. 伪造、变造证明文件欺骗银行开立银行结算账户	1万元以上3万元以下	
4. 违反规定不及时撤销银行结算账户		
5. 伪造、变造、私自印制开户许可证		

(续上表)

违反银行账户结算管理制度事项	经营性存款人处罚金额	非经营性存款人处罚金额
6. 违反规定将单位款项转入个人银行结算账户	5000元以上3万元以下的罚款	1000元
7. 违反规定支取现金		
8. 利用开立银行结算账户逃废银行债务		
9. 出租、出借银行结算账户		
10. 从基本存款账户之外的银行结算账户转账存入、将销货收入存入或现金存入单位信用卡账户		

三、票据欺诈等行为的法律责任

违法行为	一般违法（数额较大）	情节严重的（数额巨大）	情节特别严重的（数额特别巨大）
伪造/变造票据、汇款凭证、托收凭证、信用证	有期徒刑/拘役<5年；并处/单处2万<罚金<20万	5年<有期徒刑<10年+5万<罚金<50万	有期徒刑>10年/无期+5万<罚金<50万/没收财产
伪造信用卡			
信用卡诈骗			
妨害信用卡管理	有期徒刑/拘役<3年；并处/单处1万<罚金<10万	3年<有期徒刑<10年+2万<罚金<20万	——

第四章 增值税、消费税法律制度

考点一 税收法律制度

税收	概念	税收是指以国家为主体,为实现国家职能,凭借政治权力,按照法定标准,无偿取得财政收入的一种特定分配形式
	前提	社会剩余产品、国家的存在
	作用	资源配置、收入再分配、稳定经济和维护国家政权
	特征	强制性、无偿性、固定性
	法律关系	主体	国家税务机关和纳税义务人
		客体	征税对象
		内容	主体所享受的权利和所应承担的义务(税法的灵魂)

（续上表）

税法	概念	税法即税收法律制度，是调整税收关系的法律规范的总称，是国家法律的重要组成部分
	要素	纳税义务人，征税对象，税目，税率（比例/累进定额），计税依据（从价/从量），纳税环节，纳税期限，纳税地点，税收优惠（减免起征点/免征额），法律责任
征收管理机关	国税	增值税+消费税+车辆购置税+所得税+城建税+资源税+印花税+出口退税
	地税	所得税+个税+房产税+土地增值税+城镇土地使用税+车船税+印花税+资源税+烟叶税+耕地占用税+环境保护税+城建税+教育费附加
	海关	关税+船舶吨税+进口环节增值税、消费税

经济法基础

考点二 增值税一般规定

<table>
<tr><td colspan="3">概念</td><td>增值税是指对销售货物、提供劳务或者发生应税行为过程中实现的增值额征收的一种税（我国现阶段税收收入规模最大的税种）</td></tr>
<tr><td rowspan="5">增值税</td><td colspan="2">概念</td><td>纳税人是指在中国境内销售货物或者提供加工、修理修配劳务、进口货物以及销售服务、无形资产或者不动产的单位和个人</td></tr>
<tr><td rowspan="4">纳税人</td><td rowspan="4">分类</td><td></td></tr>
<tr><td>小规模纳税人</td><td>货物生产+提供应税劳务（为主）：50万元（含）以下；其他：80万元（含）以下；营改增应税行为：500万元（含）以下</td><td>个人（非个体户）；非企业性单位；不经常发生应税行为的企业和个人</td><td>简易征税；住宿业、建筑业和鉴证咨询业等行业小规模纳税人自行开具专用发票（销其取得的不动产除外），税局不再代开</td></tr>
</table>

96

（续上表）

纳税人分类		
	一般纳税人	超过小规模纳税人认定标准 小规模纳税人会计核算健全，可以执行税款抵扣制；可以申请登记为一般纳税人，提供增值税专用发票
增值税	征税范围	销售货物	销售货物是指在中国境内（起运地/所在地）有偿转让货物的所有权（视同销售行为）
		提供应税劳务	提供应税劳务是指在中国境内（应税劳务发生地）提供加工、修理修配劳务。（员工为本单位或雇主提供加工、修理修配劳务，不包括在内）
		进口货物	进口货物是指申报进入中国海关境内的货物

(续上表)

		交通运输	陆路/水路/航空/管道运输，无运输工具
增值税	征税范围	邮政服务	邮政普遍/特殊/其他服务
		电信服务	基础/增值电信服务
		建筑服务	工程、安装、修缮、装饰、其他
	销售服务	金融服务	贷款、直接收费、保险、金融商品转让
		现代服务	1. 研发和技术；2. 信息技术；3. 文化创意；4. 物流辅助；5. 租赁服务（融资经营）；6. 鉴证咨询；7. 广播影视；8. 商务辅助；9. 其他
		生活服务	1. 文化体育；2. 教育医疗；3. 旅游娱乐；4. 餐饮住宿；5. 居民日常；6. 其他

（续上表）

增值税征税范围	销售无形资产	技术、商标、著作权、商誉、自然资源使用权和其他权益性无形资产	
	销售不动产	建筑物、构筑物	
	混合销售	一项销售行为既涉及货物又涉及服务	从事货物生产、批发或零售的	按销售货物缴纳增值税
			除以上，其他单位和个体工商户	按提供服务缴纳增值税

经济法基础

（续上表）

| 增值税 | 征税范围 | 兼营 | 兼营是指纳税人经营中包括销售货物、加工修理修配劳务以及销售服务、无形资产、不动产的行为 | 不同时发生在同一购买者身上，也不发生在同一项销售行为中 | 分别核算分别缴纳；未分别核算"从高"适用税率 |

考点三 增值税税率与征收率

一、税率

税率	适用范围
17%	一般纳税人:销售、进口货物,除《增值税暂行条例》列举的外;提供加工、修理修配劳务;提供有形动产租赁服务
11%	一般纳税人:农产品、饲料、音像制品、电子出版物、二甲醚、食用盐、食用植物油、自来水、暖气、冷气、热水、煤气、石油液化气、天然气、沼气、居民用煤炭制品、图书、报纸、杂志、化肥、农机、农膜、交通运输、邮政、基础电信、建筑、不动产租赁服务、销售不动产、转让土地使用权
6%	一般纳税人:增值电信、金融、现代服务(租赁除外)、生活服务、销售无形资产(除转让土地使用权)

经济法基础

(续上表)

税率	适用范围
0	出口货物；境内提供：①国际运输服务 ②航天运输服务 ③向境外单位提供完全在境外消费的服务；研发/合同能源管理/设计/广播影视节目的制作和发行/软件/电路设计及测试/信息系统/业务流程管理离岸服务外包转让

二、征收率

纳税人类型	应税行为	征收率
一般纳税人	销售自己使用过的，不得抵扣且未抵扣进项税额的固定资产	按3%征收率减按2%征收

（续上表）

纳税人类型	应税行为	征收率
一般纳税人	销售自己使用过的其他固定资产，2008年12月31日以前扩大增值税抵扣范围试点地区的纳税人，在2008年12月31日之前购买或自制的固定资产	按3%征收率减按2%征收
	已纳入的，销售自己使用过的在本地区纳入之前购进或自制的固定资产	
	可选择简易征收的 ①县级及以下小型水力发电单位生产的电力； ②建筑用和生产建筑材料所用的砂、土、石料； （36个月内不得变更），销售自产的货物有：	3%

(续上表)

纳税人类型	应税行为	征收率
一般纳税人	可选择简易征收的（36个月内不得变更），销售自产的货物有：③以自己采掘的砂、土、石料或其他矿物连续生产的砖、瓦、石灰；④用微生物、人或动物的血液或组织等制成的生物制品；⑤自来水；⑥商品混凝土	3%
	销售可暂简易征收的货物：①寄售商店代销售寄物品；②典当业销售死当物品	
	建筑企业可选择简易征收的：提供建筑服务属于老项目的	

（续上表）

纳税人类型	应税行为	征收率
小规模纳税人	销售自己使用过的固定资产	减按2%征收率征收
小规模纳税人	其他应税行为（除上、下两种应税行为）	3%
一般纳税人	销售旧货	按3%征收率减按2%征收
一般纳税人	转让、出租其取得的不动产（不含个人出租住房）	
小规模纳税人	转让、出租其2016年4月30日前取得的不动产选择简易征收的	5%

旧货：是指进入二次流通的具有部分使用价值的货物，不包括自己使用过的物品

(续上表)

纳税人类型		应税行为	征收率
房地产开发企业	销售自行开发的房地产项目	一般纳税人老项目	5%
		小规模所有项目	
纳税人	提供劳务派遣	选择差额纳税的	5%（全额征收）
个人对外销售	住房	购买<2年	免
	普通住房	购买≥2年	免
	非普通住房	购买≥2年（非北、上、广、深）	免
	非普通住房	购买≥3年（北、上、广、深）	5%（差额征收）

考点四 增值税应纳税额计算

增值税应纳税额计算		
应纳税额计算	一般计税方法	当期应纳税额=当期销项税额-当期准予抵扣的进项税额 当期销项税额=不含增值税销售额×适用税率 不含增值税销售额=含税销售额÷(1+适用税率)×征收率
	简易计税方法	应纳税额=不含增值税销售额×征收率 不含增值税销售额=含税销售额÷(1+征收率)
	进口环节增值税	应纳税额=组成计税价格×税率=(关税完税价格+关税额)×税率 应纳税额=组成计税价格×税率=(关税完税价格+关税额+消费税额)×税率
	扣缴计税方法	应扣缴税额=购买方支付的价款÷(1+税率)×税率
注意		一般纳税人发生可选择应税行为,选择简易计税的,一经选择36个月内不得变更

107

考点五 增值税销售额差额计税

项目	计算公式	备注
金融商品转让	销售额=卖出价-买入价	1. 若相抵后出现负差,可结转下一纳税期相抵,但年末时,不得转入下一个会计年度 2. 买入价,可以选择加权平均法移动加权平均法进行核算,36个月内不得变更 3. 不得开具增值税专用发票
经纪代理服务	销售额=全部价款+价外费用-代收的政府性基金或者行政事业性收费	向委托方收取的政府性基金或者行政事业性收费,不得开具增值税专用发票
航空运输企业	销售额=全部价款+价外费用-代收的机场建设费代售的票价	——

（续上表）

项目	计算公式	备注
客运场站服务	销售额=全部价款+价外费用-支付给承运方的运费	—
旅游服务	销售额=全部价款+价外费用-住宿费、餐饮费、交通费、签证费、门票费、地接费	不得开具增值税专用发票，可以开具普通发票
建筑服务	销售额=全部价款+价外费用-分包费	—
房地产开发企业销售其开发的房地产	销售额=全部价款+价外费用-土地出让金	选择简易计税方法的房地产老项目（合同开工日期在2016年4月30日前）除外

经济法基础

考点六 增值税进项税额

进项税额	准予抵扣的进项税额		从销售方取得的增值税专用发票/机动车销售统一发票上注明的增值税额
			从海关取得的海关进口增值税专用缴款书上注明的增值税额
		购进	一般纳税人开具的增值税专用发票/海关进口增值税专用缴款书上注明的增值税额
			小规模纳税人取得专用发票的:以其注明的金额×11%的扣除率
		农产品	农产品销售发票/收购发票:以其注明的买价×11%的扣除率
			营改增期间17%税率货物的农产品维持原力度不变
			免征增值税政策取得的普通发票,不得抵扣

（续上表）

进项税额	不得抵扣的进项税额	简易方法计税的项目，免征增值税项目，集体福利或者个人消费的"购进"货物、加工修理修配劳务、服务、无形资产和不动产
		非正常损失：购进货物及相关的应税劳务；在产品、产成品、不动产所耗用的购进货物或者应税劳务
		购进的旅客运输、贷款、餐饮、居民日常和娱乐服务
		一般纳税人会计核算不健全，不能够准确提供税务资料，不得抵扣进项税额，不得使用增值税专用发票
	进项税额转出	直接转出	进项税额转出＝已抵扣税款×转出比例
		计算转出	存货	进项税额转出＝不含税价款×税率×转出比例

111

(续上表)

		运费	进项税额转出=运费×11%×转出比例
进项税额	进项税额转出	计算转出	农产品	进项税额转出=成本÷（1－11%）×11%×转出比例
		固定资产、无形资产、不动产	进项税额转出=固定资产净值×适用税率
	进项税额转入	可抵扣的进项税额=固定资产、无形资产、不动产净值÷（1+适用税率）×适用税率	
	认证及抵扣期限	自开具之日起360天内认证或确认	

考点七 增值税税收优惠

法定免税	农业生产者销售的自产农产品；避孕药品和用具；古旧图书；直接用于科学研究、科学试验和教学的进口仪器、设备；外国政府、国际组织（不含外国企业）无偿援助的进口物资和设备；由残疾人的组织直接进口供残疾人专用的物品；销售自己或其他个人使用过的物品
营改增免税	托儿所、幼儿园提供的保育和教育服务；养老机构提供的养老服务；残疾人福利机构提供的育养服务；婚姻介绍服务；殡葬服务；残疾人员本人为社会提供的服务；学生勤工俭学提供的服务；从事学历教育的学校提供的教育服务；医疗机构提供的医疗服务；农业机耕、排灌、病虫害防治、植物保护、农牧保险以及相关技术培训业务，家禽、牲畜、水生动物的配种和疾病防治；纪念馆、博物馆、文化馆、文物保护单位管理机构、美术馆、展览馆、书画院、图书馆在自己的场所提供文化体育服务取得的第一

113

(续上表)

营改增免税	道门票收入;寺院、宫观、清真寺和教堂举办文化、宗教活动的门票收入;行政单位之外的其他单位收取的符合《试点实施办法》第十条规定条件的政府性基金和行政事业性收费;个人转让著作权;销售不动产及转让自然资源使用权免税规定;公共租赁住房经营管理单位出租公共租赁住房;台湾航运公司、航空公司从事海峡两岸海上直航、空中直航业务在大陆取得的运输收入;纳税人提供的直接或间接国际货物运输代理服务;金融、保险服务免税规定;国家商品储备管理单位及其直属企业,承担商品储备任务,从中央或地方财政取得的利息补贴收入和价差补贴收入;"四技"(技术转让、技术开发、技术咨询、技术服务);符合条件的合同能源管理服务;2017年12月31日前,科普单位的门票收入,以及县级及以上党政部门和科协开展科普活动的门票收入;政府举办的从事学历教育的高等、中等和初等学校(不含下属单位),举办进修班、培训班取得的全部

114

（续上表）

营改增免税	归该学校所有的收入；政府举办的职业学校设立的主要为在校学生提供实习场所，并由学校出资自办、由学校负责经营管理、经营收入归学校所有的企业，从事"现代服务""生活服务"业务活动取得的收入；家政服务企业由员工制家政服务员提供家政服务取得的收入；福利彩票、体育彩票的发行收入；军队空余房产租赁收入；为了配合国家住房制度改革，企业、行政事业单位按房改成本价、标准价出售住房取得的收入；将土地使用权转让给农业生产者用于农业生产；随军家属就业；军队转业干部就业
即征即退	一般纳税人提供管道运输服务、有形动产融资租赁服务与有形动产融资性售后回租服务，实际税负超过3%的部分
起征点	限于个人、个体工商户（除一般纳税人）；按期纳税的，月销售额5000~20000元；按次纳税的，每次（日）销售额300~500元

经济法基础

考点八 消费税征税范围

	基本环节				
消费税征税范围	生产		将自产的应税消费品,用于连续生产应税消费品	例如,将自产的未涂饰实木地板移送生产漆饰实木地板;将自产的烟丝移送生产卷烟	移送时不征收消费税
					终端应税消费品出厂销售时按规定征收消费税
		其他方面	将自产的应税消费品,用于连续生产非应税消费品	例如,将自产的高档保湿精华移送生产普通护肤品;将自产的黄酒移送生产调味料酒	移送时征收消费税
					终端产品出厂销售时不征收消费税

116

（续上表）

消费税征税范围	基本环节	生产	将自产的应税消费品，用于在建工程、管理部门、非生产机构、提供劳务、馈赠、赞助、集资、广告、样品、职工福利、奖励等方面	例如，将自产的白酒发放职工福利；将自产的实木地板用于装修办公楼；将自产的高档化妆品用于馈赠客户
		其他方面		移送时征收消费税
		委托加工	消费税纳税人：委托方	由委托方收回后缴纳
				由受托方在向委托方交货时代收代缴
		进口	报关进口时缴纳消费税	
	特殊环节	零售	金银首饰、铂金首饰、钻石及钻石饰品；超豪华小汽车（加征）	
		批发	烟草批发企业将卷烟销售给零售单位的，要再征一道消费税	

考点九 消费税税目

税目	征税范围	不包括
烟	卷烟、雪茄烟、烟丝（散装烟）	—
酒	白酒、黄酒、啤酒、其他酒	"调味料酒"
高档化妆品	生产（进口）环节销售（完税）价格（不含增值税）在10元/毫升（克）或15元/片（张）及以上的美容、修饰类化妆品和护肤类化妆品	演员用的"油彩、上妆油、卸妆油"
贵重首饰及珠宝玉石	金/银/铂金首饰；钻石、钻石饰品；其他贵重首饰和珠宝玉石（宝石坯）	—

（续上表）

税目	征税范围	不包括
鞭炮、焰火	—	体育上用的发令纸、鞭炮药引线
成品油	汽油、柴油、石脑油、溶剂油、航空煤油、润滑油、燃料油	植物性润滑油、动物性润滑油和化工原料合成润滑油
摩托车	气缸容量250毫升和250毫升（不含）以上的摩托车	—
小汽车	乘用车、中轻型商用客车	大型商用客车，大货车，大卡车；电动汽车；沙滩车，雪地车，卡丁车，高尔夫车（不上马路）；企业购进货车或厢式货车改装生产的商务车，卫星通讯车等专用汽车

119

(续上表)

税目	征税范围	不包括
高尔夫球及球具	—	
高档手表	10000元（含）以上	—
游艇	8米（含）<艇身长度<90米（含），非牟利	—
木质一次性筷子	—	—
实木地板	实木/实木指接/实木复合地板、实木装饰板、素板	—

（续上表）

税目	征税范围	不包括
电池	原电池、蓄电池、燃料电池、太阳能电池、其他电池	无汞原电池、金属氢化物镍蓄电池、锂原电池、锂离子蓄电池、太阳能电池、燃料电池和全钒液流电池免征消费税
涂料	—	对施工状态下挥发性有机物含量低于420克/升（含）的涂料

考点十 消费税应纳税额

税率形式	适用项目	计税公式
从价定率	除适用从量计税、复合计税以外的其他项目	应纳税额＝销售额或组成计税价格×比例税率
从量定额	啤酒、黄酒、成品油	应纳税额＝销售数量×定额税率
复合计税	卷烟、白酒	应纳税额＝销售数量×定额税率＋销售额或组成计税价格×比例税率
特殊情况	通过自设"非独立核算"门市部销售	按照门市部对外销售额或者销售数量征税
	换、抵、投	按最高销售价格
	包装物押金	啤酒、黄酒不征,其他酒取得时征

（续上表）

税率形式	适用项目	计税公式
组成计税价格	自产自用	组成计税价格=（成本+利润）÷（1-比例税率）
		组成计税价格=（成本+利润+自产自用数量×定额税率）÷（1-比例税率）
	委托加工	组成计税价格=（材料成本+加工费）÷（1-比例税率）
		组成计税价格=（材料成本+加工费+委托加工数量×定额税率）÷（1-比例税率）
	进口	组成计税价格=（关税完税价格+关税）÷（1-消费税比例税率）
		组成计税价格=（关税完税价格+关税+进口数量×消费税定额税率）÷（1-消费税比例税率）

第五章 企业所得税、个人所得税法律制度

考点一 企业所得税纳税人

概念	企业所得税纳税人是指我国境内的企业和其他取得收入的组织。个体工商户、个人独资企业、合伙企业不属于企业所得税纳税人。		
分类	居民企业	依法在中国境内成立的企业（注册地标准）	全面纳税义务	就来源于中国境内、境外的全部所得纳税
		依照外国（地区）法律成立但实际管理机构在中国境内的企业（实际管理机构所在地标准）		

(续上表)

分类		
非居民企业	依照外国（地区）法律成立且实际管理机构不在中国境内的企业	在中国境内设立机构、场所	有限纳税义务 (1) 来源于中国境内的所得 (2) 发生在中国境外但与其所设机构、场所有实际联系的所得
		在中国境内未设立机构、场所，但有来源于中国境内所得	就来源于中国境内的所得纳税

考点二 企业所得税所得来源地

所得		来源
销售货物	交易活动发生地	
提供劳务	劳务发生地	
转让财产	不动产转让所得	不动产所在地
	动产转让所得	转让动产的企业或机构、场所所在地
	权益性投资资产转让所得	被投资企业所在地
股息、红利等权益性投资	分配所得的企业所在地	
利息、租金、特许权使用费	负担、支付所得的企业或者个人的机构、场所所在地、住所地确定	

考点三 企业所得税税率

税率		适用对象
25%		居民企业
		在中国境内设立机构场所且取得所得与所设机构场所有实际联系的非居民企业
20%		在中国境内未设立机构、场所的非居民企业
		虽设立机构、场所，但取得的所得与其所设机构、场所没有实际联系的非居民企业
优惠税率	10%	执行20%税率的非居民企业
	15%	高新技术企业

(续上表)

税率		适用对象
优惠税率	15%	设在西部地区，以《鼓励类产业目录》项目为主营业务，主营业务收入占总收入70%以上的企业
	20%	小型微利企业
2017年1月1日至2019年12月31日，年应纳税所得额≤50万元以下的小微企业，其应纳税所得额按50%计算。		
小型微利企业条件：工业企业：年应纳税所得额≤50万元，从业人数≤100人，资产总额≤3000万；其他企业：年应纳税所得额≤50万元，从业人数≤80人，资产总额≤1000万。		

考点四 企业所得税应纳税所得额

应纳税额 = 应纳税所得额 × 适用税率 - 减免税额 - 抵免税额

应纳税所得额	直接法	应纳税所得额 = 收入总额 - 不征税收入 - 免税收入 - 各项扣除 - 以前年度亏损	
	间接法	应纳税所得额 = 年度利润总额 + 纳税调整增加额 - 纳税调整减少额	
收入	销售货物收入	采用托收承付方式的	办妥托收手续时确认
		采取预收款方式的	发出商品时确认
		商品需要安装和检验的	一般：购买方接受商品以及安装和检验完毕时确认；安装程序比较简单的：发出商品时确认
		采用支付手续费方式委托代销的	收到代销清单时确认

(续上表)

收入	销售货物收入	
	采用分期收款方式的	按照合同约定的收款日期确认
	采取产品分成方式取得收入的	按照企业分得产品的日期确认
	提供劳务收入	在各个纳税期末采用完工进度（完工百分比）法确认
	股息、红利等权益性投资收益	被投资方作出利润分配决定的日期确认（另有规定除外）
	利息收入	
	租金收入	按照合同约定应付相关款项的日期确认
	特许权使用费收入	
	接受捐赠收入	按照实际收到捐赠资产的日期确认

（续上表）

不征税收入		财政拨款；依法收取并纳入财政管理的行政事业性收费、政府性基金。
免税收入		国债利息收入；符合条件的居民企业之间的股息、红利收入（条件：持有12个月以上）；在中国境内设立机构、场所的非居民企业从居民企业取得与该机构、场所有实际联系的股息、红利收入；符合条件的非营利组织的收入。
税前扣除项目		成本；费用；税金；损失
具体扣除标准	三项经费	职工福利费：不超过工资薪金总额14%；工会经费：不超过工资薪金总额2%；职工教育经费（可结转）：不超过工资薪金总额2.5%。
	社会保险费	可以扣：五险一金；企业财产保险；特殊工种人身安全保险；超过不扣：补充养老保险；补充医疗保险；不得扣：其他商业保险。

(续上表)

		借款方	出借方
具体扣除标准	利息费用	非金融企业（准予扣除）	金融企业
		非金融企业（不超过金融企业同期同类贷款利率部分准予扣除）	非关联关系的非金融企业、内部员工、自然人
		非金融企业（不超过债资比2:1部分准予扣除）	关联方
		金融企业（不超过债资比5:1部分准予扣除）	
	公益性捐赠	不超过年度利润总额12%的部分，准予扣除。超过部分准予在以后年度（3年内）扣除。	

（续上表）

具体扣除标准		
业务招待费	按照发生额的60%扣除，但最高不得超过当年销售（营业）收入的5‰。	
广告费+业务宣传费	不超过当年销售（营业）收入15%的部分准予扣除（可结转）；化妆品制造或销售、医药制造、饮料制造（不含酒类执照）≤销售收入30%的部分准予扣除（可结转）；烟草企业的，一律不得扣除。	
手续费+佣金	保险企业	财产保险 人身保险：按当年全部保费收入扣除退保金等后余额的15%计算限额
	从事代理服务，主营业务收入为手续费、佣金的企业	证券、期货、保险代理：据实扣除

(续上表)

具体扣除标准	手续费+佣金	按与具有合法经营资格中介服务机构和个人所签订合同确认收入金额的5%计算限额
	其他企业	
	其他扣除	环境保护专项资金；租赁费；劳动保护费；汇兑损失；总机构分摊的费用等。
不得扣除项目		向投资者支付的股息、红利等权益性投资收益款项；企业所得税税款；税收滞纳金；罚金、罚款和被没收财物的损失；超过规定标准的公益性捐赠支出及所有非公益性捐赠支出；赞助支出；未经核定的准备金支出；企业之间支付的管理费、企业内营业机构之间支付的租金和特许权使用费，以及非银行企业内营业机构之间支付的利息等。

（续上表）

亏损的弥补	可以逐年延续弥补，但是最长不得超过5年。
非居民企业应纳税所得额	全额计税：利息、股息、红利、租金、特许权使用费。
	余额计税：财产转让。
境外所得抵免税额	抵免限额＝境外税前所得额×25%。

資産的税务处理
- 固定资产
  - 不得计算折旧扣除的情形
  - 计税基础
  - 基本计算方法：直线法、次月、最低折旧年限
  - 加速折旧：5000元、专用于研发+≤100万元、最低折旧年限
- 生产性生物资产：计税基础、最低折旧年限
- 无形资产：商誉、计税基础、10年
- 长期待摊费用：尚可使用年限vs合同约定剩余租凭期限vs不低于3年
- 投资资产：转让或处置时扣除
- 存货：无后进先出法

考点五 企业所得税税收优惠

优惠政策	项目
免税收入	1. 国债利息收入; 2. 符合条件的居民企业之间的股息、红利收入; 3. 在中国境内设立机构、场所的非居民企业从居民企业取得与该机构、场所有实际联系的股息、红利收入; 4. 符合条件的非营利组织的收入。(股息红利免税条件:持有12个月以上)
免征	农、林、牧、渔:居民企业500万元以内的技术转让所得;合格境外机构投资者境内转让股票等权益性投资资产所得。(农不包括经济作物;渔指远洋捕捞,不包括养殖)
减半征收	花卉、茶以及其他饮料作物和香料作物的种植,海水养殖、内陆养殖,居民企业超过500万元的技术转让所得的"超过部分"。

（续上表）

优惠政策	项目
三免三减半	企业从事国家重点扶持的公共基础设施项目的投资经营的所得，自项目取得第1笔生产经营收入所属纳税年度起，第1年至第3年免征，第4年至第6年减半征收；企业从事符合条件的环境保护、节能节水项目的所得，自项目取得第1笔生产经营收入所属纳税年度起，第1年至第3年免征，第4年至第6年减半征收。
加计扣除	研发费用：加计扣除50%；研发费用：科技型中小企业，在2017年1月1日至2019年12月31日，加计扣除75%；残疾人工资：加计扣除100%。
抵扣应纳税所得额	创投企业投资未上市的中小高新技术企业两年以上的，按照其投资额的70%在股权持有满两年的当年抵扣该创业投资企业的应纳税所得额；当年不足抵扣的，可以在以后纳税年度结转抵扣。（2018年新增：有限合伙的创投企业的法人合伙人同适用该抵扣）

（续上表）

优惠政策	项目	
加速折旧	技术进步，产品更新换代较快；常年处于强震动、高腐蚀状态：2014年1月1日后购进用于研发的仪器、设备，单价超过100万元。	缩短折旧年限（≥60%）采用加速折旧计算方法
	2014年1月1日后购进专用于研发的仪器、设备，单价不超过100万元。	允许一次性扣除
减计收入	综合利用资源，生产的产品取得的收入，减按90%计入收入总额。	
应纳税额抵免	投资环境保护、节能节水、安全生产等专用设备，投资额的10%可以在应纳税额中扣除。	

经济法基础

考点六 个人所得税纳税人

纳税人	概念		是对个人（即自然人）取得的各项应税所得征收的一种税。（个体工商户、个人独资企业、合伙企业）
	分类	居民	有住所，无住所但居住满1年	无限纳税义务
		非居民	无住所又不居住、无住所居住不满1年	仅就其来源于中国境内的所得纳税

140

考点七 个人所得税应纳税额

征税项目	应纳税所得额	费用扣除方法	税率	计税方法	计税公式	备注
工资、薪金所得	每月收入额-3500元或4800元	定额	7级超额累进税率	按月	应纳税额＝应纳税所得额×适用税率-速算扣除数	——
个体工商户生产、经营所得	全年收入总额-成本、费用及损失等	按规定在允许的范围内据实扣除【业主工资不得扣除】	5级超额累进税率	按年		
对企事业单位承包经营、承租经营所得	纳税年度收入总额-必要费用					

141

(续上表)

征税项目	应纳税所得额	费用扣除方法	税率	计税方法	计税公式	备注
劳务报酬所得	(1) 每次收入额≤4000元：每次收入额-800元 (2) 每次收入额≥4000元：每次收入额×(1-20%)	定额和定率相结合	20%比例税率	按次	应纳税额=应纳税所得额×20%	有加成征收
稿酬所得						实际税率14%
特许权使用费所得						—

（续上表）

征税项目	应纳税所得额	费用扣除方法	税率	计税方法	计税公式	备注
财产租赁所得	每次（月）收入额-财产租赁过程中缴纳的税费-由纳税人负担的租赁财产实际开支的修缮费用（800元为限）-800元 或者×（1-20%）	定额和定率相结合【学堂点睛】修缮费的扣除及判断是否超过4000的基数问题	20%比例税率【学堂点睛】个人出租居住用房取得的所得减按10%	按次	应纳税额＝应纳税所得额×20%	——

143

经济法基础

(续上表)

征税项目	应纳税所得额	费用扣除方法	税率	计税方法	计税公式	备注
财产转让所得	收入总额-财产原值-合理费用	按规定允许的范围内据实扣除	20%比例税率	按次	应纳税额=应纳税所得额×20%	
利息、股息、红利所得	一般为每次收入额	不得扣除				—
偶然所得						
其他所得						

（续上表）

征税项目	应纳税所得额	费用扣除方法	税率	计税方法	计税公式	备注
捐赠		限额扣除：捐赠额不超过应纳税所得额的30%的部分，可以从应纳税所得额中扣除 全额扣除：红十字；农村义务教育；青少年；养老院；符合条件的公益救济性捐赠；非偶然所得，非关联方，高校和科研机构用于研发				
特别提示	注意与税收优惠政策的结合（国债，股票）					

145

考点八 个人所得税税收优惠

免征/暂免征	省级人民政府、国务院部委和中国人民解放军军以上单位,以及外国组织、国际组织颁发的科学、教育、技术、文化、卫生、体育、环境保护等方面的奖金	
	国债和国家发行的金融债券利息	
	按照国家统一规定发给的补贴、津贴	
	福利费、抚恤金、救济金	
	保险赔款	
	军人的转业费、复员费	
	退休工资	
	外交代表、领事官员和其他人员的所得	

(续上表)

免征	中国政府参加的国际公约、签订的协议中规定免税的所得
	在中国居住不满90日的非居民纳税人境内所得境外支付免税，有协议的延长到180日
	三险一金从纳税义务人的应纳税所得额中扣除
暂免征	拆迁补偿款
	外籍个人
	个人举报、协查各种违法、犯罪行为而获得的奖金
	个人办理代扣代缴手续，按规定取得的扣缴手续费
	企业在销售商品和提供服务过程中向个人赠送礼品（价格折扣、折让；赠品；积分返礼品）

第六章 其他税收法律制度

税种	分类	性质
房产税	财产税	受益人纳税；从价/从租
契税	财产税—转移税—买方税	买方纳税
土地增值税	财产税—转移税—卖方税	卖方纳税；超率累进税率
城镇土地使用税	财产税—准财产税	受益人纳税；大量规定与房产税类似
车船税	财产税	拥有并使用；按车船类型纳税

（续上表）

税种	分类	性质
印花税	行为税	针对书立、领受、使用应税凭证和权利许可证照的行为；列举制
资源税	资源税	开采我国不可再生的自然资源；从价计征
城建税＋教育费附加	行为税	与"两税"联系密切
关税	流转税	特定环节（进出口）；价外税；进口环节增值税、消费税组成计税价格的基础
环境保护税（2018年新增）	行为税	直接向环境排放污染物的企事业单位和其他生产经营者，定额税率

149

(续上表)

税种	分类	性质
车辆购置税	行为税	购置并使用；价外税；可与增值税、消费税结合；不作为进口环节增值税、消费税组成计税价格的基础
耕地占用税	行为税	针对占用耕地行为，目的是开发新的耕地
烟叶税	特产税	收购方缴纳；属于农产品收购可结合增值税

考点一 房产税法律制度

概念	房产税是指以房产为征税对象，按照房产的计税价值或房产租金收入向房产所有人或经营管理人等征收的一种税。（受益人纳税）		
纳税人	在我国城市、县城、建制镇和工矿区（不包括农村）内拥有房屋产权的单位和个人，具体包括产权所有人、承典人、房产代管人或者使用人。		
征税范围	城市、县城、建制镇和工矿区的房屋，不包括农村。		
应纳税额	从价计征	房产余值	1.20%	全年应纳税额=应税房产原值×（1-扣除比例）×1.2%
	从租计征	房产租金	12%	全年应纳税额=（不含增值税）租金收入×12%
税收优惠	个人出租住房，按4%的税率征收。		

（续上表）

应纳税额		
税收优惠	免征	企事业单位、社会团体以及其他组织按市场价向个人出租用于居住的住房，减按4%的税率征收。
		国家机关、人民团体、军队"自用"的房产；事业经费的单位所有的、"本身业务范围"内使用的房产；宗教寺庙、公园、名胜古迹"自用"的房产；个人所有"非营业用"的房产。
	经批准免征	危房、毁损不堪居住房屋；停用后免征；大修理连续停用半年以上房屋；停用期间免征；基建工地临时房屋；施工期间同免征；租金偏低的公房出租；高校学生公寓；非营利性医疗机构；老年服务机构自用房产；廉租房、公租房；国家机关、军队、人民团体、（财政补助＋经费自理）事业单位、居委会、村委会、体育基金会，体育类民办非企业单位拥有的体育场馆、用于体育活动的房产。

152

（续上表）

税收优惠	经批准减半征收	企业拥有并运营管理的大型体育场馆，其用于体育活动的房产。
纳税义务发生时间	当月	将原有房产用于生产经营。
	次月	除生产经营外，其他都是次月起缴纳。
	当月末	截止时间。
纳税地点	房产所在地	
纳税期限	按年计算，分期缴纳	

经济法基础

考点二 契税法律制度

概念	契税是指国家在土地、房屋权属转移时，按照当事人双方签订的合同（契约），以及所确定价格的一定比例，向权属承受人征收的一种税。		
纳税人	在我国境内"承受"土地、房屋权属转移的单位和个人。		
征税范围	国有土地使用权出让；土地使用权转让（出售、赠与、交换）；房屋买卖、赠与、交换。		
应纳税额	公式	应纳契税税额=计税依据×税率	
	税率	3%～5%的幅度税率	
	计税依据	成交价格、市场价格、价格差额、补价	
纳税期限	自纳税义务发生之日起10日内。		
纳税义务发生时间	当天		

154

考点三 土地增值税法律制度

概念	土地增值税是指对转让国有土地使用权、地上建筑物及其附着物并取得收入的单位和个人，就其转让房地产所取得的增值额征收的一种税。		
征税范围	土地使用权转让；转让建筑物产权；赠与其他人；房地产开发企业改制、出售/发生所有权转移时应视同销售；企业互换；合作建房后转让；抵押期满"且"发生权属转移。		
公式	土地增值税=增值额×税率-扣除项目金额×速算扣除系数；增值额=转让房地产取得的收入-扣除项目金额		
应纳税额	税率	4级超率累进税率	
	扣除标准	新建房地产开发企业	①取得土地使用权所支付的金额
		拿地	据实扣除（成本+契税）

155

(续上表)

应纳税额	扣除标准	新建项目	房地产开发企业	建房	②房地产开发成本	据实扣除
					③房地产开发费用	利息明确：利息＋(①+②)×5% 利息不明确：(①+②)×10%
				销售	④与转让房地产有关的税金	城、教（不包括印花税）
				优惠	⑤加计扣除额	(①+②)×20%
			非房地产开发企业	拿地	①取得土地使用权所支付的金额	据实扣除（成本+契税）

（续上表）

	扣除标准		
应纳税额	新建项目	非房地产开发企业 建房	②房地产开发成本 ③房地产开发费用 据实扣除 利息明确：利息＋（①+②）×5% 利息不明确：（①+②）×10% ④与转让房地产有关的税金 城、教、印
		销售房	①房屋及建筑物的评估价格 重置成本价×成新率
	存量项目	房地	②取得土地使用权所支付的地价款和缴纳的有关费用 据实扣除

（续上表）

应纳税额	扣除标准	存量项目	房屋	销售	③与转让房地产有关的税金	—
			土地	地	①取得土地使用权所支付的地价款和缴纳的有关费用	据实扣除
				销售	②与转让房地产有关的税金	—
税收优惠	免税	纳税人建造普通标准住宅出售，企事业单位、社会团体以及其他组织转让旧房作为廉租房房源、经济适用住房房源，增值额未超过扣除项目金额20%的；因国家建设需要依法征用、收回的房地产；居民个人转让住房。				

考点四 城镇土地使用税法律制度

概念	城镇土地使用税是指国家在城市、县城、建制镇和工矿区范围内，对使用土地的单位和个人，以其实际占用的土地面积为计税依据，按照规定的税额计算征收的一种税。	
应纳税额	税率	有幅度的差别定额税率，而且每个幅度税额的差距为20倍。
	计税依据	纳税人实际占用土地面积；从量计征。
	公式	年应纳税额=实际占用应税土地面积（平方米）×适用税额

(续上表)

税收优惠	免征一般规定	非经营行为；国家鼓励行为。
	特殊规定免征	缴纳了耕地占用税的，从批准征用之日起满1年后使用的土地；免税单位无偿使用纳税单位的土地；经批准开发建设经济适用房用地；企业厂区外；老年服务机构自用地。
	减半征收	企业的大型体育场馆，其用于体育活动。
纳税义务发生时间	次月	
纳税地点	土地所在地	
纳税期限	按年计算，分期缴纳	

考点五 车船税法律制度

概念	车船税是指对在中国境内车船管理部门登记的车辆、船舶依法征收的一种税。	
纳税人	在中华人民共和国境内属于税法规定的车辆、船舶的所有人或者管理人。	
征税范围	依法登记依法不需要登记的机动车辆+船舶；	
应纳税额	乘用车/摩托车/商用客车	应纳税额=辆数×适用年基准税额
	商用货车/专用作业车/轮式专用机械车	应纳税额=整备质量吨位数×适用年基准税额(挂车50%)
	船舶　机动船舶	应纳税额=净吨位数×适用年基准税额
	拖船、非机动驳船	应纳税额=净吨位数×机动船舶适用年基准税额×50%

(续上表)

应纳税额	船舶	应纳税额=艇身长度×适用年基准税额
	游艇	
	购置当年不足1年	应纳税额=年应纳税额÷12×应纳税月份数
税收优惠	免征	捕捞、养殖渔船;军队、武装警察部队专用的车船;警用车船;依照法律规定应当予以免税的外国驻华使领馆、国际组织驻华代表机构及其有关人员的车船;新能源车船;外国、港、澳、台临时入境车船;授权减免项目。
	减半征收	节约能源车船（1.6升以下小排量）;拖船、非机动驳船

考点六 印花税法律制度

概念	印花税是指对经济活动和经济交往中书立、领受、使用的应税经济凭证所征收的一种税。		
纳税人	立合同人；立账簿人；立据人；领受人；使用人：各类电子应税凭证的签订人。		
应纳税额	购销合同	包括供应、预购、采购、购销结合及协作、调剂、补偿、易货等合同	按购销金额：0.3‰
	加工承揽合同	宝货加工、定做、修缮修理、印刷、广告、测绘、测试等合同	按加工或承揽收入（不包括材料）：0.5‰
	建设工程勘察设计合同	包括勘察、设计合同	按收取的费用：0.5‰

(续上表)

			应纳税额
	建筑安装工程承包合同	包括建筑、安装工程承包合同	按承包金额：0.3‰
	财产租赁合同	包括租赁房屋、船舶、飞机、机动车辆、机械、器具、设备等	按租赁金额：1‰，税额不足1元按1元。
	货物运输合同	包括民用航空、铁路运输、海上运输、内河运输、公路运输和联运合同	按运输收取的费用（不包括装卸费、保险费）：0.5‰
	仓储保管合同	包括仓储、保管合同	按仓储保管费用：1‰
	借款合同	银行及其他金融组织和借款人（不包括银行同业拆借）签订的借款合同	按借款金额（非利息）：0.05‰
	财产保险合同	包括财产、责任、保证、信用等保险合同	按保险费收入：1‰

（续上表）

技术合同	包括技术开发、转让、咨询、服务等合同	按所载金额：0.3‰
产权转移书据	财产所有权、版权、商标专用权、专利权、专有技术使用权的转移书据，土地使用权出让、土地使用权转让合同，商品房销售合同	按所载金额：0.5‰
应纳税额 营业账簿	资金账簿	按实收资本+资本公积合计金额：0.5‰
	其他营业账簿	按件：5元
权利、许可证照	房屋产权证、工商营业执照、商标注册证、专利证、土地使用证	按件：5元

考点七 资源税法律制度

概念	资源税是指对我国境内从事应税矿产品开采或生产盐的单位和个人征收的一种税。		
纳税人	在我国领域及管辖海域开采规定的矿产品或者生产盐的单位和个人。		
应纳税额	税率	从价定率	原油、天然气、煤炭
			石墨、硅藻土、高岭土、萤石、石灰石、硫铁矿、磷矿、氯化钾、硫酸钾、井矿盐、湖盐、提取地下卤水晒制的盐、煤层(成)气、海盐
			稀土、钨、钼、铁矿、金矿、铜矿、铝土矿、铅锌矿、镍矿、锡矿
			未列举名称的其他金属矿
		从量定额	黏土、砂石(非金属矿)
	公式	应纳税额=应税产品的销售额(数量)×税率	

(续上表)

应纳税额	精矿销售额=原矿销售额+原矿加工为精矿的成本×（1+成本利润率） 精矿销售额=原矿销售额×换算比；换算比=同类精矿单位价格÷（原矿单位价格×选矿比）；选矿比=加工精矿耗用的原矿数量÷精矿数量 组成计税价格=成本×（1+成本利润率）÷（1-税率）	
税收优惠	石油天然气	稠油、高凝油、高含硫天然气：减征40% 三次采油：减征30% 低丰度油气田：减征20% 深水油气田：减征30% 衰竭期矿山：减征30% 充填开采置：减征50%
	所有矿产品	
上述优惠不能叠加适用		

考点八 其他相关税收法律制度

城建税+教育附加	纳税人	实际缴纳增值税、消费税的单位和个人。
	计税依据	实际缴纳的增值税、消费税税额。（进口不征，出口不退）
	税率	城建税：7%、5%、1%；教育附加：3%
	应纳税额	（实际缴纳的增值税+实际缴纳的消费税）×适用税率
关税	概念	关税是指对进出国境或关境的货物、物品征收的一种税。
	纳税人	贸易性商品的纳税人是经营进出口货物的收、发货人；物品的纳税人。
	应纳税额	完税价格 进口 海关审定的成交价格为基础的到岸价格
		出口 海关审定的货物售予境外的离岸价格÷（1+出口税率）

(续上表)

关税	税率	普通税率；最惠国税率；协定税率；特惠税率；关税配额税率；暂定税率。	
	应纳税额计算方法	从价税	一般的进（出）口货物	应纳税额=应税进（出）口货物数量×单位完税价格×适用税率
		从量税	进口啤酒、原油等	应纳税额=应税进口货物数量×关税单位税额
		复合税	进口广播用采像机、放像机、摄像机等	应纳税额=应税进口货物数量×关税单位税额+应税进口货物数量×单位完税价格×适用税率

经济法基础

（续上表）

		计算方法	滑准税	进口规定适用滑准税的货物	进口商品价格越高，（比例）税率越低；税率与商品进口价格反方向变动。
关税	应纳税额				
环境保护税	纳税人	在中国领域+中国管辖的其他海域，直接向环境排放应税污染物的企事业单位和其他生产经营者。			
	征税范围	大气污染物、水污染物、固体污染物、噪声等应税污染物。			
	应纳税额	应税大气/水污染物的应纳税额=污染当量数×税额；应税固体废物的应纳税额=排放量×税额；应税噪声的应纳税额=具体税额（不同分贝）。			

170

(续上表)

环境保护税	税收优惠	免征：农业生产；机动车、铁路机车、非道路移动机械、船舶、航空器等；依法设立的城乡污水集中处理、生活垃圾集中处理场所排放相应应税污染物，不超过排放标准的；纳税人综合利用固体废物，符合国家和地方环境保护标准的。
		减征：排放应税大气/水污染物的浓度值：低于规定污染物排放标准30%的，减按75%征收；低于50%的，减按50%征收。
车辆购置税	概念	车辆购置税是指对在中国境内购置规定车辆的单位和个人征收的一种税。购置：购买、进口、自产、受赠、获奖、其他（拍卖、抵债、走私、罚没等）方式取得并自用的行为。

	征收范围	汽车、摩托车、电车、挂车、农用运输车。	
车辆购置税	应纳税额	购买自用	纳税人购买应税车辆而支付给销售者的全部价款和价外费用，不包括增值税税款
		进口自用	计税价格=关税完税价格+关税+消费税
		纳税人自产、受赠、获奖或者以其他方式取得并自用的应税车辆的计税价格，由主管税务机关参照国家税务总局规定的最低计税价格核定。	应纳税额=计税依据×税率（10%或5%）
	计税依据		

（续上表）

耕地占用税	概念	耕地占用税是指为了合理利用土地资源，加强土地管理，保护耕地，对占用耕地建房或者从事非农业建设的单位或者个人征收的一种税。	
	征税范围	为建房或从事其他非农业建设而占用的国家所有和集体所有的耕地。	
	应纳税额	按实际占用耕地面积执行定额税率。	
	加征	经济特区、经济技术开发区和经济发达且人均耕地特别少的地区，加征不超过50%；占用基本农田的，加征50%。	
	税收优惠	免征	军事设施、学校、幼儿园、养老院、医院。
		减半	农村居民在户口所在地占用耕地建设自用住宅。

(续上表)

	税收优惠	减按2元/平方米	铁路、公路、机场、港口、航道。
耕地占用税	纳税人		在中华人民共和国境内收购烟叶的单位(包括受委托收购烟叶的单位)。
烟叶税	征税范围		晾晒烟叶(包括名录内和名录外)、烤烟叶
	计税依据		收购金额=收购价款+价外补贴(10%)=烟叶收购价款×(1+10%)

第七章 税收征收管理法律制度

考点一 纳税申报+涉税专业服务

纳税申报	申报方式	自行申报。 邮寄申报。 数据电文申报。 其他方式:简易申报;简并征期。
	延期申报	不可抗力;其他原因需申请核准。
涉税专业服务机构		会计师事务所,律师事务所,代理记账机构,税务代理机构,财税类咨询公司等
专业服务	业务范围	纳税申报代理;一般税务咨询;专业税务顾问;税收策划;涉税鉴证;纳税情况审查;其他。
	机构要求	限制;税务代理委托协议;涉税报告及文书。

考点二 税款征收

	征收方式		适用情况
征收方式	查账征收	有账	适用于财务会计制度健全,能够如实核算和提供生产经营情况,并能正确计算应纳税款和实际履行纳税义务的纳税人。
	查定征收	有账,不全	能控制原材料或进销货的小型厂矿和作坊,小型生产型企业。
	查验征收	有账,不全	小型非生产型企业。
	定期定额征收	没账	适用于经主管税务机关认定和县以上税务机关(含县级)批准的个体工商户(包括个人独资企业)。

（续上表）

征收措施		具体内容
责令缴纳	应税未税	滞纳金＝应纳税款×滞纳天数×0.5‰
纳税担保	保证（人保）、抵押、质押（物保）	有逃避纳税义务行为，限期内发现纳税人有明显的转移、隐匿其应收的商品，货物以及其他财产或者应纳税收入的迹象；欠缴税款纳税人出境前；同税务机关在纳税上发生争议而未缴清税款，需要行政复议。
税收保全	前提	税务机关具有税法规定情形的纳税人提供纳税担保而纳税人拒绝或不能提供担保。
	具体措施	书面通知银行冻结相当于应纳税款的存款；扣押、查封相当于应纳税款的商品，货物或者其他财产。

（续上表）

征收措施	税收强制执行	前提	从事生产经营的纳税人、扣缴义务人未按照规定的期限缴纳或者解缴税款，纳税担保人未按照规定的期限缴纳所担保的税款，由税务机关责令限期缴纳，逾期仍未缴纳。
		具体措施	书面通知银行从存款中扣缴税款；扣押、查封、依法拍卖或者变卖相当于应纳税款的商品、货物或者其他财产，以拍卖或者变卖所得抵缴税款（滞纳金同时强制执行）。
	阻止出境		在出境前未按规定结清应纳税款、滞纳金或者提供纳税担保的。
	不适用保全和强制		个人及其所扶养家属维持生活必需的住房和用品，单价5000元以下的其他生活用品。

考点三 税务检查

税务检查措施		
	查账权，场地检查权，责成提供资料权，询问权，交通邮政检查权，存款账户检查权。	
	存款账户检查权	经县以上税务局（分局）局长批准可以查询从事生产经营的纳税人、扣缴义务人在银行或者其他金融机构的存款账户。
		经设区的市、自治州以上税务局（分局）局长批准，可以查询案件涉嫌人员的储蓄存款。

考点四 税务行政复议

一、纳税人、扣缴义务人及纳税担保人对税务机关作出的征税行为不服的:

征税行为包括:确认纳税主体、征税对象、征税范围、减税、免税、退税、抵扣税款、适用税率、计税依据、纳税环节、纳税期限、纳税地点以及税款征收方式等具体行政行为和征收税款、加收滞纳金及扣缴义务人、受税务机关委托的单位和个人作出的代扣代缴、代收代缴、代征行为等。

二、税务行政复议管辖

	行政机关	复议机关
一般规则	国家税务局	上一级国家税务局
	地方税务局	上一级地方税务局
	国家税务总局	本级人民政府
	计划单列市国家税务局	国家税务总局
	计划单列市地方税务局	省地方税务局或者本级人民政府
特殊规则	税务所（分局）、稽查局	其所属税务局

181

(续上表)

	行政机关	复议机关
	两个以上税务机关	共同上一级税务机关
	税务机关与其他行政机关	共同上一级行政机关
	被撤销的税务机关	继续行使其职权的税务机关上一级税务机关
特殊规则	对逾期不缴纳罚款加处罚款不服的	作出行政处罚决定的税务机关，再不服，上一级税务机关

三、申请与受理、审查与决定

申请与受理	在知道税务机关作出具体行政行为之日起60日内提出。
	复议机关在收到申请后，5日内决定是否受理。
审查	复议机关应当自受理之日起7日内，将相关文件发送被申请人；被申请人应当自收到之日起10日内提出书面答复。
	应当由2名以上行政复议工作人员参加。
	采用书面审查的办法。
	对重大、复杂的案件，申请人提出要求或行政复议机构认为必要时，可以采取听证的方式审理。

（续上表）

决定	维持；限期履行；撤销、变更或确认违法。
	被申请人不得作出对申请人更为不利的决定。
	被申请人应当在60日内重新作出具体行政行为，延期不超过30日。
	行政复议书一经送达，即发生法律效力。

考点五 法律责任

项目	违法行为	法律责任
税务管理规定	未按照规定设置或保管账簿、记账凭证、其他资料;未按照规定,报送备案资料;未将其全部银行账号向税务机关报告;未按规定安装、使用、保管税款装置。	责令限期改正+罚款(2000元以下); 情节严重:罚款(2000元以上1万元以下)
	未按照规定申报+报送资料	责令限期改正+罚款(2000元以下); 情节严重:罚款(2000元以上1万元以下)
代扣代缴账簿、记账凭证、其他资料	未按规定设置、保管	责令限期改正+罚款(2000元以下); 情节严重:罚款(2000元以上5000元以下)

(续上表)

项目	违法行为	法律责任
完税凭证	非法印制、转借、倒卖、变造、伪造	责令限期改正+罚款（2000元以上1万元以下）；情节严重：罚款（1万元以上5万元以下）
银行、其他金融机构	未按照规定登录税务登记证号码；未在税务登记证件中登录纳税人账户账号	责令限期改正+罚款（2000元以上2万元以下）；情节严重：罚款（2万元以上5万元以下）

（续上表）

项目	违法行为	法律责任
税务代理人	违法违规造成纳税人未缴、少缴的	纳税人：补缴税款+滞纳金；代理人：罚款（未缴或少缴税款50%以上3倍以下）
逃税	纳税人采取转移或隐匿财产的手段，妨碍税务机关追缴欠税	追缴税款+滞纳金+罚款
	扣缴义务人应扣未扣、应收未收	追缴税款+罚款（应扣未扣、未收税款50%以上3倍以下）
偷税	以造假或不申报等手段，不缴或少缴税款	追缴税款+滞纳金+罚款

(续上表)

项目	违法行为	法律责任
抗税	暴力、威胁	追缴税款+罚款（税款1倍以上5倍以下）+在规定期间内停止办理退税 配合纳税人骗税的，没收违法所得+罚款（税款1倍以下）（2018年新增）
骗税	以假报出口或其他欺骗手段骗取出口退税款	
不配合税务检查	逃避、拒绝或以其他方式阻挠税务机关检查的	责令改正+罚款（1万元以下）；情节严重：罚款（1万元以上5万元以下）

第八章 劳动合同与社会保险法律制度

考点一 劳动合同的订立

劳动合同的订立	原则	合法；公平；平等自愿；协商一致；诚实信用原则
	主体 劳动者	年满16周岁（文艺、体育、特种工艺符合规定）
	主体 用人单位	依法取得营业执照或者登记证书/受委托；不得扣押证件、收取财物
	劳动关系	用人单位自用工之日起即与劳动者建立劳动关系

(续上表)

		形式	订立书面合同（非全日制用工可以口头）	
劳动合同的订立	签订合同	订立时间	自用工之日起1个月内	
		未签订后果	1个月内	（书面通知）；无需补偿，支付报酬
			1月<用工≤1年	双倍工资；（书面通知）
			用工>1年	双倍工资11个月（最高限额）
	非全日制用工		可口头；可与多家签订，后订不影响先订；不约定试用期；随时通知终止；无补偿；结算周期≤15日	

考点二 劳动合同的必备条款

类型	具体条款
必备条款	用人单位的名称、住所和法定代表人或者主要负责人
	劳动者的姓名、住址和居民身份证或者其他有效身份证件号码
	劳动合同期限
	工作内容和工作地点
	工作时间和休息休假
	劳动报酬
	社会保险
	劳动保护、劳动条件和职业危害防护

(续上表)

类型		具体条款
约定条款	试用期	
	服务期	
	保守商业秘密和竞业限制	
	其他约定事项：例如，补充保险	
无固定期限合同		用人单位违反规定不与劳动者订立无固定期限劳动合同的，自应当订立无固定期限劳动合同之日起向劳动者每月支付2倍的工资

工作时间

工时制度	基本规定	加班
标准工时制	每天8小时或每周40小时	【学堂点睛】用人单位与工会和劳动者协商后可延长工作时间 （1）一般：每天不超1小时； （2）特殊：每天不超3小时，每月不超36小时。
不定时工作制	每天8小时或每周40小时；每周至少休息1天	
综合计算工时制	以周、月、季、年为周期总和计算，但平均工时同标准工时制	

年休假：职工累计工作已满1年不满10年的，年休假5天；已满10年不满20年的，年休假10天；已满20年的，年休假15天。

加班时间	是否可以补休作补偿	加班工资支付标准
日标准工作时间以外延长工作时间（晚上加班）	×	150%
休息日工作（周末加班）	√	200%
法定休假日工作（春节加班）	×	300%

最低工资制度不包括加班工资、补贴、津贴和保险。

因劳动者本人原因给用人单位造成经济损失的，每月扣除的部分≤当月工资20%；实际发放工资≥当地月最低工资标准。

考点三 劳动合同的约定条款（试用期、服务期、竞业限制）

一、试用期

属于劳动合同约定条款，双方可以约定，也可以不约定。

适用情形	试用期期限
（1）劳动合同期限＜3个月 （2）以完成一定工作任务为期限的劳动合同 （3）非全日制用工	不得约定试用期
3个月≤劳动合同期限＜1年	约定的试用期应当≤1个月
1年≤劳动合同期限＜3年	约定的试用期应当≤2个月

(续上表)

适用情形	试用期期限
(1) 3年≤劳动合同期限 (2) 无固定期限劳动合同	约定的试用期应当≤6个月
劳动者在试用期的工资不得低于本单位"相同岗位最低档工资或者劳动合同约定工资"的"80%",并不得低于用人单位所在地的"最低工资标准"。	

二、服务期

用人单位为劳动者"提供专项培训费用",对其进行专业技术培训的,可以与该劳动者订立协议,约定服务期。服务期超过合同期的,合同期顺延,双方另有约定,从其约定。

	情形	劳动者是否支付违约金
用人单位提出解除劳动合同	劳动者存在下列法定过错情形： （1）严重违反用人单位的规章制度的； （2）严重失职，营私舞弊，给用人单位造成重大损害的； （3）同时与其他用人单位建立劳动关系，对完成本单位的工作任务造成严重影响，或者经用人单位提出，拒不改正的； （4）以欺诈、胁迫的手段或者乘人之危，使用人单位在违背真实意思的情况下订立或者变更劳动合同的； （5）被依法追究刑事责任的。	√
	劳动者并无法定过错情形。	×

(续上表)

	情形	劳动者是否支付违约金
劳动者提出解除劳动合同	用人单位存在下列法定过错情形： （1）未按照劳动合同约定提供劳动保护或者劳动条件的； （2）未及时足额支付劳动报酬的； （3）未依法为劳动者缴纳社会保险费的； （4）规章制度违反法律、法规的规定，损害劳动者权益的； （5）以欺诈、胁迫的手段或者乘人之危，使劳动者在违背真实意思的情况下订立或者变更劳动合同的； （6）在劳动合同中免除自己的法定责任、排除劳动者权利的；	×

(续上表)

情形	劳动者是否支付违约金
劳动者提出解除劳动合同	(7) 违反法律、行政法规强制性规定的； (8) 法律、行政法规规定劳动者可以解除劳动合同的 其他情形。	×
	用人单位并无法定过错情形。	√

三、保守商业秘密和竞业限制

竞业限制的人员限于用人单位的高级管理人员、高级技术人员和其他负有保密义务的人员，而非所有的劳动者。

199

	用人单位	劳动者	竞业限制约定
订立时	约定补偿金		有效
	未约定补偿金		无效
	约定的竞业限制期限超过2年的		超过部分无效
履行时	向法院主张解除	可额外要求3个月补偿金	解除
	单位原因不支付补偿金时间不满3个月	可要求单位支付已履行的竞业限制期间的补偿金	有效
	单位原因导致3个月不支付补偿金	可请求法院解除可要求单位支付已履行的竞业限制期间的补偿金	解除
	要求劳动者支付违约金、赔偿金后可要求劳动者继续履行竞业限制协议	不履行竞业限制协议（先）	有效

考点四 劳动合同的解除和终止

劳动合同解除	类型	适用情形	是否支付经济补偿金
协商解除（意定解除）	用人单位提出解除劳动合同	双方平等自愿，协商一致。	√
	劳动者主动辞职		×
法定解除（劳动者可单方解除）	提前通知解除（不想干）	（1）劳动者提前30日以书面形式通知用人单位； （2）劳动者在试用期内提前3日通知用人单位。	×

(续上表)

劳动合同解除	类型	适用情形	是否支付经济补偿金
法定解除（劳动者可单方解除）	提前通知解除（不想干）	【学堂点睛】如果劳动者没有履行通知程序，属于违法解除，因此对用人单位造成损失的，劳动者应对用人单位的损失承担赔偿责任。	×
	随时通知解除（没法干）	（1）用人单位未按照劳动合同约定提供劳动保护或者劳动条件的； （2）用人单位未及时足额支付劳动报酬的；	√

（续上表）

劳动合同解除	类型	适用情形	是否支付经济补偿金
法定解除（劳动者可单方解除）	随时通知解除（没法干）	（3）用人单位未依法为劳动者缴纳社会保险费的； （4）用人单位的规章制度违反法律、法规的规定，损害劳动者权益的； （5）用人单位以欺诈、胁迫的手段或者乘人之危，使劳动者在违背真实意思的情况下订立或者变更劳动合同的； （6）用人单位在劳动合同中免除自己的法定责任、排除劳动者权利的；	√

(续上表)

劳动合同解除	类型	适用情形	是否支付经济补偿金
法定解除（劳动者可单方解除）	随时通知解除（没法干）	（7）用人单位违反法律、行政法规强制性规定的。 【学堂点睛】劳动者无须提前通知用人单位解除劳动合同。	∨
	不需事先告知解除	（1）用人单位以暴力、威胁或者非法限制人身自由的手段强迫劳动者劳动的； （2）用人单位违章指挥、强令冒险作业危及劳动者人身安全的。	∨

（续上表）

类型		适用情形	是否支付经济补偿金
劳动合同解除			
法定解除（用人单位可单方解除）	随时通知解除（不能用）	（1）劳动者在试用期间被证明不符合录用条件的； （2）劳动者严重违反用人单位的规章制度的； （3）劳动者严重失职，营私舞弊，给用人单位造成重大损害的； （4）劳动者同时与其他用人单位建立劳动关系，对完成本单位的工作任务造成严重影响，或者经用人单位提出，拒不改正的；	×

205

(续上表)

劳动合同解除	类型	适用情形	是否支付经济补偿金
法定解除（用人单位可单方解除）	随时通知解除（不能用）	（5）劳动者以欺诈、胁迫的手段或者乘人之危，使用人单位在违背真实意思的情况下，订立或者变更劳动合同的； （6）劳动者被依法追究刑事责任的。	×
	无过失性辞退（没法用）	有下列情形之一的，用人单位提前30日以书面形式通知劳动者本人或者额外支付劳动者1个月工资后，可以解除劳动合同： （1）劳动者患病或者非因工负伤，在规定的医疗期满后不能从事原工作，也不能从事由用人单位另行安排的工作的；	√

（续上表）

劳动合同解除	类型	适用情形	是否支付经济补偿金
法定解除（用人单位可单方解除）	无过失性辞退（没法用）	（2）劳动者不能胜任工作，经过培训或者调整工作岗位，仍不能胜任工作的； （3）劳动合同订立时所依据的客观情况发生重大变化，致使劳动合同无法履行，经用人单位与劳动者协商，未能就变更劳动合同内容达成协议的。	√
	经济性裁员（没办法）	（1）经济性裁员的适用情形： ①依照《企业破产法》规定进行重整的； ②生产经营发生严重困难的；	√

(续上表)

劳动合同解除	类型	适用情形	是否支付经济补偿金
法定解除（用人单位可单方解除）	经济性裁员（没办法）	③企业转产、重大技术革新或者经营方式调整，经变更劳动合同后，仍需裁减人员的； ④其他因劳动合同订立时所依据的客观经济情况发生重大变化，致使劳动合同无法履行的。 （2）特别程序 ①需要裁减人员20人以上或者裁减不足20人但占企业职工总数10%以上的，用人单位提前30日向工会或者全体职工说明情况，听取工会或者职工的意见后，裁减人员方案经向劳动行政部门报告，可以裁减人员；	√

（续上表）

劳动合同解除	类型	适用情形	是否支付经济补偿金
法定解除（用人单位可单方解除）	经济性裁员（没办法）	②裁减人员不足20人且占企业职工总数不足10%的，无需执行上述程序。 （3）裁减人员时，应当优先留用下列人员：①与本单位订立较长期限的固定期限劳动合同的；②与本单位订立无固定期限劳动合同的；③家庭无其他就业人员，有需要扶养的老人或者未成年人的。 （4）用人单位裁减人员后，在6个月内重新招用人员的，应当通知被裁减的人员，并在同等条件下优先招用被裁减的人员。	√

劳动合同终止情形		是否支付经济补偿金
劳动合同期满	用人单位维持或提高原条件续订而劳动者拒绝	×
	用人单位决定不续订或降低条件续订（不留用）	√
劳动者开始依法享受基本养老保险待遇的		×
劳动者达到法定退休年龄的		×
劳动者死亡，或者被人民法院宣告死亡或者宣告失踪的		×
用人单位被依法宣告破产的（不营业）		√
用人单位被吊销营业执照，责令关闭，撤销或者用人单位决定提前解散的（不营业）		√

劳动合同解除和终止的限制性规定
从事接触职业病危害作业的劳动者未进行离岗前职业健康检查，或者疑似职业病病人在诊断或者医学观察期间的
在本单位患职业病或者因工负伤并被确认丧失或者部分丧失劳动能力的
患病或者非因工负伤，在规定的医疗期内的
女职工在孕期、产期、哺乳期的
在本单位连续工作满15年，且距法定退休年龄不足5年的

	支付情形	1. 非试用期； 2. 非劳动者主动提出（不得已除外）； 3. 非劳动者过错	
经济补偿金	支付标准	公式	经济补偿金=工作年限×月工资
		工作年限	满1年支付1个月；6个月以上不满1年的，按1年计算；不满6个月的按半年计算
		月工资	当地最低工资标准≤月平均工资≤所在地区上年度职工月平均工资3倍
		对月工资超过所在地区上年度职工月平均工资三倍的职工，支付经济补偿的年限最高不超过12年	

考点五 劳动仲裁

劳动仲裁			
基本规定	劳动仲裁是劳动争议当事人向人民法院提起诉讼的必经程序；不收费		
参加人	当事人	劳务派遣；承包；单位解散	
	当事人代表	劳动者10人以上，推举3至5名代表	
	代理人	可以自行委托，无法定代理人的，劳动争议仲裁委员会为其指定	
	第三人	有利害关系，可以申请参加或由劳动争议仲裁委员会通知其参加	
管辖	由合同履行地/用人单位所在地的劳动争议仲裁委员会管辖；双方当事人分别向两地申请仲裁的，由劳动合同履行地的劳动争议仲裁委员会管辖		

(续上表)

劳动仲裁	仲裁时效	时效期间为1年；因拖欠劳动报酬发生争议的，不受1年限制
	申请	书面/口头
	时间	申请之日5日内决定是否受理；受理之日起5日内组成仲裁庭；开庭日前5日内，将开庭日期、地点书面通知双方当事人；开庭3日前可请求延期；自受理之日起45日内结束，需要延期的，不得超过15日
	基本制度	公开进行；仲裁庭由3名仲裁员仲裁，设首席，简单的可由1名仲裁；回避；终局裁决；涉及钱的，不超过当地月最低工资标准12个月；合同必备条款争议
	生效	自作出之日起发生法律效力；收到仲裁决书之日起15日内可提起诉讼

考点六 违反劳动合同法的法律责任

用人单位违法责任	订立合同	不订立合同,不订立无固定期限合同,试用期不符合规定,扣押证件,收取财物
	履行合同	劳动报酬低于当地最低工资标准的,应当支付其差额部分;逾期不支付的,责令用人单位按应支付金额50%以上100%以下的标准向劳动者加付赔偿金
	解除和终止合同	合法解除或终止,但不履行支付赔偿金义务,经催告逾期仍不履行加付50%以上100%以下的赔偿金
		违法解除或终止,按经济补偿标准的2倍支付赔偿金

经济法基础

考点七 基本养老保险

种类	对象	参加地点
职工基本养老保险	包括：所有类型的企业及其职工（包括实行企业化管理的事业单位及其职工）	企业地
	不包括：公务员和参照公务员管理的工作人员，其养老办法由国务院规定	—
	【学堂点睛】灵活就业人员可以参加基本养老保险和基本医疗保险，由个人缴纳保险费	户籍地
城乡居民基本养老保险	年满16周岁的非在校学生；非公务员；非职工	户籍地
【学堂点睛】大体上与基本医疗保险相同（除公务员和在校生部分）		

216

第八章 劳动合同与社会保险法律制度

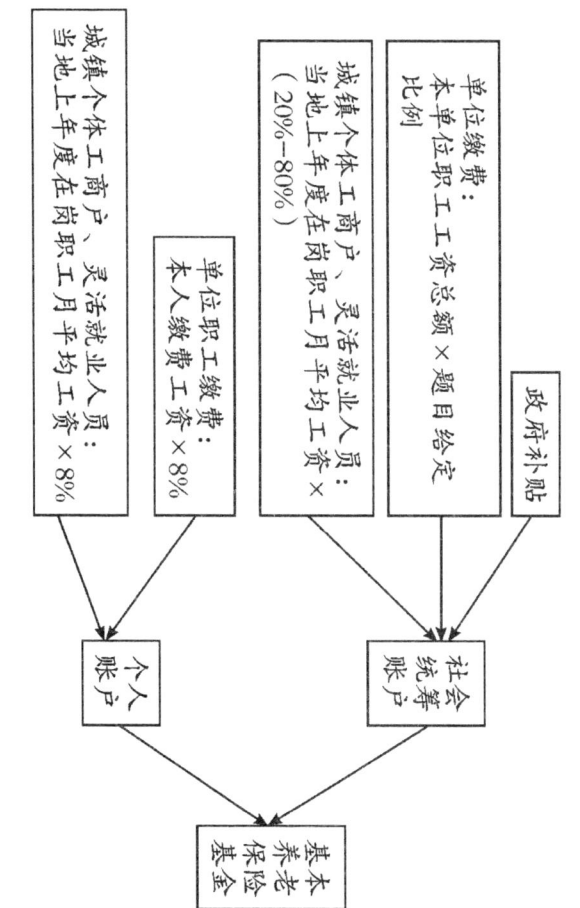

- 单位缴费：本单位职工工资总额×题目给定比例
- 政府补贴
- 城镇个体工商户、灵活就业人员：当地上年度在岗职工月平均工资×（20%-80%）
- 单位职工缴费：本人缴费工资×8%
- 城镇个体工商户、灵活就业人员：当地上年度在岗职工月平均工资×8%

→ 社会统筹账户
→ 个人账户
→ 基本养老保险基金

适用范围	性别	退休年龄
一般情况	男	60
	女	50
	女干部	55
从事井下、高温、高空、特别繁重体力劳动或其他有害身体健康工作的	男	55
	女	45
因病或非因工致残,由医院证明并经劳动鉴定委员会确认完全丧失劳动能力的	男	50
	女	45
养老金:累计缴费满15年,退休后按月领取养老金。丧葬补助金和遗属抚恤金:因病或非因工死亡,遗属领取;个人账户余额可依法继承。病残津贴:因病或非因工致残完全丧失劳动能力,提前领取。		

考点八 基本医疗保险

基本医疗保险	缴费	单位缴费率一般为职工工资总额的6%左右；30%划入个人账户
		个人缴费率一般为本人工资收入的2%。个人账户存储额依法计付利息
	享受条件	定点、定量、急诊、抢救除外
	支付标准	当地职工年平均工资10%（起付线）～年平均工资6倍（封顶线）；支付比例：90%
	不支付的医疗费用	工伤保险基金支付的；第三人负担的；公共卫生负担的；境外就医

医疗期期间的计算

实际工作年限（年）	本单位工作年限（年）	享受医疗期（月）	累计计算期（月）	
<10	<5	3	6	医疗期×2
	≥5	6	12	
≥10	<5	6	12	医疗期+6
	≥5, <10	9	15	
	≥10, <15	12	18	
	≥15, <20	18	24	
	≥20	24	30	

考点九 工伤保险

一、伤残津贴，一次性工伤医疗补助金、伤残就业补助金

伤残等级	能否解除劳动合同	领取内容
1~4级	×	伤残津贴（工伤保险基金负担）
5~6级	本人提出：√ 本人未提出：×	（1）一次性工伤医疗补助金（工伤保险基金负担） （2）一次性伤残就业补助金（用人单位负担） （1）能适当工作：工资 （2）难以安排工作：伤残津贴（用人单位负担）
7~10级	劳动合同期满：√ 本人提出：√ 其他情形：×	（1）一次性工伤医疗补助金（工伤保险基金负担） （2）一次性伤残就业补助金（用人单位负担） 正常工作，正常领取工资

二、医疗期、停工留薪期待遇

	医疗期	停工留薪期
适用范围	因病或非因工负伤	因工负伤
期间	根据累计工作年限及本单位工作年限确定	12个月+12个月
工资待遇	当地最低工资的80%	不变
期满后未康复	支付经济补偿后可解除合同	继续享受工伤医疗待遇
合同解除	支付经济补偿后可解除合同	1~4级不得解除；5、6级经本人提出可以解除；7~10级合同期满或经本人提出可以解除

考点十 失业保险

		失业保险		
缴费	单位：总费率为1.5%的降至1%；个人：不超过0.5%			
享受条件	已缴纳满1年；非因本人意愿中断就业；已经进行失业登记，并有求职要求			
失业保险	缴费期限（年）	≥1,<5	≥5,<10	≥10
	领取期限（月）	12	18	24
领取期限	发放标准	不低于当地最低生活保障标准，不高于当地最低工资标准		
	失业保险待遇	失业保险金；享受基本医疗保险待遇；死亡补助；职业介绍与职业培训补贴		
	停止领取	就业；当兵；移民；退休；无求职需求		

考点十一 违反社会保险法的法律责任

违法行为		法律责任
用人单位	不登记	责令限期改正； 逾期不改正处应缴社会保险费1倍以上3倍以下罚款，对主管及责任人处500元以上3000元以下罚款。
	不缴费	责令限期缴纳，并按日加收0.05%的滞纳金； 逾期仍不缴纳处欠缴数额1倍以上3倍以下罚款。
	不出解除劳动关系证明	责令改正；给劳动者造成损害的，承担赔偿责任。
骗保		责令退回；处骗取金额2倍以上5倍以下罚款。